獻給 台灣

暨所有

愛 台灣 的人

美商EHGBooks微出版公司

www.EHGBooks.com

EHG Books 公司出版

Amazon.com 總經銷

2021 年版權美國登記

未經授權不許翻印全文或部分

及翻譯為其他語言或文字

2021 年 EHGBooks 第一版

本書言論，純屬作者原創，不代表本社立場。

ISBN-13：978-1-64784-095-2

目錄

過去

第一章　古早台灣

第二章　誰是台灣人？

第三章　台灣是誰的？

第四章　中－台對峙七十年

第五章　台獨運動，為什麼？

現在

第六章　美國主宰台灣命運

第七章 危疑悲愴 2020

第八章 太平洋新世紀

第九章 天下分合‧東西映照

第十章 兩岸恩怨情仇

未來

第十一章 和平中立新世界

第十二章 雙兩岸關係

經營台灣，也經營世界

呂秀蓮

2021.01.20

戒嚴時代寫台灣歷史

　　1978 年，美國總統卡特政府醞釀與中華人民共和國建交，當時我在哈佛法學院深造。我密切注意相關訊息，憂慮台灣外交沖擊即將到來。但台灣戒嚴時期沒有言論、報導自由，幾乎全國上下都

沈浸在「只要有國民黨政府，萬事 OK」的狀態。

幾經掙扎，我決定放棄已獲得的獎學金，回台參選中央民意代表，只因為選舉期間，候選人才享有短暫的「言論假期」，可以發表政治見解。我完全未考慮會否當選，或者落選後的下場。

一旦決定，我把自己投入哈佛燕京圖書館中，也拜託幾位波士頓的同鄉，陪我到燕京搜尋相關資料。我準備在政見發表會上一系列談論「台灣的過去與未來」，包括我已掌握到的美中建交消息。

在一大堆借出的文獻書籍中，我摸索著接觸台灣的過去，感覺上很遙遠，很陌生，對於生在台灣、長在台灣的我，不只驚異，而且羞愧。**原來國民黨教科書是以大中國看小台灣，台灣歷史既非正史，當然無足輕重。**我認真閱讀，也認真作筆記，又把筆記整理成文稿，寫好後，加上一些珍貴的照片，把它小心地拍照起來，再沖洗成膠卷，妥善收藏在衣服內裡，期待能隨我回台安全通關，因為**1975 年我赴美考察婦女運動，回到松山機場時，行李被搜索，考察的資料全被沒收，這是年輕的一代難以想像的戒嚴經驗。**

安抵國內後，我趕緊把膠片沖洗出來，再逐字逐句謄寫成稿，然後把影印本送給黃信介和康寧祥兩位黨外大老指教。不多久友人傳話給我：「最好把它燒掉！」我不肯燒，但也不敢找出版社出版，只請朋友幫我打字簡單印出來，書名叫《台灣的過去與未來》。

那次我回桃園縣參選國大代表，在政見發表會上用章回小說式的演講，談台灣悲情過去，更談台灣危機未來。只見台下人山人海，聚精會神，不時掌聲雷動，也有不少人聽我述說台灣過去的不幸，淚流滿面。我的演講轟動全台，選舉活動第七天，我已捲起半邊天。

1978 年 12 月 16 日上午，距離投票日只差一個禮拜，美中兩國同步宣布將於翌年元旦建交，當天下午蔣經國就以國家危難當頭

為由，停止選舉活動。但凡聽過我演講的人，益發覺得我對美中建交的預言成真，佩服不已，但警總也傳出要逮捕我的消息。

停選後氣氛稍為平息，我再把那本書修訂出版。黨外時代，南北各地有許多人告訴我，《台灣的過去與未來》就是他們台灣意識的啟蒙書。隔年我因美麗島事件被捕入獄，偵訊人員對我寫那本書耿耿於懷，責備我不該談那麼多台灣的歷史往事，動搖了許多國民黨的政治理論。

我被判十二年有期徒刑，主要因為我是高雄人權晚會的主要演講者，部分也因為國民黨認定我是「台獨啟蒙者」，對我恨之入骨。

怪哉！台灣人寫台灣史，竟成了叛亂犯！

庚子瘟疫捕捉歷史

在台灣現代史的過程中，我幾乎無役不與。我沈重的人生步履留下女權、人權、民主法治的足跡，更重要的是台灣的尊嚴與世界和平，是我終生的關懷和志業，也是我撰述本書的心路歷程。

我在新冠肺炎肆虐全球的 2020 庚子年，閉關寫作本書，一方面將四十年來對台灣問題的研究心得爬梳整理，另方面仔細捕捉瞬息萬變的國際情勢，尤其美中台三角連動關係。過去擔任副總統

時，我曾寫過兩本有關台灣前途的書：《台灣大未來》（2004）及《世界的台灣》（2007）。前者以海洋立國談海洋台灣的前瞻性，後者放眼國際，探討台灣的處境。

　　提筆寫作本書時，我已走過翻山倒海的人生；得過癌症，坐過牢，在 319 槍擊案中挨過子彈，也當過台灣唯一兩任的副總統。足跡遍及全球五大洲，我的閱歷和觀想，自然不同於年輕時代的我。尤其目睹冠狀肺炎所掀起的非典型第三次世界大戰，我認定這是宇宙造物主透過 COVID-19 警告人類，別再糟蹋地球，別再糟蹋人類文明！

翻轉命運，擘繪未來

　　我原本以庚子瘟疫稱呼 COVID-19，不久我驚覺到它根本是一

場「非典型的世界大戰」。過去戰爭敵我壁壘分明，這次人類不分國界一起對抗看不見、無影無蹤的共同敵人。COVID-19 挑戰強國霸權和國家領導，挑戰全球化和當代產業鏈，更挑戰「人，真的是萬物之靈」嗎？中國、美國、伊朗…. 哪一個是真正的強國？誰才是真正的強人？

疫情讓人看到生命的脆弱，也看到人 – 尤其政治人的脆弱，卻又張狂傲慢。**本來全世界各國應該同心協力對抗 COVID-19，沒想到中國龍與美國鷹這世界老二和老大卻在疫情肆虐的洶湧中勾心鬥角，文攻武嚇。台灣由於特有的戰略價值，竟在美中大國博弈中被席捲而入，變成箭靶。天佑台灣，讓我們倖免於疫，但卻難逃龍鷹爭鬥的代罪羔羊命運。**

二戰以來美中台的戰略三角關係，堪稱錯綜複雜，在回顧過去歷史的時候，COVID-19 帶來日甚一日的疫情不幸，而美中兩強由貿易戰到科技戰，由資訊戰到金融戰與意識型態的全方面交戰，更令人目瞪口呆，我因此專注於捕捉每天上演的歷史新劇情，也認真思考可能的停損點。戰爭會不會到來？我無法神算預言，我們必須設法趨吉避凶，降低傷亡和禍害。

本書分過去、現在與未來三階段探討台灣與中美的關係。寫過去時，我注重「歷史盲點」的釐清；寫現在時，我緊抓美中台當前的困境和危機；至於未來，我是以為下一代擘繪願景的心情在鋪陳統獨之外的新路，以及親美友中的可能。書中論述的，涵括古今中外，寰宇四海的物換星移。回顧過去，更前瞻未來；疼惜台灣，但放眼國際；緬懷悲情，但輕拭仇恨。一句話，我是用歷史的悲憫，去回顧歷史的錯誤和惋惜，更用未來的願景，去擘繪下一代的幸福。

如果時光可以倒流，歷史可以倒帶，讓我們一起來遐想：

1. 如果沒有《馬關條約》，台灣在 1895~1945 年那五十年之間，是否要伴隨中國走過「推翻滿清、軍閥割據、對日抗戰，以及國共對抗」的歷史顛簸？

2. 二次大戰終戰之前，美國海軍原有攻佔台灣再殲滅日本的《X 島計畫》，後來被陸軍「攻佔呂宋及沖繩，再滅日本」的計劃取代。否則台灣早就成為美國佔領地，戰後應該根據《聯合國憲章》，透過住民自決獨立建國。

3. 如果沒有《開羅宣言》，陳儀軍隊應該在接受日本投降之後撤離台灣，而蔣介石就不會撤退來台，台灣與中國就不會糾纏在一起。

4. 毛澤東原本計劃在推翻中華民國後，乘勝攻下台灣，而美國總統杜魯門早先宣布不再過問台灣問題。如果韓戰沒有爆發，台灣是否在 1950 年代就被赤化？

5. 中華人民共和國於 1971 年排除中華民國，進入聯合國並成為安理會常任理事國。如果當時蔣介石接受「兩個中國」，甚至「一中一台」，台灣就不會淪為國際孤兒。又或者及早接受沙烏地阿拉伯的提案，台灣也可能早就成為中立國家。

6. 美國承認中華民國，直到 1979 年元旦與中華人民共和國建交。如果當時蔣經國宣布「兩個中國」或「一中一台」，台灣的國際處境是否不必那麼悲哀？

　　當然，時光不會倒流，歷史也不會重演，但以上各種「假想」，都是翻轉台灣命運的關鍵因素。但請問，有哪一次、哪一項是由台灣住民所主導？

　　放眼天下，島嶼國家的歷史宿命是，族群命運全憑外人主宰，

所謂「人爲刀俎，我爲魚肉」的無奈與悲哀。直到二次世界大戰結束，那些在戰爭中被迫提供戰場及戰士的島嶼，才陸續在聯合國的託管扶持之下舉行公民投票，決定族群的命運。至於台灣，二戰以前是由中日兩國，戰後則是中美兩手在撥弄台灣的命運，因而形成親中與親美兩套戰略及兩派勢力。但台灣人民呢？台灣人民應該用自己的意志和智慧，把握歷史機遇，翻轉島國命運，擘繪亮麗的未來！

這本書如有幸讓您讀到，我拜託您用開放的心情，擱置既有的成見，重新解讀歷史，清理盲點，更用海闊天空的視野，思考下一代的嶄新未來。我們何須在統獨之間掙扎？在親美或親中選邊站？

我們與其徘徊在歷史悲情，不如走出孤獨，睦鄰而且善世；讓我們的下一代，不只經營台灣，也經營世界。

誌謝

感謝陳前總統水扁、前立委／南投縣長彭百顯及名戰略學者翁明賢教授，他們都能高瞻遠矚，體會作者超越統獨，爲下一代擘繪大未來的用心良苦，惠予寫序賜教，並向讀者推薦，特此誌謝。

本書撰寫過程中，承蒙前司法院副院長城仲模、前駐歐盟代表高英茂、前駐美代表裘兆琳及前中華經濟研究院田君美所長的鼓勵及指教。此外，本書參考資料的搜尋，以及文稿的打印及彙整，得力於同仁蘇妍妃，尤其陳正翰的全力協助，併此誌謝。

最後，特別感謝主辦第二屆「東亞和平論壇」的韓國資深國會議員柳曖相博士，他惠允將該屆會議的 LOGO，美中兩國太極漩渦的設計圖提供作爲本書的封面，豐沛本書的意涵。

Mr. Carter, you owe Taiwan an apology ！
「卡特先生，你欠台灣一個道歉」

「畢竟蓮華不染塵，妙語如珠驚世人
縱使君民渾不解，一枝獨秀冠群倫」

1978 年 12 月 16 日，美國總統卡特（Jimmy Carter）與中國領導鄧小平同步宣布建交，並與中華民國斷交。蔣經國以國家危急為由，下令停止正在進行中的選舉。朝野對立日益升高，終於 1979 年爆發高雄事件，三天之後大逮捕，共有 152 位黨外人士入獄。其中八位以「暴力叛亂犯」軍法審判。原本澎湃發展的黨外運動，受到嚴重打擊，台灣民主化的火苗頓時被澆熄。

20 年後，李登輝總統邀請卡特來台，在授勳午宴之前，卡特在凱悅大飯店演講，文武百官達官巨賈都來聽講。卡特盛讚台灣進步，並說他斷交是正確的，因為美台斷交促成台灣民主改革。

我當時擔任桃園縣長，對卡特的話十分不滿，當場發言駁斥，並要他向台灣道歉。卡特頓時尷尬詞窮，就倉促離去。一時輿論譁然，很多人對我為台灣出氣十分感佩。

我就任副總統後，密宗大師林雲到總統府拜會，並送上一幅書法，寫下當天我當眾詰問卡特總統的凜人氣勢，既存真，也傳神。

推薦序 1

超前部署大未來的呂秀蓮

陳水扁

2020.08.07 ／ 2000~2008 總統

　　沒有台灣民主導師信介兄的提攜疼惜，就沒有後來的阿扁總統。沒有呂秀蓮兩度首肯出任阿扁的副手搭擋，台灣不會有第一次的政黨輪替，當然也不會有蔡英文的總統之路。

　　呂秀蓮不只是才華橫溢的女中豪傑，更是先天下之憂而憂，永遠憂國憂民超前部署大未來的民主前輩。如果蔡總統懂得用人唯才，找個適當舞台給呂秀蓮發揮專才，蔡政府的表現應該會比目前更多彩更亮麗。

　　2008 總統大選黨內初選，呂秀蓮、游錫堃如果接受協調，蘇謝配勢將成局，是否還有今天的蔡英文時代？呂秀蓮也是台灣第一

位女副總統，唯一做滿八年的副總統。蔡英文成為台灣第一位女總統，尤其要感恩台灣新女性主義的倡議者呂秀蓮。

天底下沒有不可能的事，2000 年首度政黨輪替後的總統府資政、國策顧問多的是政治犯，如今綠營總統也可以是政治素人出身，不知政治迫害為何物。這就是時代變遷，民主進化的趨勢成果。昨天的如果，今天的偶然或必然，明天的異數或定數？沒人能說個準。「有夢最美，希望相隨」，或許是最大的期許與激勵！

和平中立、民主自由、人權公義，都是人類的普世價值，不會有人反對。但和平中立不等於放棄國防武力。毋恃敵之不來，恃吾有以待之。追求和平要有武力做後盾，保持中立也不能沒有飛機大砲。台灣 35 快砲就是跟中立國瑞士採購的。一場慘烈的戰爭過後，伴隨而來的和約簽訂，沒有人可以保證，特別是中國共產黨統治下的中國，所謂和平協議比衛生紙還不如。

曾任柯林頓總統的國安會資深主任李侃如，穿梭兩岸試著提出和平解決的中程協議方案，前題是一個中國，結論是終極統一，保證三十年、五十年不變。阿扁認為這種投降協議沒什麼好談的。沒多久李侃如又來了，這一次他說沒有附條件了，阿扁請他先去問問中南海，同意了再來，結果就沒有下文了。2005 年 2 月 28 日阿扁在台北賓館親自請教來訪的柯林頓前總統，他反對台灣與中國簽什麼中程協議的和平方案，誰能保證三十年、五十年不變，時間在台灣這一邊。

其實呂秀蓮大作已經點出兩岸議題的重點：美國主宰台灣的命運，以及「一個中國」的緊箍咒。美國國會不分朝野都對台灣非常友好與支持，但美國政府不論哪黨執政也都不承認台灣是個主權國家。誠如 AIT 楊甦棣前處長 2007 年 6 月 26 日跟阿扁說的，台灣的國際地位，對美國而言，是懸而未決的。美國長期支持台灣的民主，

卻不力挺台灣的主權。如果「一個中國」是中國對台灣的緊箍咒，美國對台灣的緊箍咒何嘗不是對台灣所畫一道又一道的「紅線」。

呂秀蓮籲請國人同胞認真思考親中或親美，反中或反美的嚴肅課題。阿扁認為台灣沒有反中更不可能反美。台灣人反對的是「一中」，不是「反中」。因為「一個中國原則」指的是全世界只有一個中國，台灣是中國的一部份，中華人民共和國是代表中國唯一的合法政府。「一國兩制」香港方案，早就成為「一國一制」。九二共識只剩「一中」，沒有「各自表述」的共識。

龍鷹爭霸，誰主天下？台灣不應淪為兩強相爭的棋子。寄語「和平中立好台灣」、「東方新明珠」、「美台關係正常化」、「太平洋民主國協」，不是天邊的彩虹，而是腳下的玫瑰。

美國固然不承認台灣是主權國家，但也完全不能接受中華人民共和國所稱台灣是其一部份的主張。這就是台灣的限制與機會。台灣應掙脫中美兩國加諸於台灣的「緊箍咒」，透過公民投票的住民自決民主程序，走出自己的台灣國家路。

阿扁跟曼德拉都非常喜愛《打不倒的勇者》這首詩：

超越這般悲憤交集

恐怖陰霾逐步逼近

長年威脅揮之不去

我終究會無所畏懼

縱然通道無比險狹

儘管嚴懲綿延不盡

我是我命運的主人

我是我心靈的統帥

願與大家分享共勉。是為序。

台灣的新出路

彭百顯

2021.02.15

前南投縣長、國家展望文教基金會董事長

台灣是一個不正常的國家，雖然人民選出自己的總統，她的國名叫做中華民國，字號又叫做台灣，但無論國名或字號，國際間大多數國家並不承認。這就是 2,360 萬台澎金馬（廣義的台灣，狹義的中華民國）人民所面對的發展問題，其間存在諸多矛盾，國人無法獲得一致性共識。台灣局勢愈來愈令人浮躁不安，她有生存發展的困境。

為了這個問題，在政治、外交上，台灣甚至已經步入如何適存於世界的威脅；困惑國人多時，並嚴重影響未來發展；尤其，介於美國與中國兩個超級強權關係間，左右為難。

令人敬佩，呂秀蓮前副總統最近寫了一本書，利用全球性肺炎

COVID -19 防疫期間，她對台灣的大未來，在美國與中國兩霸爭峰的國際局勢矛盾之間，做了全面性的觀察分析，並提出台灣何去何從的新主張，有別於當前統獨兩端矛盾的不同思維，這是極為難得可喜之事。

基於台灣的生存發展，呂秀蓮深入探索台灣的歷史，檢討台灣的主體性，客觀詮釋誰是台灣人以及台灣到底是誰的問題，並且從政治演變的角度抽絲剝繭，分析台灣為什麼會有獨立運動以及其與國際關係之微妙互動局勢，呂秀蓮著力甚深，見解獨到完整。

其次，在台灣的大未來，呂秀蓮更以她的外交專業敏感，剖析國際局勢變遷與台灣的關聯，特別在美中對峙下，台灣該何去何從，有細膩的觀察。

美中爭霸，避免得了戰爭嗎？這個問題實際牽涉另一問題，美國獨占的世界強權容得了中國霸權的崛起挑戰嗎？由歷史觀察，呂秀蓮就當前東亞國際情勢分析美中霸權發展，探討「龍鷹終須一戰」之可能性。

對台灣而言，這並不是我們所樂見的發展。**為了避免戰爭，台灣必須投資和平，這幾年來她全力投入有關台灣前途提出「兩岸新出路」的方向政治活動。她主張「雙兩岸關係」，既親美，也和中；落實「和平中立」是台灣避免戰爭的唯一選擇。**

過去，台灣的國際關係一向在依美傾美之下發展，雖然委屈不能求全，卻也相對相安無事地以「維持現狀」的策略生存好一段時間。但如今，國際局勢已經巨大變化，而且愈來愈不利於台灣。

台灣的威脅主要來自中國因素，經二、三十年的中國崛起，其雖強調「和平」不爭霸，但無法令人相信。台灣國際關係一直因中國而壓縮不前，令人束手無策。

過去，中國因素在美國見解不一，如今，雖然獲致初步調整為反共傾向，但前提卻是美國利益優先，則對台灣未來判斷的不確定性及複雜性，依然撲朔迷離。

美國政策過去學界、政界辯論「中國改革開放之後，以經濟發展促進民主化」議題，許多對中國「冀望殷切」；而有政治觀察認為「中國是未來文明世界的主要敵人」，「中共的強大最終將給世界帶來毀滅性的災難」如此不同論調，對中國採「敵對態度」；而今已過渡到由川普營造的「反中共氛圍」。

這樣的混沌美中關係台灣該採行什麼態度？國內政治在兩端對立之下，無法共識阻礙了國家發展。因此，台、中、美關係應當致力於正常化。有關這方面，呂秀蓮殫智竭慮為了化解下一代台灣人民的生存威脅，在本書有相當深層的思維。

呂秀蓮這本新著作，由於歷史發展多乖離，她建構了「台灣大未來」奠基在中、美、台之間的關係正常化。這是她為我們擘劃的台灣的新活路，值得國人深思並重視。

本書核心價值在「柔性新文明」，而實踐結構有三個思維：

第一、雙兩岸關係：親美和中。

第二、柔性國力：合作分享，投資和平，避免戰爭。

第三、和平中立：太平洋大兩岸關係組成「太平洋民主國協」，
**　　　台海小兩岸關係化解「一中原則」，構造「兩岸新出路」**
**　　　遠景。**

整個關鍵目標，她提出雙兩岸關係，反對戰爭，目的在揭櫫我們生活的意義價值在於民主自由；她力陳台海小兩岸關係的可能，遠親近鄰、一個中華，正視我們生活的經濟價值在於競爭自由。

這是一個有別於當前統獨「疑無路」之外的最適切主張。除有

「維持現狀」的現實效果之外，若果能成為國人共識，則台灣未來接著結合可騰出來的多數力量，我們一起致力於前述這些目標的實現，再提昇台灣與全球的命運關係。至於如何實現、何者為重為輕、為先為後，則需視整體環境與台灣主體民意而定。

　　台灣的生存發展除了台灣本身，沒有哪一個國家會為台灣設想出真正對台灣最有利的途徑，包括美國或中國。我們以為，台灣應當避免被捲入戰爭，應當擴展格局找尋新活路。**為這本書的出版，我們為呂秀蓮的生命智慧喝采，為她的正義勇氣喝采，為她替我們理出一條當前台灣的新出路喝采！**

榮獲 2001 世界和平獎

推薦序 **3**

美中新冷戰與台灣新戰略

翁明賢

2021.01.19

淡江大學國際事務與戰略研究所教授兼所長、台灣戰略研究學會理事長

　　2017 年慕尼黑國際安全研討會針對當代全球安全情勢，主辦單位提出三個「後」的主軸概念：「後真相、後秩序與後西方」（Post-Truth, Post-Order, Post-West），顯示出整體全球格局，從「冷戰」、「冷戰後」到「後冷戰」，正式進入「新冷戰」的變遷態勢中，而此「新冷戰」的開始，正恰好源起 2016 年 11 月 3 日，美國選出一個「非建制」、「非傳統」與「非理性」的川普總統四年任期所作所為，誠如宋代詩人蘇軾在其《念奴嬌·赤壁懷古》一詞中所述：「亂石穿空，驚濤拍岸，捲起千堆雪」，翻轉了影響台灣命運的國際戰略結構格局。

　　同樣，早於 2012 年習近平開始掌權、籌謀「中國夢」、「強軍夢」與「中華民族復興夢」下的兩個百年目標，改變既往「韜光養晦」，採取「積極作爲」，牽動「崛起強權」：中國，挑戰「既存強權」：「美國」的「修昔底德陷阱」困境。加上 2020 年 1 年 23 日，湖北武漢爆發「新型冠狀肺炎」（COVID-19）之後封城，從中國漫延至全世界，不僅挑戰人類處理非傳統新興傳染病的能量，更是因爲禁航、邊境封鎖，導致世界經濟受挫，影響國家治理能量，而中美兩強面對上述因素，卻呈現豁然迴異的戰略思考與佈局。

　　基本上，2013 年習近平開始倡議「一帶一路」、籌設「亞洲基礎建設投資銀行」（AIIB）與「絲綢之路基金」，開展在南沙組建人工島礁，劃設「東海防空識別區」。在內部管控方面，成立「國家安全委員會」，以及領導各專業小組委員會，並從 2015 年開展「軍隊改革」，改造中央軍委會職能與五大「戰區」建立，形成「軍委管總、戰區主戰、軍種主建」。2018 年 3 月 12 日，中國人大集會修改憲法，廢除國家主席任期制，建構一黨獨裁專制的合法性，加上，北京強化在國際社會影響力的發揮，使得世界各國擔心一個強大、獨裁的共產中國會對世界局勢帶來何種衝擊？

　　在美國方面，2017 年 1 月 20 日，川普正式就職第 45 任美國總統之後，基於「美國優先」考量下，從以往「多邊主義」退縮至「單邊主義」對外戰略選擇，片面撕毀《伊朗核武協議》、《中程核武條約》、《開放天空條約》，退出《巴黎氣候議定書》等等「逆全球化」作爲，主要在於呈現美國單一霸權「爲所欲爲」的超強心態。2017 年底白宮公布《國家安全戰略報告》，勾勒出「強權競爭」（Great Power competition）時代來臨：中國與俄羅斯爲最大潛在國家安全威

脅來源。國務卿龐佩奧在加州尼克森紀念圖書館發表《共黨中國與自由世界的未來》（Communist China and the Free World's Future）專題演講。美國採取「全政府戰略」思維，透過「經濟」、「外交」與「軍事」途徑方面，全方位應對北京在全球、印太與台海區域的權力擴張。

在「龍鷹大戰」權力碰撞之際，全球局勢受到衝擊，相關周邊區域國家面臨是否「靠邊站」選擇？**台灣面對強勢中國對台政策，以及內部統獨意識紛爭未停之際。究竟如何「翻轉」戰略思維，尋求一個長治久安之道，該是面對美中新冷戰重要關鍵。在美中戰略競逐下，以往「兩岸關係」被化約在美中關係下的「台灣議題」。在太平洋兩岸下的「新兩岸關係」：美國與中國的戰略互動下，一定程度凸顯「台灣」可以成為一個「制約」中國對外擴張力量的「牽制點」，或美中在印太地區力量槓桿的「平衡點」。台灣的地緣戰略價值有如一艘不沈的航空母艦，正可發揮在印太地區「以海制陸」以及「以陸制海」的雙重戰略功能。**

在兩岸互動方面，傳統上台北的戰略定位，從兩蔣、李登輝、陳水扁、馬英九總統時期呈現：「兩岸對峙」、「和解往來」、「有限對抗」與「全面交往」態勢，到2016年民進黨再度執政，蔡英文總統拒不接受北京單方面提出的「九二共識問卷」，中斷兩岸之間的官方與非正式管道，「武統」與「文統」之議「甚囂塵上」，

加上，2020年中國大陸武漢地區暴發非傳統安全威脅：「新冠肺炎」因素，以及解放軍機艦不斷「繞台、擾台與封台」，呈現「兩岸冷和」態勢，也凸顯傳統小國戰略：「抗衡」、「扈從」、「避險」與「中立」途徑，已經無法因應「新冷戰」時期的挑戰。

2021年1月20日，經過11月3日、12月14日與1月6日，美國紛紛擾擾的選舉法定確認過程，華盛頓終於要「翻頁」進入後

川普時代，新任總統拜登勢必提出新的印太戰略格局：美中亞太和平共處、管控分歧，鼓勵對話、溝通協調大勢所趨。同樣，北京進入第一個百年目標 2020 年之後，適逢建黨一百年，以及 2021 年即將召開的 20 大，習近平基於其「兩岸長期存在的政治分歧問題終歸要逐步解決，總不能將這些問題一代一代傳下去」戰略考量下，一方面，持續「推動兩岸和平發展」，透過經濟與社會融合政策，加快 2019 年 1 月 2 日習近平提出「兩制台灣方案」腳步，以加速「推進祖國統一進程」，就變成「當務之急」，也會成為「美中關係」新形勢發展下的「切入點」。換言之，當華盛頓與北京針對台海問題產生必須「管控分歧」的「共識」之後，如何避免台灣陷入台海戰略三角下的「人為刀俎、我為魚肉」！台北是否已經做好好準備？

事實上，呂前副總統秀蓮長期以來關心台灣的前途走向，在其已經出版的《非典型副總統呂秀蓮》一書中，記錄其輔佐陳水扁總統的八年回憶錄，其中第三冊：「非典型外交」，早已提出「民主、和平與繁榮」的藍色文明議題，發揚台灣既有的軟、硬實力，提供思考未來台灣戰略選擇參考。近年以來，呂前副總統盱衡世局管窺兩岸局勢，集結於台海局勢與兩岸關係發展，在其大作《兩岸恩怨如何了？》一書中，不僅「一以貫之」抒懷其對台灣前途的關注之心，更加具體提出了未來攸關台灣命運發展的和平中立戰略，**主要關鍵思考在於兩岸要擺脫歷史遺留桎梏，翻轉兩岸新頁發展新猷**，如果以「台灣中立」為途徑，階段性的「統合」台海、東亞與太平洋區域，朝向「預防戰爭、投資和平」目標為導向的「民主太平洋國協」，或許可以成為陸游〈遊山西村〉詩所載：「山重水複疑無路，柳暗花明又一村。」

基本上，《兩岸恩怨如何了？》一書區分為過去、現在、未來三階段，提出「誰是台灣人？」以及「台灣是誰的？」透過「土地認同」

概念，建構了台灣與中華民國身份的有機鏈結。接著論述兩岸二戰後國共對峙，連帶台灣歸屬，美國介入問題，造成四百年以來，台灣的主權命運始終糾結於外來國際勢力的擺佈主導。到了川普主政時期，台灣更是面對華盛頓「拱台抗中」與北京批判「倚美抗中」的雙重安全困境中，呈現另類的美中共管台海局勢。

針對當前美中鷹龍戰略競逐第一島鏈：東海、台海與南海，以及兩國之間的經貿、科技與國際議題掌控之爭，台灣正好位於美中亞太戰略平衡的關鍵砝碼，也正好凸顯出台灣是一艘永遠不沈的航空母艦，所呈現的「地緣」與「海洋」雙重戰略價值！主要在於上述美中戰略對峙，屬於長期國際層次的權力結構問題，台灣必須保持動態平衡，才能促成龍鷹和諧，確保台灣本身的國家安全與發展利益。

因此，呂前副總統研究歷史上的國家分合模式，認為兩岸必須超越命定式的「一中原則」與「一國兩制」，或是提出超越「統獨爭辯」以外的另類抉擇。因此，基於「翻轉島國命運」，以及「化危機為契機」考量下，在「和平中立新世界」理念下，建立「雙兩岸關係」架構：太平洋下的「美中關係」，台海下的「兩岸關係」，秉持「一個中華」與「遠親近鄰」原則，展開兩岸未來溝通對話，建構「中華邦聯」，擴大兩岸多邊「命運共同體」身份，從而促進亞太國家形成「民主太平洋國協」，推進「永久和平」境界，一定程度可以提供台海安全利益攸關者的共同思考。

總之，呂副總統從政以來始終如一，「念茲在茲」台灣這塊土地與人民的「福國利民」之舉，這本《兩岸恩怨如何了？》更是其「退而不休」、「寧靜思考」與「反覆推敲」結晶，值得各界精讀，藏諸名山的兩岸戰略經典大作，特以為序，並鄭重推薦之。

台灣——您知道嗎？

- 地球的表面積 5.1 億平方公里，陸地面積 1 億 4821 萬平方公里。
  台灣 3 萬 6 千平方公里，佔地球 10 萬分之 7。中國面積 960 萬
  平方公里，佔地球千分之 19，是台灣面積的 266 倍。

- 台灣由本島及澎湖、金門、馬祖等 76 個大小島嶼組成。台灣
  本島南北縱長 394 公里，東西最寬 144 公里，本島海岸線總長
  1240 公里，大小河川 152 條，可耕地面積佔 4 分之 1。全島分
  為山脈、丘陵、台地、海岸平原及盆地五大部份。

- 台灣西邊距中國福建省平均距離約 200 公里，最窄處從新竹到
  平潭島直線約 130 公里，東邊和日本沖繩縣與那國島相隔 110
  公里以下，南邊隔巴士海峽與菲律賓相隔 185 公里，都在國際
  公法所定的經濟海域範圍內。

- 花彩列島中心：沿亞洲大陸和西太平洋間，北起千島群島，經
  日本、琉球、台灣、菲律賓、南迄印尼，一連串島弧稱為花彩
  列島。台灣位居中央樞紐，也是全世界最大海洋 – 太平洋與全
  世界最大陸地 – 歐亞大陸的交會點。

- 台灣海域：1998 年 1 月 21 日台灣遵照《聯合國海洋法公約》，
  公布《中華民國領海及鄰接區域法》與《中華民國專屬經濟海
  域及大陸礁層法》，規定領海基線起至其外側 12 海里間之海域。
  因此我國領海基線範圍包括台灣本島及其附屬島嶼（含釣魚台
  列島）、東沙群島、中沙群島及南沙群島。

台灣 vs. 中國

項目	台灣	中國
土地面積	136th	3rd
人口	52nd	1st
經濟規模	22nd	2nd
人均所得	33rd	77th
全球化指數 (Globalization Index)	17th	44th
WEF 全球競爭力 (Global Competitiveness Report)	14th	28th
全球和平指數 (Global Peace Index)	41st	108th
UNDP 性別不平等指數 (GII)	2nd	91st
軍力	19th	3rd

鄧小平如是說

1974 年 4 月，出席聯合國大會第六次特別會議發言

「如果中國有朝一日變了顏色，變成一個超級大國，也在世界上稱王稱霸，到處欺負人家、侵略人家、剝削人家，那麼，世界人民就應當給中國戴上一頂社會帝國主義的帽子，就應當揭露它，反對它，並且同中國人民一道，打倒它」

2020 台灣價值 — 國際評比

項目	排名
土地面積	136
人口	52
經濟類	
經濟規模	22
美國商業環境風險評估公司（BERI）2020 投資環境風險評估報告	3，亞洲第一
2020 IMF 人均所得（PPP）	10（$54,841）
2019 經濟自由度（傳統基金會）	10
2020 DHL 全球連結程度指數（GCI）	19
CSIS 報告	台灣在收入最高的排名，是亞洲表現最好的國家
競爭力	
博鰲亞洲論壇「亞洲競爭力 2019 年度報告」	2
2019 WEF 全球競爭力	12，創新能力亞洲第一，全球第四
2020 IMD 全球競爭力	11（亞太第 3）
政府治理	
2019 全球化指數	24
2020 Freedom House 世界自由度	26
國際透明組織 2020 全球清廉印象指數（CPI）	28
2020 全球和平指數	37
幸福度	
Inter Nations 網站 2019 最適居住國家	1
Expat Insider 全球最友善國家 10 國	2
匯豐銀行 2018 最適宜居住與工作國家	9
2018 國家痛苦指數	7（最不痛苦排第7）
UNDP 性別不平等指數（GII）	8（亞洲第一）
UN 2020 全球幸福報告	25

台灣 No.1

- 台灣便利商店密度為世界第一。

- 台北 101 曾為世界最高的建築物，也創下世界最快電梯紀錄。

- 寬頻網路技術為世界第一。

- 台灣共有 37 項世界第一的產品，分別是主機板、監視器、晶圓代工、掃瞄器、數據 機、繪圖卡、網路卡、集線器、機殼、鍵盤、光碟片、滑鼠、SPS、ABS 樹脂、UP、PUC、PPE、人造纖維絲織 布、人造纖維加工絲、運動鞋、味精、太陽眼鏡、西洋鼓、聖誕燈串、自行車、自行車鏈條、帽子、雨傘、用餐桌椅、雨衣、電動小馬達、縫紉機、蝴蝶蘭、卡通動畫、煎烤器、吉他與義肢。

- 世界最大的紅樹林保護區是台北的竹圍紅樹林保護區，面積約 76 公頃。

- 台南市曾文溪口為現今全世界最大之黑面琵鷺的棲息處。

- 世界第一座螃蟹博物館 (北關生態農場)。

- 台灣冷杉、台灣黑熊、冠羽畫眉、櫻花鉤吻鮭及莫氏樹蛙分別是世界上特有的植物、哺乳類、鳥類、魚類及兩棲類。

- 螢光基因魚轉殖技術研究，是近年全球熱門的議題之一。台灣在基因魚方面的研究， 已登上全球領先的地位。

- 台灣櫻花鉤吻鮭，是冰河時期的活化石，世界獨有種。

- 台灣國中生的化學程度高居世界第一。

- 石斑魚產值及產量位居世界第一。

資料來源：網路

台灣歷史年表

年代 / 日期	事件
1557	葡萄牙船隻行經台灣，喊出 Ila Formosa 「美麗之島」讚嘆。
1624~1642	荷蘭人與西班牙人佔領台灣。
1684	康熙皇帝正式將台灣列入大清帝國的版圖。
1885	清廷宣布台灣設省。
1895	清日簽訂《馬關條約》。
1941.08.14	《大西洋憲章》：尊重民族自決。
1943.12.01	《開羅宣言》：台澎歸還中華民國。
1945	
06.26	《聯合國宣言》：「任一會員國不得單獨或私自從敵國取得任何領土。」
07.26	《波茨坦宣言》：「《開羅宣言》必須實施。」
08.15	日本戰敗投降。
08.29	重慶成立「台灣省行政長官公署」。
09.02	1.《日本降伏文書》：「忠實執行《波次坦宣言》。」 2. 盟軍《一般命令第一號》：指派蔣介石代表盟軍接收日軍投降，並代理佔領。
09.09	中國戰區受降（南京）。
10.25	1. 聯合國成立。 2. 日軍投降（台北）：陳儀宣佈台澎重入中國版圖，長官公署改名台灣省政府。 3. 中華民國「代理佔領」台灣。
1946	
01.12	行政院訓令：台澎人民自 1945.10.25 起恢復中華民國國籍。
08.	行政長官公署明定 10 月 25 日為「台灣光復節」

12.25	1. 《中華民國憲法》通過，有 17 位仍具日本籍台灣代表參加制憲會議。 2. 憲法第 4 條：固有疆域，並未包括台澎。
1947.02.28	二二八事件。
1949	
01.21	蔣介石引退。
10.01	中華人民共和國成立。
12.07	1. 中華民國政府遷往台北。 2. 中華民國「流亡佔領」台灣。
12.10	蔣介石飛抵台北。
1950	
03.01	蔣介石復行視事。
06.25	韓戰爆發。
06.27	杜魯門「台灣法律地位未定」，台海中立化。
1951.09.08	《舊金山和約》簽署，日本放棄台澎主權。
1952.04.28	1. 《舊金山和約》生效。 2. 《台北和約》簽訂，遵照《舊金山和約》規定。
1979	1. 美中建交。 2. 《台灣關係法》生效。
1982	美中簽署《八一七公報》。
1987	解除戒嚴。
1996	第一次總統民選，李登輝當選。
2000	民進黨陳水扁、呂秀蓮當選，終結國民黨五十年一黨專政。
2008	國民黨馬英九、蕭萬長當選，政黨二度輪替。
2016	民進黨蔡英文、陳建仁當選，政黨三度輪替。
2020	美中爭霸，兩岸瀕臨戰爭。

台灣歷史重要文件

條約 / 文件	簽訂日期 / 地點	主要內容
荷蘭降書	1662.02.01/ 熱蘭遮城	●鄭荷之戰後,荷蘭向鄭成功投降,這是台灣的第一份國際性合約。
馬關條約	1895.04.17/ 日本下關	●台灣全島及所有附屬各島嶼,永遠讓與日本。
開羅宣言	1943.12.01/ 埃及開羅	●日本自中國人所得到的所有領土,比如滿洲、台灣及澎湖群島,應該歸還給中華民國。
波茨坦宣言	1945.07.26/ 德國波茨坦	●開羅宣言之條件必將實施,而日本之主權必將限於本州、北海道、九州、四國及吾人所決定其他小島之內。
日本降伏文書	1945.09.02/ 美艦密蘇里號	●接受美、中、英三國政府首領於1945年7月26日在波茨坦所發表,其後又經蘇維埃社會主義共和國聯邦所加入之公告所列舉之條款。
日本投降降書	1945.09.09/ 中國 南京	●聯合國最高統帥第一號命令規定「在中華民國(東三省除外)台灣與越南北緯16度以北地區內之日本全部陸海空軍與輔助部隊應向蔣委員長投降。」
杜魯門宣言	1950.06.27/ 美國華府	●「朝鮮戰爭爆發說明共產主義已不限於使用顛覆手段來征服獨立國家,共產黨軍隊佔領台灣,勢將直接威脅太平洋區域的安全,並威脅在該地履行合法的必要活動之美國部隊。」。 ●「命令美國第七艦隊阻止對台灣之任何攻擊」,也要求台灣停止對大陸的一切海空攻擊。
安理會S/1716文件	1950.08.25/ 美國紐約	●美國對中國領土沒有野心。 ●對台灣未來的政治地位不採任何預設立場。
舊金山和約	1951.09.08/ 美國舊金山	●日本政府放棄對台灣、澎湖等島嶼的一切權利、權利名義與要求。

台北和約	1952.04.28/ 台灣台北	● 宣示終止中華民國與日本國之戰爭狀態。 ● 依據《舊金山和約》，日本放棄對台灣、澎湖、南沙群島、西沙群島之一切權利。 ● 雙方國民的財產和所作要求的處置，應由中華民國政府與日本國政府間另商特別處理辦法。 ● 日本承認 1941 以前與中國所締結之一切條約，因戰爭結果而歸無效。 ● 確認中華民國國民應包括一切台灣及澎湖居民。
UN 2758 號決議	1971.10.25/ 美國紐約	● 承認中華人民共和國政府的代表是中國在聯合國組織的唯一合法代表，中華人民共和國是安理會五個常任理事國之一。 ● 恢復中華人民共和國的一切權利，承認她的政府的代表爲中國在聯合國組織的唯一合法代表並立即把蔣介石的代表從它在聯合國組織及其所屬一切機構中所非法佔據的席位上驅逐出去。
上海公報	1972.02.28/ 中國上海	● 中美關係正常化符合兩國利益 ● 中國政府堅決反對任何旨在製造「一中一台」、「一個中國、兩個政府」、「兩個中國」、「台灣獨立」和鼓吹「台灣地位未定論」的活動； ● 美方承認（acknowledges）海峽兩岸都堅持一個中國，並對這一立場不提出異議（not to challenge），它重申它對由中國人自己和平解決台灣問題的關心，並隨著地區緊張局勢的緩和將逐步減少在台美軍設施和武裝力量；
中日建交 公報	1972.09.29/ 中國北京	● 日本承認中華人民共和國政府是中國唯一合法政府； ● 中國政府重申：台灣是中華人民共和國領土不可分割的一部份。日本政府充分理解和尊重中國政府的這一立場，並按降伏文書所述，堅持遵循《波茨坦宣言》第 8 條的立場。

中日和平友好條約	1978.08.12/中國北京	●締約雙方應在和平共處五項原則的基礎上，發展兩國間持久的友好關係；確定彼此用和平手段解決一切爭端，而不訴諸武力或武力威脅；繼續為開展經濟和文化合作，促進兩國人民的往來而努力。
美中建交公報	1979.01.01/華府與北京同步公布	●中華人民共和國和美國商定自1979年1月1日起互相承認並建立外交關係。 ●美國承認中華人民共和國政府是中國的唯一合法政府。在此範圍內，美國人民將同台灣人民保持文化、商務和其他非官方關係。
台灣關係法	1979.01.01/	●「本法乃為協助維持西太平洋之和平、安全與穩定，並授權繼續維持美國人民與在台灣人民間之商業、文化及其他關係，以促進美國外交政策。」 ●「任何企圖以非和平方式來決定臺灣的前途之舉 -- 包括使用經濟杯葛及禁運手段在內，將被視為對西太平洋地區和平及安定的威脅，而為美國所嚴重關切。」
八一七公報	1982.08.17/中國北京	●美國重申「台灣是中國的一部份」及「台灣問題是中國的內政問題」。 ●「美國政府不謀求執行對台銷售武器之長期關係，對台灣武器銷售，在質與量上均不會超過美、『中』兩國（1979年）建立外交關係後所提供之水準。 ●無意侵犯中國的主權和領土完整，無意干涉中國的內政，也無意執行「兩個中國」或「一中一台」政策。 ●美國意圖逐漸減少對台灣之武器銷售，經由一段時間而趨於最終解決。

過去

第一章

古早台灣

宇宙・地球・人類

考古人類學家告訴我們，宇宙大約於 135 億年前因一次大霹靂而形成。大約 45 億年前地球誕生，38 億前年地球上開始有生物。

6 百萬年前，人類和黑猩猩的共祖出現。

250 萬年前，東非出現智人（Homo Sapiens）。

2 百萬年前，智人開始離開家園，向北非、歐洲及亞洲移居，演化為不同人類。在歐洲及中東的稱「尼安德塔人」（Homo neanderthalensis），但尼安德塔人於 3 萬年前絕種。

20 萬年前，智人在東非演化。

7 萬年前，東非的智人開始成群結隊向非洲之外的大陸遷移，約 4.5 萬年前抵達澳洲，1.6 萬年前抵達美洲。

至於亞洲，智人大約 6 萬年前陸續抵達東南亞，再到赤道附近的「異他古陸」（Sundaland），當時的異他古陸與中南半島連接，包含馬來西亞和印尼蘇門答臘、爪哇及婆羅洲等。

史前人類

　　大約在 7 萬 5 千到 1 萬 2 千年之間，屬於第四冰河期，台灣、日本和中國大陸連結在一起，成為東海古陸、琉球古陸、澎湖陸橋、南海古陸及巽他古陸，台灣正好位居這些古陸的交會點。

　　隨著冰河期冰雪融化，住在東南亞和巽他古陸的智人沿著低窪海邊由南向北遷徙，有些人到達台灣後就停留定居，成為最古遠的原住民。在 1 萬 2 千年冰河期結束之前，並無台灣海峽。之後，海水上漲，台灣被海水包圍成為島嶼，同時出現台灣海峽。

圖 1-1：西太平洋的古陸

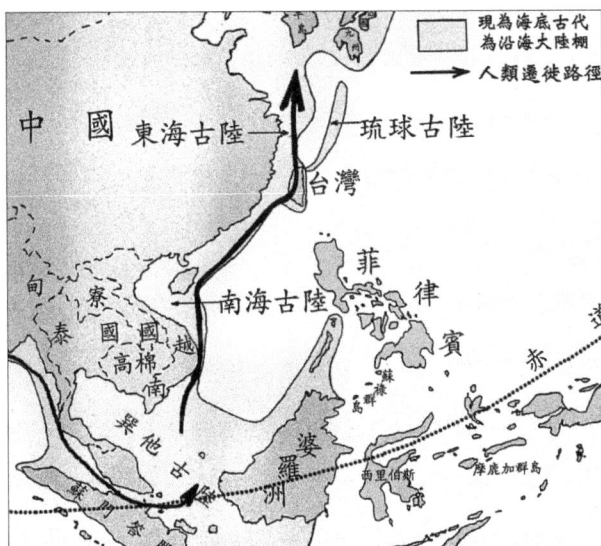

資料來源：何顯榮教授。

依考古學家的發現，台灣最早的長濱文化和左鎮文化，約在4~5萬年前出現，而太平洋各島嶼，以巴布亞新幾內亞古居民最古老，約在 2 萬年前出現，其他如東加或帛琉，則是 1200~1000 年，足見台灣先民是太平洋地區最早的人類，因而成爲南島語族的發源地，也是南島語言的原鄉。

太陽帝國與台灣

考古學家認爲人類最早的文明，是在中東的底格里斯河與幼發拉底河兩河流域之間的『美索不達米亞』的「蘇美文化」，距今約一萬一千年以前。在此之前的人類文明，有兩則不同來源的記載：1. 西元前 360 年希臘哲學家柏拉圖著作的《對話錄》，描述在大西洋的亞特蘭提斯帝國文明、2. 西元 1926 年英國軍官邱池沃德著作的《消失的姆大陸》，描繪在太平洋的「姆大陸」太陽帝國文明。

姆大陸與亞特蘭提斯有許多項共同點，如：由地震而毀滅、發生大洪水、一夜之間沉沒、沉沒於大海洋、一萬兩千年前消失等。一萬二千年前地球第四冰河期結束，地殼產生不平衡而發生裂縫，引起火山爆發，這是地質學家所公認的事實。火山爆發會伴隨著強烈地震，接著發生大洪水、一晝夜之間沉沒、沉沒於大海洋。太陽帝國的毀滅必定是浪高可達百公尺以上的「超級海嘯」，因此要尋找這個消失的太陽帝國遺址，必須從火山爆發引起超級海嘯來探討。

在台灣，「台灣古文明研究室」創辦人何顯榮教授，與「台灣原住民族文化聯盟」林勝義教授等人踏遍全台古文明遺址，從事調查及研究，他們認定台灣在冰河時期是「太陽帝國」的文明重心，

甚至是首都所在。

　　「2001 年國際海洋鑽探船『聯合果敢號』在台灣東北海域南沖繩海槽 ODP1202 站做地質鑽探試驗，從海底取出 410 公尺長的岩心，做三種不同方法的年代鑑定。結果發現在一萬二千年前有沉入海底的大量沉積物，然而專家都不知這些沉積物的來源，但是其組成類似台灣山頭的成分，而且其中含有火山灰顆粒，說明附近曾經發生火山爆發。

　　又在 2004 年國道新建工程局於雪山隧道的湧水取樣檢測，結果顯示雪山山脈北段隱藏『萬年古水』，表示有『地下天然水庫』。根據這些資訊，可以得知雪山山脈北段曾經是『層型火山島』的地質，很容易發生火山爆發，伴隨大山崩，造成超級海嘯。」

　　何顯榮教授於 2005 年 9 月初在韓國的第三屆亞洲暨太平洋海岸國際學術會議發表 *Mega-tsunami in Northeastern Taiwan at Least 12,000 Years Ago*（一萬二千年前台灣東北海域發生超級海嘯）論文，受到與會的專家學者重視，這篇論文使台灣古代史露出曙光，可以和台灣古文明遺跡的時空聯繫起來，更可以連接到世界文明史最早的時空。一萬二千年前雪山山脈北段發生火山爆發，伴隨大山崩，山上的土石方滾落太平洋，漂流到 ODP1202 站，現在台灣東北角的蘭陽平原至龜山島東邊的部份崩塌滾落太平洋，引起超級海嘯，毀滅了台灣和太平洋中的島嶼及四周沿岸的文明。這個事件與太陽帝國毀滅的情況與時間吻合，可以做為「太陽帝國就在古台灣」的佐證。

過去

圖 1-2：世界最早的文明大陸 — 姆大陸與亞特蘭提斯

格陵蘭

西伯利亞

大西洋

亞洲　太平洋　北美洲

台灣

印度洋　　姆大陸　　亞特蘭提斯　非洲

澳洲　　　南美洲

紐西蘭

資料來源：何顯榮教授。

台灣古文明出土文物

　　回顧史前台灣的文明，分作舊石器與新石器兩個世代，自從 1960 年代北台灣大坌坑文化，及台東的長濱文化被發現以來，台灣的考古文化學者又陸續發現 1500~1600 處，其中有百餘處十分重要：

一、舊石器時代（1 萬 2 千年至 5 萬年前）

- 1968 台東長濱八仙洞發現「長濱文化」遺址，包括石器、骨針、骨鑿、骨魚鉤等舊石器時代產物，距今 8 千 ~5 萬年前，是台灣迄今發現最早的器物。
- 1977 年發現台南「左鎮人」，頂骨化石，距今 2~3 萬年。

- 1980 年代發現苗栗大湖史前人類遺址「網形文化」，距今 8 千 ~4 萬 7 千年。
- 1998 年澎湖海溝撈獲人類右肱骨化石，距今 1~4 萬年，稱「台灣陸橋人」。
- 2007 年美國科學院證實東南亞玉器八成出自台灣豐田，證實「台灣玉擴散理論」，也可佐證南島語族的原鄉就是台灣。
- 斐濟出土的陶器人面紋，研判來自台灣的拉匹泰族。斐濟人是波里尼西亞人，由此證明波里尼西亞人是由台灣移出。
- 台北圓山貝塚遺址曾發現世界最大的砥石（磨刀石）與遮蔽屋。

圖 1-3：台灣舊石器時代遺址分布圖

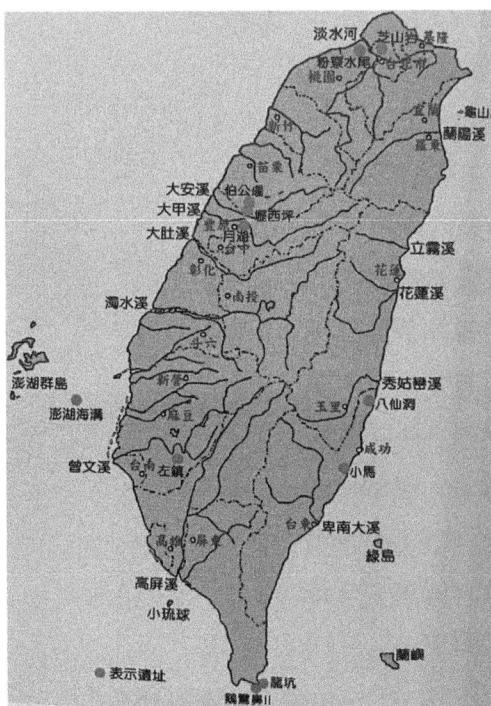

資料來源：何顯榮教授。

二、新石器時代（6500 年前）

- 1 萬 2 千年前發生超級海嘯與火山爆發，台灣的太陽帝國文明遭
  摧毀殆盡。先民開始搭乘聚落型船筏「雞籠」從台灣移民到南洋
  各地，形成南島語族的版圖。

圖 1-4：台灣原住民族遷徙途徑

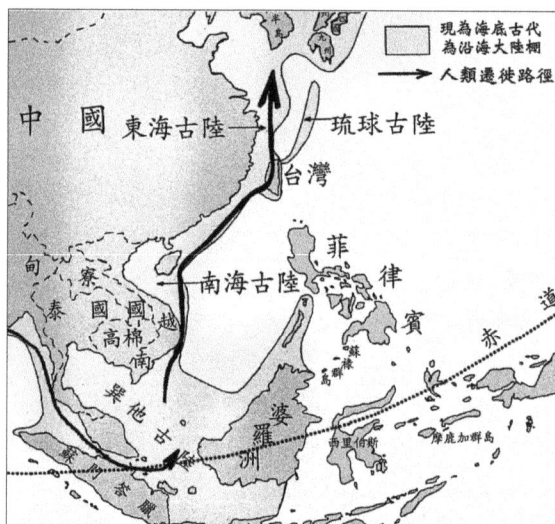

資料來源：何顯榮教授。

- 1964 年台大發現八里大坌坑遺址，主要分布在西海岸、台北圓
  山、台南歸仁八甲村、高雄林園鳳鼻頭、花蓮月眉，已被認為是
  南島語族最早的文化，也是台灣在新石器時代被發掘最古早的文
  化遺址。
- 大坌坑文化（6300~3400 年前）陶器通稱為「粗繩紋陶」，後來

逐漸演化爲北部訊塘埔文化、中部牛罵頭文化、南部牛稠子文化、東部繩紋紅陶文化。

● 考古學家在南島語族分佈地區研究，發現新石器遺址出土的器物，以台灣大坌坑文化的年代最早，可謂南島語族的祖先文化。

圖 1-5：南島語族版圖

資料來源：何顯榮教授。

● 凱達格蘭族和噶瑪蘭族婦人所使用的手工織布，最先使用香蕉絲作爲編織原料，此技術傳至世界各地原住民普遍使用。

● 兩千年前凱達格蘭族已知煤礦開採的技術及煤炭的使用，並發現煉鐵的證據，也有將粗金分離純金與純銀的技術。東北角貢寮鹽寮灣是古代凱達格蘭族煉鐵的地點，有煤礦業、鐵礦業、銅礦業、砂金礦業、金銀礦業遺址，堪稱古代的冶煉金屬工業區。

圖 1-6：鹽寮灣古代工業區遺址

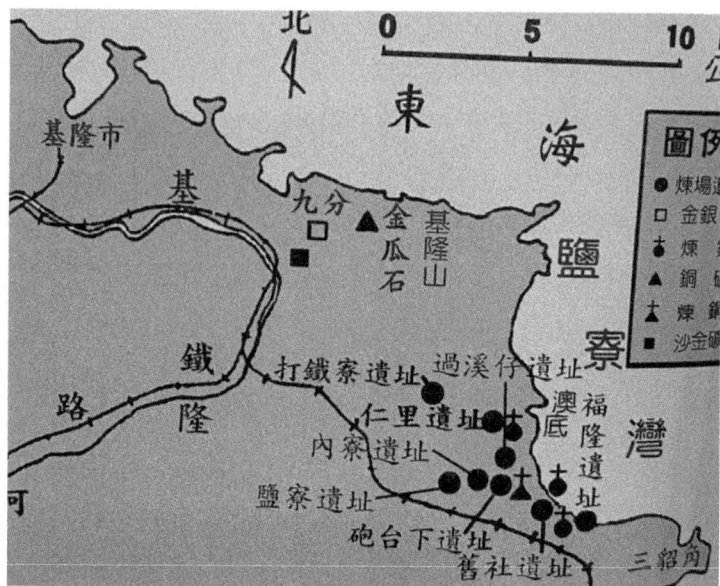

資料來源：何顯榮教授。

- 1994 年中研院陳光祖教授在核四廠廠區進行「煉鐵遺址」調查，發現鐵渣散漫暴露於地表，經研究確定是煉鐵活動地點；1997 年又在核四廠出水口「砲台腳遺址」新發現煉鐵原料「焦」。

- 2006 年考古隊在南科工業區道爺南遺址挖到男性骨骸，手握雙刃鐵劍，推測應是北部鹽寮灣古代工業區的產物，距今 1500 年，屬蔦松文化。

- 2007 年台大在新北貢寮核四廠工地內過溪仔遺址，挖掘出數百塊繩紋陶碎片，距今 4 千 5 百年。

- 台東太麻里舊香蘭遺址，距今 2200~1900 年，有史前時代的金屬工業，包括黃金加工業，證明 2 千年前台灣已有黃金加工技術。

附錄

國際學者對台灣的考古認定

年代	學者	發現
1975	施得樂（Richard Shutler）與馬爾克（Jeffrey Marck）	論文《南島園藝學家的擴散》提出台灣是南島語族發源地的主張，這是第一個將台灣當作南島民族起源地的理論。
1976	布勒斯特（Robert Blust）	採用語音變異及語言創新進行語言分支分類，得出自台灣原鄉論的結果。
1988	布勒斯特（Robert Blust）、西爾（Thiel）	布勒斯特論文《語言學觀點：南島語族原鄉》，也推測南島語族的原鄉是台灣。同年夏威夷大學的西爾教授比較菲律賓呂宋島和台灣的考古資料，推測台灣是南島民族的原居地。
1991	貝爾伍德（Peter Bellwood）	《南島語族的擴散與原南島語》論文認為南島語族分七階段從台灣往外擴張，最後到達紐西蘭。
1995	史塔羅斯塔	明確指出台南平原就是南島語族擴散中心。
1995	羅伯特‧菲森（Robert Fuson）	《傳奇大洋島》一書認定亞特蘭提斯的安提里亞島就是台灣島。
1998	張伯斯（Geoffrey Chambers）	對人類 DNA 分析的研究報告指出波里尼西亞人與毛利人的祖先，極可能以台灣為起點，越過太平洋，逐島南遷到現今的聚居地。

過去

1999	布勒斯特（Robert Blust）	指出南島語系有 1200 種語言，分為十個亞系，其中的九個亞系只包括台灣所有平埔族和高山原住民的 26 種語言。而其他分布在台灣以外的 1174 種語言，全屬於第十個亞系。
2000	戴阿曼得（Jared Diamond）	在《自然》期刊發表論文《台灣給世界的禮物》，主張南島語族以台灣為起源地。
2000	沙噶特（法國）與韓集堡（挪威）	支持台灣原鄉論。
2003	張伯斯（Geoffrey Chambers）	運用基因鑑定法發現台灣原住民體內缺少保護免於酒精敏感症的基因，與其他南島民族相似，證明「遺傳基因因素」的證據，支持台灣是南島民族原鄉。
2009	葛雷（Russell Gray）、葛拉罕（David Graham）	葛雷在《科學》期刊發表最新區域語言研究，證實波里尼西亞人源於台灣。葛拉罕利用兩種不同的幽門螺旋桿菌，追蹤人類遷移史，證實其中一種幽門桿菌 hspMaori 是在約 5 千年前，由台灣原住民遷移時帶到美拉尼西亞和波里尼西亞。
2015	伊莉莎白・馬諦索史密斯（Elizabeth Matidoo-Smith）	在俾斯麥群島的考古研究，發現 3400 年前出現來自台灣的拉比塔文化。
2016	斯普瑞格斯（Matthew Spriggs）	在《自然》雜誌發表論文，比對古代 DNA 發現，萬那杜及東加王國的首批居民可能來自台灣。

資料來源：何顯榮教授《人類文明的母國就是台灣》

第二章

誰是台灣人？

現在住在台灣的人，很多人相信自己是中華民族「炎黃子孫」的後代，來台先後不同，相對於台灣十六族的原住民，是多數的優勢族群。

然而根據人類考古學、細菌人類學、語言人類學，及台灣歷史學的研究，「誰是台灣人」或者「台灣人的祖先是誰」的問題，可是一門博大精深的學問。學者研究指出：**「台灣人是漢化的越族與平埔族混血的後代。85% 的台灣人具有原住民基因。」**因此，只有 1949 年以後隨「中華民國」撤退來台的「外省人」，才可能是純粹的漢人。

「炎黃子孫」的神話

「炎黃子孫」一詞對於以漢人為多數的中國人具有論述凝聚力，對海外華人也有文化與政治的意涵。國民黨弘揚炎黃文化，中共建政後，許多少數民族對「炎黃子孫」有不同意見，因此傾向以

過去

「中華民族」取代「炎黃子孫」。

近代人類學者李濟，認爲現代中國人的組成，至少可分 1. 黃帝子孫、2. 匈奴群、3. 羌群、4. 鮮卑群、5. 契丹群、6. 女眞群、7. 蒙古群、8. 西藏緬甸語群、9. 撣語群，以及 10. 蒙古麥語群。**「中國人皆爲炎黃子孫」的說法，並無學理根據，只是基於民族情感而說漢民族的「神話祖先」是炎、黃。**

「炎」指的是炎帝，「黃」則是黃帝，都是中國古代文獻記載與傳說中的人物，自古被認爲是華夏民族，也就是後來所稱「漢人」的先祖。炎帝，號神農氏，是中國傳說中上古時代的第一個部落聯盟共主，比黃帝早五百年，教民種植，發明農業及草藥。神農氏後期的領袖因懂得鑽木取火，故稱炎帝，後與黃帝的部落融合，逐漸成爲「華夏族」。傳說黃帝時代是華夏文化與技術的源頭，包括醫術、文字、屋宇、製衣、輪車、音律等，都是這時期所發明。中國古代神話傳說中的另位部落首領蚩尤，與黃帝大戰於涿鹿，後人將他與炎、黃合稱爲「中華三祖」。

許多蠻夷戎狄等中原以外的「四夷」，也都以炎帝、黃帝爲祖先。如匈奴、鮮卑自稱黃帝子孫，契丹、苗族認爲自己是炎帝子孫，這些古代的蠻、夷爲了確立統治中國的正統，便以認祖歸宗鞏固政權。

但神農氏、炎帝、黃帝、蚩尤都是傳說中上古時代的人物，鮮少有確切的文字實物資料流傳，主要是靠傳說流傳，是「建構」出來的概念。歷代統治者以這些傳說人物當祖先，用來作政治號召，集體催眠人民。**晚清在內外交迫，面臨亡國危機下，滿清貴族也不得不以黃帝子孫的說法來維持統治的正當性。梁啓超是第一個提出「中華民族」的人，革命黨人更用「炎黃子孫」作爲政治口號，以**

「驅逐韃虜，恢復中華」，建構一個「中華民族」的民族主義，而炎帝與黃帝便在晚清知識份子的推動下，成爲漢民族，甚至整個中華民族的共同祖先。

古早台灣人

一、幽門桿菌漂流記

2005 年的諾貝爾醫學獎得主 Robin Warren 和 Barry Marshall 兩位澳洲醫師，長期研究幽門桿菌，而探索出人類大遷徙的足跡，因爲約略有 50% 的人類在胃中都感染有此一細菌，它會引發胃潰瘍，甚至胃癌。幽門桿菌與人類相形共生，桿菌傳播的途徑，等於人類移居的地圖。

幽門桿菌約有 1550 個基因，依地域不同而發展出不同的「亞型」。人類大約在六萬年前，帶著最原型的幽門桿菌，跨越加薩走廊，往北向歐洲，往西經過中東向中亞及亞洲遷移。推測在五萬到一萬兩千年前的「冰河時期」晚期，海平面很低，許多地方形成陸棚或淺海溝，遷徙並不太困難。當時台灣、澎湖、與琉球都跟歐亞大陸棚連結在一起，沒有台灣海峽。

大約兩萬七千年前，幽門桿菌在中亞地區突變成「中亞型」。帶著中亞型幽門桿菌的人類約在兩萬五千年前進入黃河流域及蒙古草原，幽門桿菌漸漸突變成「東亞亞型」，包括中、韓、日及中南半島。再到了一萬五千年前，人類向東北橫渡白令海峽，先到北美洲，再逐步向中、南美洲遷移，成爲美洲印第安人，他們的幽門桿菌成爲「美洲印第安亞型」。

過去

二、南島語族的祖先

　　根據台大陳耀昌教授的研究，台灣在一萬七、八千年前就有古早人類，當時的細菌屬於東亞亞型。由於台灣面向太平洋，屬於姆大陸，成為東非人類大遷徙的陸地終點站。再過數千年，姆大陸沉沒，台灣原住民便學會飄洋過海，如今南太平洋包括紐、澳及玻里尼西亞和美拉尼西亞的原住民，都是由台灣原住民遷徙、繁衍生出的後代，也成為南島語族的原鄉。

　　證據之一是人類學家在紐西蘭的毛利族人身上發現的幽門桿菌已產生突變，後來又在太平洋的玻里尼西亞及美拉尼西亞族人同樣發現，再檢驗當時台灣原住民的幽門桿菌，證實完全一樣，都是毛利亞型。

　　除了細菌，南島語言的傳播更可證實，台灣先民是廣大南太平洋語族的共同祖先。南島語系約有一千兩百種語言，是世界上分佈最廣的語族，東起南美復活節島，西至非洲馬達加斯加，縱橫兩萬六千公里。南島語系約可分為十個亞系，其中九個亞系共二十六種語言，在台灣原住民語言中可以找到，而第十個亞系涵蓋馬達加斯加到東玻里尼西亞共 1174 種語言，與台灣無關。

　　2000 年 2 月 17 日，英國劍橋大學生理學博士的美國國家科學院院士 Jared M. Diamond 在世界排名第一的科學雜誌《自然》（*Nature*），刊登一篇「*Taiwan's Gift to the World*（*台灣帶給世界的禮物*）」，公開認定台灣原住民對世界人類的貢獻。

　　2009 年 1 月 23 日，科學期刊 The Science 又發表了一篇紐西蘭奧克蘭大學 R.D. Gray 教授的文章，分析南島語族的語言，作出「當今的玻里尼西亞人源於台灣，他們約於五千兩百年前從台灣出發，

遷徙至菲律賓，最後再往東進入太平洋」的論斷。

　　台灣原住民，真是不折不扣，偉大的海洋民族！

三、台灣的外來人

　　如上所述，遠古時代台灣原住民的先祖從東非經過中東及東亞到台灣來定居，後來又飄洋過海到南太平洋去。那麼，台灣與其他外來人的關係又是如何呢？

　　根據中國文獻記載，漢朝時稱台灣為夷洲，隋代稱流求，唐朝、五代、宋朝似無有關台灣的記載。元朝勢力曾擴及澎湖，設有巡檢司，但遠征台灣未成。明代開始實施海禁，甚至迫令台澎漢人遷返福建。

　　1557 年有葡萄牙船隻行經台灣，看到宜蘭「三貂角」的美麗景色，不禁喊出 Ila Formosa 美麗之島的讚嘆，也將該地命名為 Santiago。1624 年荷蘭東印度公司從台南安平港登陸。不久，西班牙人也從淡水登陸，佔據基隆，直到 1642 年被荷蘭人趕出台灣。當時西班牙人只有兩百個，卻帶來四百名的菲律賓勞役。

　　荷蘭統治台灣時期，東印度公司在台南地區的職員與兵士大約在幾百到千餘人，不過並非都是荷蘭人，例如士兵以來自日耳曼地區的傭兵居多。

　　荷蘭人統治台灣三十八年，在台南建熱蘭遮城，當時台灣西南部有平埔族的西拉雅人十萬名，漢人移民三千多。荷蘭人到中國沿海招兵買馬，當時明朝大饑荒，又發生民變，所以約有兩萬漢人移民台灣，成為東印度公司的「外勞」。1662 年鄭成功驅退荷蘭人，在台閩客約三千多人，隨鄭成功來台的有三萬七千人，死亡六千人。

55

番漢一家親

一、驅漢與漢化政策

根據中央大學沈建德教授的研究，鄭經投降，滿清入台後，施行「驅漢」政策，把漢人驅趕回中國。當時由大陸來台的漢人禁止帶眷，所謂「只有唐山公，沒有唐山嬤」，大部份台灣人的祖先都跟原住民通婚，純正漢人的後代絕無僅有。「驅漢」政策包括：

1. 禁過番：禁止閩客過台，偷渡抓到杖一百，船東徙黑龍江。

2. 禁入番：禁止在台閩客進入生熟番地界，抓到杖一百。

3. 禁帶眷：官員來台須領照單（許可），不准攜家帶眷。

4. 禁娶番：乾隆 2 年（1737）禁娶台灣妻，違者離異，杖一百。

這裡的「番」，是古代中國對外族、少數民族或外國的稱呼，有「蠻荒未開化」的諷刺與歧視之義。

滿清一方面「驅漢」，另方面對台灣原住民實施「漢化」，包括薙髮、講閩南語、改用漢姓名等，化生番為熟番，化熟番為漢人，化流民為土著。不投降的原住民稱為生番、野番（高山族居多），投降的原住民稱為熟番（平埔族居多）。

漢化程度依漢化深淺而有差別：

1. 土番：只薙髮者。

2. 社番：薙髮又會講閩語或客語。

3. 民戶：薙髮、會講閩客語、改用漢姓名，完成整套漢化內容者。

4. 土著：資深之民戶。

漢化政策包括：

1. 重稅：不漢化者繳鹿皮低價折算，稅最重。

2. 徭役：十倍於漢化者。

3. 訟案：縱容漢化者搶奪熟番財產。

4. 番政：設「南北理番同知」於台南及鹿港，負責熟番漢化、生番歸化。

5. 社學：在全台廣設義學、番學，加強漢化。

乾隆 23 年（1758）開始強制賜漢姓，歸化「番」必須改用漢姓名，而且隨姓接到中國族譜。其中學漳州腔者，籍貫即爲漳籍，泉州腔者爲泉籍，而客腔者成爲粵籍，造成以姓氏爲血統的識別系統大亂。到了乾隆 42 年（1777），人口奏摺上只有「土著」和「民戶」，而沒有「社番」，因爲平埔族都已改用漢姓名，完全漢化了。

了解滿清漢化原住民的過程，才知道原來會說閩南話的並非來自閩南，而擁有漢族譜者，也並非來自閩粵的漢人；原來純漢人是假的，混血原住民才是眞的！

台灣的漢移民（唐山公）在 1660 年代驅逐荷蘭時最多，約三萬六千人，但 1683 年康熙攻下台灣，東寧王朝投降之後，明鄭的軍隊、官員及家屬共有四萬人被遣送回中國。接著清廷實施海禁，不准漢人來台，直到 1800 年，推算漢移民大量來台是 1850 年以後。

台灣住民的主要人口不是唐山公，而是平埔族原住民的後代。學者根據血緣研究證實：「台灣人是許多族群混居混血的結果；純漢人基因頻率在台灣人口中僅佔 14%。」、「85% 台灣人帶有原住民基因。」

過去

表 2-1：原住民漢化過程中的人口演變

年代	人口
東寧王國（1670）	民戶 30,229 人，土番 8,108 人，共約 4 萬人。
康熙 22 年（1683）	民戶 16,820 丁口，社番及土番 3,592 丁口，共約 2 萬人。
雍正 8 年（1730）	番社歸化至少 60 萬人。
乾隆 21 年（1756）	土著並社番 660,147 人。
乾隆 42 年（1777）	土著民戶 839,803 人。
嘉慶 16 年（1811）	土著民戶 1,944,737 人。
光緒 19 年（1893）	土著 2,545,731 人。

二、日治時代

1895 年日本佔領台灣時，台灣的人口總數是兩百五十七萬一零零四人，日本據台後，立即將乞丐、羅漢腳及無住所者驅逐出境，隔年通告《台灣居民分限處理手續》：

第 1 條：5 月 8 日前未退出台澎，而在台澎有一定住址者，依馬關條約視爲台灣居民、日本之臣民。

第 5 條：不願爲日本臣民之居民從戶籍剔除另設簿登記（登記爲外國人，無戶籍）。

結果：1897 年 5 月 8 日止，退出台灣者六千四百五十六人，留下來當「台灣居民、日本臣民者」有兩百五十六萬人。日本統治台灣五十年，1946 年時台灣人口六百零五萬九一三九人，共增加三百四十八萬人左右，絕大多數是被漢化的原住民後代子孫，純正的閩客漢人少之又少。主要原因：

1. 地理因素：台灣海峽黑水溝凶險，傳說「十人去六死，三留一回頭」，而且當時台灣毒惡瘴癘，登陸者十來九死。

2. 社會因素：原住民盛行獵頭文化，一年出草千餘人。又來台閩客多單身，「有唐山公，無唐山嬤」，留台越久，漢人血統越薄。

3. 經濟因素：未開發土地貧瘠，稅賦甚重，賺錢不易，賺了錢就要回中國。

4. 政治因素：清廷的驅漢政策，將真正漢人驅離台灣，卻將原住民強制漢化成「假漢人」。

台灣的「外省人」

台灣的外省人族群，是指 1945 年日治時代結束後至 1980 年代末期海峽兩岸重啟交流期間，從中國大陸各省移民至台灣的人士及其後裔，以 1949 年前後因國共內戰隨中華民國政府從中國大陸遷居台灣的移民潮為最大的一波。「外省」一詞意指「台灣以外的中華民國省份」，對應詞為「本省」，係指日治時代就已定居台灣的人。

台灣外省人是一個複雜的群體，以漢族為主，少數也有蒙古族、滿族、回族等少數民族。至於 1980 年代末期，兩岸重啟交流後移民來台的中國大陸公民，則稱之為「大陸人」。

漢族族群的認同與歸屬通常以父系血緣為主。戰後移民台灣的男女結婚後生育的子女，稱為外省人第二代。如父親為外省人，不論母親族群為何，子女仍屬外省人。但如父親是本省人，而母親來自大陸，子女即被稱為「半山」（半個唐山人）。

過去

　　國共內戰後兵荒馬亂，中國各省份軍民移入台灣人數難以有效統計，從五十萬到最多三百萬的說法都有。除部隊之外，當時有一批中國社會精英階層，也跟著國民政府的部隊一起到台灣。

　　根據台灣歷史學者林桶法《一九四九大撤退》的記載：

　　「1945-1949 年間，國軍到台灣者大約五十萬人；其後又有軍隊陸續退至台灣，1950 年 5 月部署於舟山群島的軍隊七萬餘人，另有約五萬青壯民眾隨軍來台，合計約十二萬人。從海南島撤退約二萬餘人，1953 年黃杰的部隊從越南富國島來台的軍民約 26,028 人，加上 1953 年之後有些軍隊陸續轉進來台，如 1954 年 1 月從韓戰的華籍戰俘來台近萬人（有說一萬四千人），滇緬李彌的殘部約三千人。總共部隊約六十餘萬人。」

　　「至於公務人員及一般民眾，據估計 1945~1948 年年底來台的外省人大約為十七萬，1949 年大約為三十餘萬人，合計 1945-1949 年年底從大陸來台的人數約五十萬人，加上 1950~1953 年大約有十餘萬人輾轉來台。故以此推估，遷台的人數大約六十餘萬人。軍民合計約一百二十餘萬人。」

　　另外，根據中華軍史學會鄭為元教授《撤台前後的陸軍整編（1949-58）》一文，1945~1948 年赴台人數約十七萬，1949 年國民政府撤台軍隊約六十萬上下，黨政、眷屬、社會菁英人士有登記者約三十餘萬，至於 1949~1955 年透過其它管道進入台灣者無法估計。

　　「徐蚌會戰後，還有相當部隊守備長江，… 在長江下游有二十個軍番號，五十五個師番號……從上海和浙江福建撤退到舟

山和台灣。」

「由於青島與上海撤退幾乎同時,船隻調配不及,使得數萬上海國軍無船可搭;⋯ 這些部隊,最後只有華東、廣東、海南、青島部隊能夠有組織的撤退去台。其餘華中部隊有兩萬多人經越南富國島去台,西南部隊有雲南數千從緬甸去台,甚至新疆還有數百人經印度中東輾轉去台。」

依 2000 年行政院主計處《台閩地區戶口及住宅普查歷次普查結果》,1956 年實施第一次正式人口普查,總人口(含軍隊)為九三六萬七六六一人,非台籍人口約九十三萬人,加上未設籍軍人二十七萬人,共約一二一萬人,約占當時台灣人口的 13%。到了1990 年,台灣人口普查結果,外省籍人口仍佔總人口的 13%。

表 2-2:二戰後從中國來台的中國軍民人數

年代	身份	人數
1945~1948	公務員／一般民眾	17 萬
1949	公務員／一般民眾	30 萬人
1945~1949	國軍	50 萬人
1950.07	舟山群島國軍 青壯民眾 海南島	7 萬人 5 萬人 2 萬人
1953	黃杰部隊	2 萬 6 千人
1954	韓戰華人戰俘	1 萬餘人
	滇緬國軍	3 千人
總計	非軍人 65 萬 軍人 60 萬	約 125 萬人

過去

咱攏是台灣人

一、台灣人的密碼

根據多項研究，台灣的閩客漢人，無論從 DNA 或膚色、髮質、眼球單雙眼皮及人體骨骼檢驗，與平埔族原住民幾無差異，證明台灣的閩客漢人，其實就是原住民的後裔，並非真正的閩客漢人！

在 1624~1662 年間，歐洲的荷蘭人和西班牙人來台者都是男丁，為數雖只有兩、三千人，但他們與平埔族婦女交往、通婚，生下來的子女三百多年來，依照台灣的人口成長模型估算，可能超過一千萬人。換句話說，廣大的台灣人 DNA 都非純正漢人，很可能含有歐洲和原住民血統，加上來自中國的漢人血緣，後來又有日本人，多元族群世代通婚、混血的結果，台灣人並非炎黃子孫，勿寧是自成一族的台灣人！

台灣第一位完成骨骼移植的台大醫學院教授陳耀昌，將台灣人的疾病基因，配合台灣人祖先的歷史演化，找出六個台灣人密碼：

1. 南島語族密碼：HPMAORi（幽門桿菌毛利亞型）。
2. 百越密碼：HLA-A33-B58-DRB03DQBI（鼻咽癌）。
3. 西歐血緣密碼：HLA-B2705（僵直性脊椎炎）。
4. 中南半島高地密碼：海洋性貧血。
5. 阿拉伯密碼：葬禮習俗。
6. 日本血緣密碼：HILV-I（人類 T 細胞白血球病毒第一型）。

除了上述「百越密碼」與中國大陸有關之外，其他五種根本無關，所謂「炎黃子孫後代」，至此已不攻而破。放眼考古人類學及疾病醫學，原來台灣人都是來自東非原住民的後裔，加上世界不同

表 2-3：歷代台灣人口增長

年代	人口數	註
1683	16,800	康熙攻台
1782	913,000	
1895	2,560,000	
1906	3,092,200	
1940	5,872,084	台灣總督府人口普查。
1944	627 萬	台灣總督府人口調查。
1946	6,059,139	
1956	9,367,661	進行第一次正式人口普查，外省籍人口約佔總人口的 13%。
1990	20,393,628	外省籍人口約佔總人口的 13%。

族群的 DNA，而非炎黃子孫。因為「台灣人是漢化的越族與平埔族混血的後代。」我們應對原住民承認：「原來我們都是一家人！」不過，1949 年以後，隨國民政府來台的所謂「外省人」，未必有機會跟原住民通婚。

二、歷代台灣人口演變

根據台灣人口史料記載，1683 年康熙攻台時，住在台灣的人口大約一萬六千八百人，百年之後，人口九十一萬三千人（乾隆 47 年），再過百多年，1893 年有兩百五十四萬五千七百人（光緒 19 年）。

1906 年日治時代，台灣開始有戶籍制度，當時人口三百零九

過去

萬兩千兩百人，日本接收台灣時有兩百五十六萬人，五十年後日本投降，當時人口增到六百零五萬九千一百三十九人。1956 年台灣省政府作過戶口普查，當時已來台的中國大陸各省人口合計九十二萬八千兩百七十九人。1949 年國民政府撤退來台，直到兩岸斷絕來往，估計約有兩百萬人自中國逃難來台灣。

三、2019 年台灣人口統計

2020 年底，台灣人口總數 23,561,236 人，比 2019 年減少 43,029 人，此後人口逐年遞減。因此 2019 年為台灣人口峰頂。

表 2-4：2019 年台灣人口統計

人口總數（2019）	23,604,265 人
	男性：11,704,308（49.59%）
	女性：11,899,957（50.41%），女比男多 195,649 人
男女比	98.36：100
族群（2020.01）	漢族：97%：閩南 73%、客家 12%、外省 13%
	原住民族：2%（16 族，571,816 人）
歸化的外裔配偶（2018.05）	536,452（2.27%）
年齡層	＞65 歲：3,607,127 人（15.3%）
	15~64 歲：16,985,643 人（72%）
	0~14 歲：3,010,351 人（12.7%）
	65 歲以上人口比 15 歲以下人口多 596,776 人
年齡中位數	40.5 歲
平均壽命（2019）	平均：80.9 歲
	男：77.7 歲
	女：84.2 歲

我們都是台灣人，不論來台先後，不分族群血緣，包括長期居住台灣，奉獻台灣，近年歸化台灣的世界各國人士，也包括旅居世界五大洲各國的上百萬台灣鄉親。只要您把台灣當作祖國，您就是台灣人！

2003 年與古巴國父卡斯楚在巴拉圭喜相逢，兩人相談甚歡。
卡斯楚後來公開表示，聯合國應該邀請台灣入會。

第三章

台灣是誰的？

中國「神聖固有領土」？

一、非中國「固有領土」

台灣與中國到底有何關係？根據考古學家的研究，在冰河時期日本諸島及台灣同屬歐亞大陸板塊的陸棚，在 1 萬 2 千年前大量融冰使海洋及海峽逐漸浮出，而陸棚崩裂成日本及台澎和琉球等島嶼。

中國歷史上雖有秦始皇命徐福到海上尋訪蓬萊仙島的傳說，但即使目前保存在中國西安碑林，極為著名的一張 1137 年宋高宗時代繪製的「華夷圖」，上面完全看不到台灣。

根據台灣銀行出版的《台灣文獻叢刊》列舉 140 位中國歷史名人，都說台灣自古不屬中國。如 1663 年鄭經說：「東寧與中國版圖渺不相涉。」1698 年郁永河也說：「台灣迄未與中國通一譯之貢。」而 1722 年時，雍正皇帝更表示：「台灣地方，自古未屬

中國。」

　　反倒是日本人的先祖早在 13 世紀便已聲稱佔領台灣，且台灣是構成日本帝國島鏈的其中一部份。德川幕府於 1633 年實施鎖國政策，禁止日本人赴海外，但荷蘭人獲得日本幕府許可，可以自澎湖進佔台灣。

　　歷史上明確可信的是荷蘭人確於 1624 年攻進台南安平，設熱蘭遮城，以台南爲中心，未遍及台灣全島。1626 年西班牙人從三貂角登陸基隆，在滬尾（淡水）築城，並入侵台北，但 1642 年就被北上的荷蘭人驅趕離去。

　　台灣與中國正式發生關連是 1661 年，鄭成功以「反清復明」爲號召，驅逐荷蘭人並開始經營台灣，直到 1683 年，清兵渡海攻台，鄭克塽投降，前後二十二年，比荷蘭佔領台灣三十八年還短。

　　1684 年康熙皇帝正式將台灣列入大清帝國的版圖，當時人口約兩萬人，但經過兩百年之後，1885 年清廷才宣布台灣設省，當時人口已有兩百多萬人。不到十年，清廷就把它「永久割讓」給日本。

　　台灣既不是中國「固有領土」，在中國領導人眼中，更不是「神聖不可分割」的固有領土。1895 年簽訂清日《馬關條約》的李鴻章，爲淡化「喪權辱國」的責任，稟告慈禧太后的一席話，恰是「神聖」一詞的最大反諷！

　　「台灣乃蠻荒漳癘之區，蠻荒之島，鳥不語，花不香，山不清，水不秀，島上化外之民，男無情，女無義，棄之不足惜。」

二、被中國「永久割讓」（1895）

　　中國自古是朝鮮的宗主國，1875 年日艦雲陽號在朝鮮江華島

外水域被朝鮮軍隊砲擊，雙方衝突，之後清、日兩國承認朝鮮為獨立的自主國。

1894 年 3 月，朝鮮東學黨叛變，滿清出兵朝鮮，並電告日本。7 月 23 日日軍進入朝鮮王宮，囚禁國王李熙，清政府倉皇因應，8 月 1 日對日宣戰。雖然戰場離台灣很遠，但最終台灣卻因這場戰爭而被日本殖民。

甲午戰爭開始後，清軍連連失利，9 月 16 日北洋艦隊主力艦被日軍擊沉，清政府指派李鴻章全權議和。1895 年 3 月 20 日，李鴻章、李經方（李鴻章養子）、伍廷芳到日本馬關，在春帆樓和日相伊藤博文、外相陸奧宗光等展開為期近月的停戰談判。

4 月 17 日，清、日簽訂《馬關條約》，清政府同意將台、澎永久割讓給日本，從此結束台灣與中國 212 年的隸屬關係。《馬關條約》第 2 款約定：

「中國將管理下開地方之權並將該地方所有堡壘、軍器、工廠及一切屬公物件，永久讓與日本。

二、台灣全島及所有附屬各島嶼。

三、澎湖列島。」

6 月 2 日，畏於台灣人民的抵抗，清政府代表李經方在基隆外海船上與日本第一任台灣總督樺山資紀辦理交割，台灣與澎湖群島從此淪為日本帝國領土，直到 1945 年日本戰敗投降為止，歷時五十年。

當清政府簽訂《馬關條約》將台、澎割讓給日本的消息傳到台灣時，事先毫不知情的台灣人群情激憤，台灣紳民以丘逢甲為首，電告清政府勿放棄台灣。

三、台灣民主國（1895）

5月16日，丘逢甲聯合地方官員籌組「台灣民主國」，並公推台灣巡撫唐景崧為台灣民主國大總統，於5月23日發表《台灣民主國自主宣言》，向各國表明：

「業與列強迭次磋商，僉謂台灣必先自主，始可予我援助。台灣同胞，誓不服倭，與其事敵，寧願戰死。爰經大會議決，台灣自主，改建民主國，官吏皆由民選，一切政務秉公處理…。」

5月25日，台灣民主國正式成立，唐景崧、丘逢甲兩人分別任正、副總統，並制定藍地黃虎旗為國旗，年號「永清」，以示台灣人民心向清廷之意。他們雖於台灣自立建國，但日軍仍逕行接收台灣，且大肆鎮壓反抗活動。6月3日基隆淪陷，6月6日唐景崧以「視察前線」名義，從淡水搭乘德國商輪逃往廈門。唐景崧潛逃後，台灣民主國群龍無首，防守南部的大將軍劉永福雖然繼續抵抗日軍，終因孤立無援，最後亦於10月中旬率部眾逃往廈門，台灣從此淪於日本異族統治之中。

戰後台灣的國際處境

一、《開羅宣言》真相

根據《馬關條約》，日本自1895年起「永久」統治台灣。但因日本後來發動戰爭，與德國及義大利結盟為軸心國，又於1941年12月8日突襲夏威夷珍珠港美軍基地，美國被迫向日本宣戰，

過去

並結合中、英、法、蘇等大國與受軸心國侵略之其他國家形成同盟國，對抗軸心國，史稱第二次世界大戰。當時中國仍積弱不振，中國獨立抗日備感吃力，邱吉爾和史達林並未看重蔣介石，蔣揚言要跟日本談和。美國總統羅斯福和英國首相邱吉爾希望早日結束非洲與歐洲的戰爭，必須安撫蔣介石以繼續牽制日軍。因此於**1943 年 11 月 22~26 日在埃及首都開羅召開會議，特邀蔣介石參與。12 月 1 日，華府、倫敦及重慶同步發表《新聞公報》（Press Communique）**，全文如下：

「羅斯福總統、蔣委員長、邱吉爾首相，偕同各該軍事與外交顧問人員，在北非舉行會議，業已完畢，茲發表概括之聲明如下：

『三國軍事方面人員關於今後對日作戰計畫，已獲得一致意見，我三大盟國決心以不鬆弛之壓力從海陸空各方面，加諸殘暴之敵人。此項壓力已經在增長之中。

我三大盟國此次進行戰爭之目的，在於制止及懲罰日本之侵略，三國決不為自己圖利，亦無拓展領土之意思。三國之宗旨，在剝奪日本自從 1914 年第一次世界大戰開始後在太平洋上所奪得或佔領之一切島嶼，在使日本所竊取於中國之領土，例如東北四省、台灣、澎湖群島等，歸還中華民國。其他日本以武力或貪慾所攫取之土地，亦務將日本驅逐出境。我三大盟國稔知朝鮮人民所受之奴隸待遇，決定在相當時期，使朝鮮自由與獨立。

根據以上所認定之各項目標，與其他對日作戰之聯合國目標相一致，我三大盟國將堅忍進行其重大而長期之戰爭，以獲得日本之無條件投降。』」

　　《開羅宣言》只是一張 A4 大小，沒有標誌和日期，也無人簽名的新聞稿，前後 4 段共 22 行英文字，分別由三國用英文和中文對外發表，版文如下：

1. 中國版

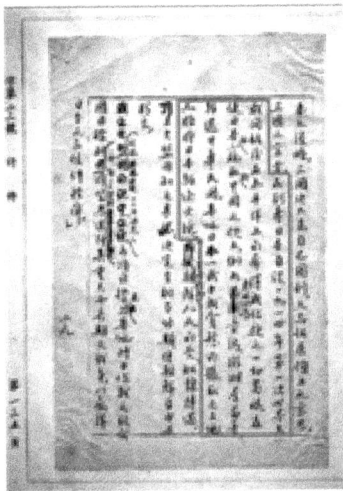

《開羅宣言》中文版。

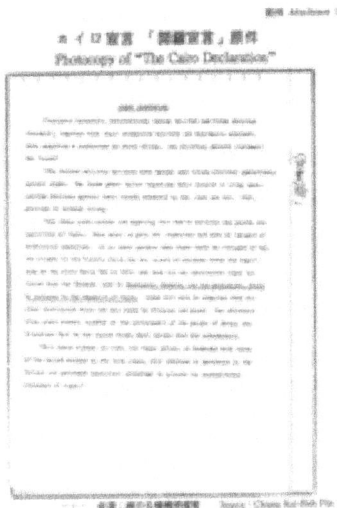

《開羅宣言》原件。
（來源：蔣介石機密檔案）

2. 美國版

　　當年美國白宮由總統秘書 Stephen Early 署名發佈《*Cairo Communique (Cairo Declaration*》的宣言原文內容與執行指令文書。

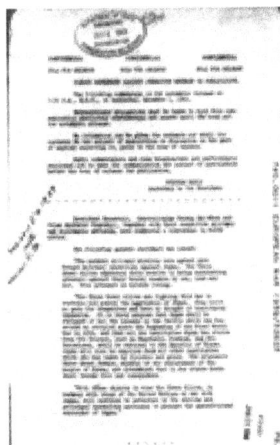

（來源：日本國立國圖會書館）

3. 英國版

　　對照二戰期間其他國際協定，均由簽署國代表具名並附上年月日，但英國皇家文書辦公室所保存的並非原件，只是隔天倫敦《泰晤士報》的一張剪報。

　　美、英、中三國元首千里迢迢到埃及會談，為什麼不當場共同發表宣言？更為什麼三人都沒有具名簽署？也無年月日？

1943 年 12 月 2 日《泰晤士報》刊載。

　　原來中國原擬文字：「日本由中國擷取之土地，例如滿州、台灣與澎湖列島，當然應歸還中國。」**英國首相邱吉爾不同意，他主張「當然應歸還中國」應改為「當然必須由日本放棄」，因此未簽名，而羅斯福總統又把這份文件帶到德黑蘭給史達林過目，公報延遲到 12 月 1 日才分別在三國各自以「新聞稿」而非「國際條約」發表。**

　　依國際慣例，重要國際活動或國際會議結束後，通常發布「宣言」（declaration）、「聲明」（statement）或「公報」（communique），用以宣示參與國家所達成之協議或共識。依權威國際法學家勞特派特（H. Lauterpacht）的說法，「凡載有由國家元首或政府首腦代表國家達成的協議，並訂有明確行為準則的國際宣言，對各該國具有法律約束力。」但《開羅宣言》因邱吉爾有不同意見，故未有人簽名，只以新聞稿發布，怎能具有法律效力？

　　根據《羅、蔣會談要點》，19 項中只有第 9 項跟台灣有關：「中國兼併滿州、台澎。」對照兩年之後美、英、蘇三國元首簽訂的《雅

爾達密約》，關於台澎問題隻字未提，可見台澎根本不是當時關切的問題。

日本投降後於 9 月 2 日發表《降伏文書》，宣示接受美、中、英三國簽署的《波茨坦宣言》，其中第 8 條明言：「《開羅宣言》之協議必須實施，而日本之主權，必將限於本州、北海道、九州、四國及吾人所決定其他小島之內。」，可解釋為《開羅宣言》的內容獲得日本間接同意。

但就實質意義而言，當時治理台灣的日本並未參加開羅會議，台灣人也未獲徵詢意願，卻由三個第三國宣布台灣未來的歸屬，根本違反美、英等國倡導的《大西洋憲章》與《聯合國憲章》住民自決原則。

羅斯福與邱吉爾於開羅會議之前兩年的 1941 年 8 月 14 日，共同發表《大西洋憲章》：

1. 凡未經有關人民自由意志所同意之領土改變，兩國不願其實現。
2. 尊重各民族自由決定其所賴以生存之政府形式的權利。

其後 1945 年 6 月 26 日簽署的《聯合國憲章》明示，「各會員國在其國際關係上不得使用威脅或武力，或以與聯合國宗旨不符之任何其他方法，侵害任何會員國或國家之領土完整或政治獨立。」基於「後法優於前法」的法理，《開羅宣言》已被《聯合國憲章》推翻。

二、日本戰敗，蔣介石代理佔領（1945）

美國總統羅斯福於 1945 年 4 月 12 日因病去世，由副總統杜魯門繼任。為加速迫使日本投降，杜魯門於 8 月 6 日及 9 日，先後於日本廣島與長崎投下兩顆原子彈，並於 8 月 12 日頒發《盟軍統帥

過去

受降令》給麥克阿瑟將軍，訓令他負責戰後受降工作。**麥克阿瑟將軍接著頒布《一般命令第一號》**（*General Order No.1*），指派「蔣介石統帥」及蘇維埃遠東軍最高總司令等五個接收代表，分別在中國、台灣及滿州和其他日本佔領之太平洋各地戰區接受日軍投降，並代理佔領。

蔣介石先派盧漢到越南河內受降，並指示「任務完成即行撤退」。他另外以「中國戰區最高統帥」身份，指派何應欽在上海，陳儀在台北接受日本投降。按各國戰區的盟軍受降代表完成接收後，均陸續退出受降戰區。到越南受降的盧漢部隊即於 9 月 28 日撤退。然而蔣介石卻於 8 月 29 日先在重慶成立「台灣省行政長官公署」，由陳儀擔任行政長官。10 月 25 日陳儀宣布：「從今天起，台灣及澎湖列島已正式重入中國版圖，所以一切土地、人民、政事皆已置於國民政府主權之下」，並將「台灣行政長官公署」改爲「台灣省政府」。1946 年 1 月 12 日，行政院更訓令台灣人民，一律恢復中國國籍，又明定 10 月 25 日爲「台灣光復節」。

問題是：

1. 陳儀代理盟軍受降後，憑什麼滯留台灣不撤退？
2. 國民政府憑什麼宣稱台澎於 10 月 25 日「正式重入中國版圖」，並成立「台灣省政府」？
3. 台灣人民真的可以從當天起「回復中華民國國籍」嗎？

諷刺的是，陳儀接收台灣那天正是聯合國成立的日子，國民政府等於將代理盟軍的「暫時軍事佔領」自行變成「永久的」「主權佔領」，違反國際戰爭法的原則。根據戰爭法，佔領是一種基於「入侵事實」所形成的軍事統治，但佔領不涉及「主權移轉」，不能在

佔領區建立新國家或兼併其領土。由於日本遲至1952年4月28日《舊金山和約》正式生效才完成佔領區主權的處理，在此之前，蔣介石是在太平洋盟軍總司令授權之下「暫時代理」佔領，而非以「中華民國」代表收回「台灣主權」。

也因此，1936年議定《中華民國憲法草案公佈案》（又稱《五五憲草》）時，蔣介石未將台灣當作中國領土。1946年中華民國制憲會議在南京召開，雖有十七位台灣菁英代表列席，但當時他們都具有日本國籍，不是中國人。**當年12月25日制定通過《中華民國憲法》**，其中第4條規定「中華民國領土依其固有疆域，未經國民大會決議，不得變更。」所謂「固有疆域」，《五五憲草》第4條明列大陸三十四省，並未包含台灣。因當時台灣受日本統治，而遍查國民大會檔案，從未有將「台灣」變更為中華民國領土的相關決議，因此依憲法，中華民國領土根本不包括台灣！

陳儀接收台灣，宣布設立台灣省政府，擔任台灣省主席，由原本的「代理佔領」變成「主權佔領」，根本違法。他在台灣實施苛捐雜稅，部隊燒殺淫虐，無異另一次的異國殖民，終於爆發1947年的二二八事件。台灣人民群起抗爭，陳儀密電蔣介石派遣大量中國軍隊抵台，展開全島「清鄉」的大屠殺和大逮捕，使得飽受日本殖民，滿腔期待「回歸祖國」的台灣同胞，不只對祖國大失所望，且烙下憎恨「中國國民黨」的種子。

三、動盪1949

1949年是中國近代史上驚天動地的一年，也是台灣命運另一個重大的轉捩點。那年，一、二百萬中國人自中國倉皇逃難到台灣，

過去

展開台灣與中國一段糾葛不清的歷史，台灣人從此飽受中國國民黨戒嚴統治，以及中國共產黨七十年的文攻武嚇。

1949 年年初，中共在遼西、徐蚌及平津會戰中大勝國民黨軍隊，毛澤東步步進逼，迫使蔣介石於該年元月 21 日宣布自行引退，由副總統李宗仁代行職權，李宗仁準備跟毛談判兩黨隔長江分治。元月 31 日，中共人民解放軍進入北平，4 月 1~20 日，國共進行和談，但未達成協議。4 月 21 日毛澤東發動總攻擊，渡過長江南下。蔣介石知大勢已去，派遣二十多架軍機飛往台北，5 月 19 日宣布台灣全省實施戒嚴令，而他本人也於同天飛到澎湖。當天，美國宣布第三艦隊加強在台防衛兵力。5 月 26 日，蔣介石飛抵高雄，探察是否作為撤退基地。7 月 27 日，代理總統李宗仁訪問台灣，與蔣會談。

10 月 1 日，中華人民共和國政府在北京成立，15 日，中華民國政府遷往重慶。11 月 14 日，蔣介石自台灣飛往重慶，與李宗仁會談。28 日，行政院再遷往成都，而李宗仁則於 12 月 5 日飛往美國。7 日，中華民國政府遷到台北，總統府及行政院官員與眷屬於隔天從成都飛來台北，9 日行政院正式宣布上班，蔣介石則於 12 月 10 日從成都飛到台北，而國民黨中央黨部亦於隔天遷到台北。

代理總統李宗仁去美後，不再視事，也拒不來台。1950 年 2 月 1 日，來台的國大代表全國聯誼會通過決議，譴責李宗仁，並敦請蔣介石繼續行使總統職權，2 月 25 日，監察委員提出李宗仁代總統彈劾案。3 月 1 日，蔣介石在草山宣布「復行視事」。13 日，他在陽明山莊舉行的「總理紀念週」以「復職的使命與目的」發表談話：「我去年 1 月下野以後，到年底止，為時不滿一年，大陸各省已經淪陷，今天我們實已到了亡國的境地了！但是今天到台灣來的人，無論文武幹部，好像並無亡國之痛的感覺；大多數人還是只知個人

的權利，不顧黨國的前途。如果長此下去，連這最後的基地－台灣，亦都不能確保了！所以我今天特別提醒大家，我們的中華民國到去年年中，就隨大陸淪陷，而幾乎滅亡了！我們今天都已成為亡國之民，而還不自覺，豈不可痛？」

毛澤東建立中華人民共和國，推翻中華民國，蔣承認是亡國。當時日本尚未放棄台灣主權，後來繼任的台灣省主席陳誠建議將台灣當作「剿共堡壘」，蔣介石立即去函斥責：

「須知此時何時，台灣何地，尚能任吾人如往日放肆無忌，大言不慚乎。**台灣法律地位與主權，對日和會未成以前，不過為我國一託管地之性質，何能明言作剿共最後之堡壘**，與民族復興之根據也，豈不貽中外稍有常識者之輕笑其為狂囈乎。」

蔣介石這番話反映出他對當時處境的困頓危急，心知肚明。二戰期間，美國為對抗日本，必須拉攏蔣介石，因此不斷金援和軍援，又邀請他參加開羅會議，幫蔣拉抬國際聲勢，同時答應日本戰敗後，將台澎歸還「中華民國」。

無奈蔣宋家族貪腐成性，與共產黨打戰又節節敗退，丟掉整個中國大陸，美國開始對蔣大失所望。因為有《開羅宣言》，美國先是容忍蔣介石將「代理佔領」變成行政治理台灣，又因共產黨殘殺國民黨人，基於人道考量而默許國民黨的高級幹部、官員、家屬逃難到台灣。

然而，1947年二二八事件爆發，國民黨在台殺燒淫虐，無能治理台灣，又派兵鎮壓台灣，嚴重違反國際人權公約，美國一方面暗中扶植首任台灣防衛總司令孫立人推動獨立，另方面考慮將台灣交由聯合國託管，再經住民自決程序決定台灣前途。

毛澤東建國後，美國對中國採取「等候塵埃落定」政策。1949

過去

年元月，聯合國大會決議不介入國共內鬥，美國也拒絕調停毛蔣之爭；8 月 5 日，美國國務院發表《中美關係白皮書》，宣稱美國對中國當局勢將「袖手旁觀」。在此之前，美國駐華大使司徒雷敦（John L. Stuart）曾在南京與中共代表密洽承認中華人民共和國之事。**但毛澤東不願繼承中華民國的國際關係，他要掃除帝國主義對中國的影響，首先接受蘇聯的外交承認，但要推遲與美國建交的時間，也反對太早加入聯合國**，甚至到 1958 年時，毛還說過：「我們不應和美國政府發展關係，我們應該關上門，靠自己建設社會主義。」

美國對蔣介石無法阻擋中國共產黨的崛起，早已心生不滿，尤其蔣介石在杜魯門總統連任大選中公然支持對手杜威（John Dewey），杜魯門對蔣介石更加怨恨，又眼見毛澤東勢力如日東昇，杜魯門期待他成為南斯拉夫的狄托（Tosip Tito），脫離蘇聯，傾向美國，因此私下準備對中共示好。

1949 年 12 月 30 日，杜魯門總統簽署《國家安全會議 48 之 2 號檔案》，結論：「福爾摩沙的戰略重要性不值得公然的軍事行動。」幾天之後，**1950 年元月 5 日杜魯門正式發表《關於台灣問題的聲明》**，他重申《開羅宣言》及《波茨坦公告》，美國尊重中華民國對該島行政管理已四年，今後將採取「美國中立」原則：

1. 美國對台灣並無掠奪性企圖。

2. 美國目前無意在台灣獲取特權或建立基地。

3. 美國無意使用武裝力量干預現在局勢。

4. 美國政府將不對在台灣的國軍提供軍事援助或軍事意見。

五天後，蘇聯在聯合國提案要將中華民國趕出聯合國，美國並未行使否決權，因為當時國務院希望向中華人民共和國示好，以便

早日建立正式外交關係。中共完全不領情，於 14 日即接管美國在北京的軍事營區財產，並驅逐所有美國公民離境。

從韓戰到《台北和約》

一、毛澤東與台灣

中國領導人一天到晚都說台灣是中國的領土，非統一不可。但其實，毛澤東在革命過程中，有多次明確表示「贊成台灣獨立」。

根據美籍記者史諾 Edgar Snow 在《紅星照耀中國》（*Red Star Over China*）這本名著的說法，1936 年 7 月 16 日毛澤東針對史諾說：「如果朝鮮人民希望掙脫日本帝國主義的枷鎖，我們將熱烈支援他們爭取獨立的戰鬥。這一點同樣適合於台灣。」

1938 年 10 月，毛澤東在中央政治局擴大會議上公開鼓勵朝鮮、台灣等被壓迫民族爭取獨立，他更呼籲「中、日兩大民族的人民大眾，及朝鮮、台灣等被壓迫民族共同努力，建立共同的反侵略統一戰線。」

1947 年二二八事件後，3 月 8 日毛澤東在延安廣播：「我們贊成台灣獨立，我們贊成台灣自己成立一個自己所要求的國家。」

直到 1949 年 3 月，中共才首度公開聲明「解放台灣」。7 月 25 日，毛澤東請求史達林幫助解放軍攻打台灣，於是公開宣告反美親蘇，以取信史達林。10 月 24 日毛澤東於深夜下令解放軍進攻金門，九千多名解放軍慘遭國軍殲滅，此即「古寧頭戰役」。毛澤東總結教訓，決定再用一年時間，組織海空軍及五十萬渡海大軍。同年 12 月 16 日毛澤東赴莫斯科，希望與蘇聯結成軍事同盟，遭史

79

達林冷淡對待。但不久，杜魯門總統發表《美國中立化》聲明表示不介入中國內政，史達林立即改變態度，主動邀請周恩來訪蘇，並於 1950 年 2 月 14 日簽訂《中蘇友好同盟互助條約》。

毛史見面之前，北朝鮮領導人金日成試圖說服蘇聯及中國領導人同意他攻打南韓，並保證能在二十八天內佔領全部南韓，但毛澤東認爲征服南韓的計畫應該等到中國征服台灣之後才進行，因爲美國不干涉中國內政，但會干預朝鮮半島。史達林同意毛的觀點，因此拒絕金日成的請求。毛澤東從莫斯科回來，立即在福建及浙江一帶集結大軍，準備於 1950 年秋天渡海進攻台灣。

然而《中蘇友好同盟互助條約》簽訂後，史達林根據情蒐資料，判斷台灣及朝鮮都不是美國的核心利益所在，北韓若出兵南韓，美國應該不會介入，因此改變心意，通知金日成去北京爭取毛澤東相助。金毛相見，毛澤東大吃一驚，但爲贏得史達林的軍援以利攻打台灣，毛澤東只好同意先攻南韓，後取台灣。亞洲歷史也因此而幡然大變。

二、韓戰與台灣

二次大戰結束後，原屬日本殖民地的朝鮮宣布獨立，但隨即以北緯 38 度線爲界，被劃爲南北兩部，分別由美國及蘇聯駐軍。美、蘇雙方將韓國問題提交聯合國，聯合國決定在美、蘇管轄區同時分別舉行選舉，然後美、蘇退離，由韓國人自行治理。1948 年 8 月 15 日，親西方的李承晚當選，大韓民國宣布建國。9 月 9 日，金日成當選朝鮮人民共和國總統，自此南、北韓分立。

1950 年 6 月 11 日，北韓三名代表越過 38 度線，原擬向大韓民國各政黨領導人遞交和平統一國家的呼籲書，卻遭南韓逮捕。6

月 25 日凌晨，金日成下令軍隊越過 38 度線向南韓攻擊，南韓毫無防備，三天後漢城失守。

蘇共與中共原以為美國不太重視朝鮮半島，但出乎意料之外，美國卻採取強烈措施。6 月 26 日，杜魯門命令駐日的美國遠東空軍協助南韓，27 日命令第七艦隊駛入基隆及高雄兩港，巡邏台灣海峽，阻止共軍攻台。美國並向聯合國安理會提出派兵參加韓戰的動議，獲得通過。聯合國軍隊以美軍為主導，包括英國、加拿大，與紐澳等共十五國軍隊，由麥克阿瑟擔任遠東軍司令。

韓戰爆發兩天後，6 月 27 日杜魯門立即改弦更張，發表《台灣海峽中立化宣言》：

「我已下令第七艦隊阻止對台灣的任何攻擊，我已要求在台灣的中國政府停止對大陸的一切空中和海上的作戰行動，第七艦隊將保證此項得以實施。台灣未來地位的確定，必須等待太平洋安全的恢復、對日和約的簽訂或經由聯合國的考慮。」

這聲明隱含四點意義：

1. 宣告共產主義武裝戰爭開始威脅太平洋地區的安全。
2. 派遣第七艦隊擔任台灣海峽的「維和」任務，防阻中共對台攻擊。
3. 禁止國民黨軍隊以軍事對抗中國共產黨，藉機反攻大陸。
4. 明示台灣法律地位未定，「必須等待太平洋安全恢復、對日和約的簽訂或經由聯合國的考慮。」

韓戰爆發第三天，中共總理兼外長周恩來譴責「美國對中國領土侵略和對聯合國憲章的徹底破壞」，8 月 24 日向聯合國安理會提出《美國侵略台灣案》，俄國附議。11 月 30 日聯大以 9 票比 1

過去

票否決《美國侵略台灣案》，贊成的只有蘇聯。

聯合國安理會 1950 年 SC-V530《美國侵略台灣案》的案由如下：

「鑑於中華人民共和國中央人民政府指控美利堅合眾國以武裝部隊佔領台灣島，根據英美中三強在 1943 年開羅會議的協議，台灣是中國領土不可分割的部份，以及美利堅合眾國政府對中國內政干涉，譴責『美國政府的侵略與干涉中國內政』，並要求美國立即自台灣及其他中國領土撤除陸海空軍隊。」

同年 9 月 22 日，美國向聯合國提案 UN A/1373 案，要求聯合國研究「福爾摩沙的問題」（Question of Formosa），以便形成一個「適切的建議案」，聯大以 42 票比 7 票，8 票棄權的決議，將它列入議題 16，聯合國指導委員會通過將本案列入議程。不過隨著韓戰局勢的惡化，美國又於 11 月 15 日提議將此案暫時擱置。1955 年 1 月 28 日，紐西蘭再度提出本案改由安理會討論，並邀中共派人列席，但中共拒絕參加，本案因而不了了之。

1953 年 2 月 2 日，甫上任的美國總統艾森豪（D. D. Eisenhower）向國會發表國情咨文，檢討韓戰政策，下令解除台灣海峽中立化政策，宣布「第七艦隊不再繼續做共產中國的後盾」。1954 年 9 月 3 日，中國發動金門砲戰，五小時內射擊六千發砲彈，並與國民黨軍隊進行海空戰爭。12 月 1 日，美國與中華民國締結「共同防禦條約」，中華民國的領土被限縮在台灣及澎湖，不包括金門與馬祖，更不包括中國大陸。

韓戰初期，北韓節節勝利，但 9 月 15 日，麥帥親征，美軍登陸仁川成功，9 月 27 日即奪回漢城。10 月 8 日中國中央政治局擴大會議決議參戰，但因 10 月 11 日解放軍進軍西藏，因此中國人

民義勇軍遲至 25 日才跨越鴨綠江進入朝鮮參戰。12 月 14 日聯合國通過《朝戰停戰案》，成立「停戰三人委員會」，南北韓終於 1953 年 7 月 27 日簽署《朝鮮停戰協定》，議定在北緯 38 度線附近，以 1953 年 7 月 27 日 22 時整雙方實際控制線南北各兩公里寬，設立非軍事區對峙。

三、從《舊金山和約》到《台北和約》

　　韓戰形成新的亞太情勢，美國希望日本成為太平洋反共防線的一環，於 1951 年 9 月 5 日召開舊金山和平會議，討論二戰結束後戰勝國與戰敗國日本的國際權利義務關係，並於 9 月 8 日簽署《舊金山和約》。與會的「遠東委員會」十二國中有九國反對蔣介石參加舊金山和會，拒絕與中華民國代表交換「全權證書」。至於中華人民共和國則因介入韓戰被聯合國決議為「侵略者」，因此決定不邀中華民國及中華人民共和國代表參加，但同意日本「自行決定與何方洽簽」雙邊和約。

　　舊金山會議與會五十二國，除蘇聯等三個共產政權因中共未參加而拒絕簽署外，**四十九國共同議決通過《舊金山和約》，其中與台灣主權相關的內容主要規定在第 2 條第 2 款：**

（b.）日本放棄對台灣及澎湖列島的一切權利、權利根據與要求。

（f.）日本放棄對南沙群島及西沙群島之一切權利、權利根據與要求。

　　但請注意，《和約》第 3 條有關「信託統治」的規定，將琉球群島含釣魚台群島列入「北緯 29 度以南之西南群島」，送交聯合國「信託統治」，美國擁有實施行政、立法、司法之權利。換句話說，舊金山會議因國共雙方均未出席，就將釣魚台與台澎問題分開

過去

處理，此後釣魚台與台澎命運就分道揚鑣。

日本首相吉田茂原本考慮對國、共雙方採取「等距離外交」，在上海及台北分別設置在外事務所，英國則希望日本與北京政府締結和平條約，但美國堅持反對，國會還以「日本若不跟台北簽約，則美國國會不批准《舊金山和約》」相逼，而當時日本國會也有人否認蔣介石治理台灣的合法正當性：「台灣的中華民國蔣氏政權以軍事力及警察力支配台灣、澎湖，但台灣、澎湖並非中華民國領土，中華民國政府無權為台澎與他國締約。」

《舊金山和約》於 1951 年 9 月 8 日簽訂，但到 1952 年 4 月 28 日才生效。當天，日本全權代表河田烈在台北賓館與「中華民國全權代表」葉公超外交部長共同簽署《中日和平條約》（日文為《日本國と中華民國との間の平和條約》，英文為 *Treaty of Peace between the Republic of China and Japan*）。比照《舊金山和約》以會議所在地為名，本和約應該以《台北和約》稱謂。

值得注意的是，無論根據《舊金山和約》或《台北和約》，日本僅明白表示「放棄對台灣及澎湖列島的一切權利、權利根據與要求」，卻未規定日本放棄之後，台、澎主權的最終歸屬。這不是一時的疏忽，而是簽署《和約》的四十九國的共識。

唯一持反對立場的是中華人民共和國的盟友蘇聯，他們的主張卻未被接受：

1. 中國非《舊金山和約》締約國。
2. 《舊金山和約》推翻《開羅宣言》。
3. 中華民國取得台澎主權，依繼承原則，台澎已由中華人民共和國所繼承。

《台北和約》第 2 條根據《舊金山和約》的規定：「日本國業

已放棄對於台灣及澎湖群島以及南沙群島及西沙群島之一切權利、權利名義與要求。」雖未明言歸還何人,但《台北和約》的英文名稱 Treaty of Peace Between the Republic of China and Japan 其前言載明雙方締約國係指中華民國與日本國;第 3 條指出有關國民的財產和所作要求的處置,「應由中華民國政府與日本國政府間另商特別處理辦法。」;第 10 條規定:「中華民國國民應認爲包括…具有中國國籍之一切台灣及澎湖居民。」

此外,日本代表團來台洽訂和約時,首相吉田茂撰寫《吉田書簡》作爲談判指南,其中提到「關於中華民國之一方,應適用於現在在中華民國政府控制之下或將來在其控制下之全部領土。」可見當時日本確已將台澎歸還「中華民國」。

值得注意的是,1972 年日中建交時,中國堅持台澎是中國領土的主張,日本只表示「理解與尊重」,但並未採取「承認」的立場。日本政府透過外務大臣大平正芳,於達成日、中建交後之次日,在自民黨兩院議員總會中表示:「關於台灣之地位問題,日本已無任何立場去承認 (recognize) 一個已不屬於其領土主權範圍內的領土是否屬於中華人民共和國。何況基於國際法原則,領土主權的歸屬問題,只有當事國才有權決定,絕非不相干的第三國可以承認或決定。」2005 年 5 月 13 日,日本外務大臣町村信孝於國會眾議院外交委員會明確表示,「日本沒有表明將台灣的主權讓渡給誰,台灣的主權歸屬應該由聯合國決定,這就是日本一貫的立場。」

四、中國與台灣主權

七十年來,中華民國和中華人民共和國都主張擁有台灣的主

過去

權。前者的理由是《開羅宣言》已規定日本戰敗後要將台澎歸還「中華民國」。後者則延續《開羅宣言》的立場，主張中華人民共和國繼承中華民國所有的，台澎根據《開羅宣言》既應歸還中華民國，因此就該由中華人民共和國繼承其主權。

其實，國共兩黨對台灣主權的主張，在國際公法上均欠缺正當合法性：

1. 《開羅宣言》未經與會英美蘇三國元首簽署，僅於事後分別發布新聞稿，不具國際條約效力。

2. 開羅會議時，中華人民共和國尚未成立，所稱歸還「中華民國」，只是泛稱歸還中國。

3. 《開羅宣言》的內容當時既未獲英國同意，韓戰爆發時美國立即宣布台灣法律地位未定，亦即美國亦改變立場，推翻《開羅宣言》的主張。

4. 中華人民共和國於 1949 年 10 月 1 日推翻中華民國，它所能繼承的僅限於在此之前中華民國在中國所擁有的，不包括台灣。日本直到 1952 年《台北和約》簽訂後才放棄台灣。

5. 就國際法理而言，1952 年的《台北和約》才是確立台灣主權歸屬的國際法源。1945 年蔣介石因代理佔領而取得的信託（trust）權利，透過《舊金山和約》及 1952 年《台北和約》的處理而取得台澎的領土權利，形成新的政治實體，與中國無關係，而是依附在台灣共生共榮的中華民國，有別於 1912 年在南京成立的「中華民國」。

中華民國與台灣主權

一、1945 年代理佔領

如前所述，麥克阿瑟以太平洋盟軍總司令名義指派蔣介石，蔣介石再指派陳儀接受日軍投降，本質上是奉盟軍統帥之命，「暫時代理佔領」，並非以中國主權者身份接收台灣，根本無權宣布台灣光復，恢復中華民國國籍並設置台灣省政府。國民黨軍隊應該在日軍撤退之後離台，最遲在《舊金山和約》生效之後三個月內亦應撤離。因爲《舊金山和約》第6條「佔領結束」明確規定：

a. 自本條約生效之後，所有同盟國佔領軍應儘速自日本撤出，此項撤軍不得晚於本條約生效後九十日。

二、1949 年流亡佔領

中華民國被中華人民共和國推翻之後，蔣介石於 1949 年 12 月 7 日流亡台灣。當時他已非中華民國總統，台灣還是日本殖民地，他把一百多萬部隊和難民撤退到台灣來，之前兩年又發生二二八大屠殺，台灣人民生靈塗炭，苦不堪言。蔣介石有權利流亡到台灣來嗎？台灣有義務接收國民黨流亡政府嗎？

三、國際公法的領土取得

按 1949 年時台灣仍是日本領土，人口七百萬人，在加入聯合國的六十個國家當中，人口密度僅次於丹麥和比利時，人口總數佔第三十位，絕非無主地，而中華民國已被中華人民共和國推翻，勿寧是中共政權的「叛亂團體」（insurgency）或「交戰團體」（belligerency）。中華民國如何取得台灣主權？

根據傳統國際公法，領土主權的取得有兩種法則：

過去

1. **讓與法則**（the rule of cession）：領土主權可經由正式的讓與由一個主權國移至另一個主權國。

2. **佔領法則**（the rule of occupation）：一國佔領尚未併入任何主權國的無主地，或尚未被任何國家宣稱主權的土地，並顯示其有作為主權國的意願且有統治的實際表現。

但是，《聯合國憲章》中《關於非自治領土之宣言》與《國際託管制度》兩個專章，確認關於尚未實現自治的領土，應本著「住民福祉優先」的原則，依照人民自由意願，選擇「自治」或「獨立」的目標。

根據「讓與法則」，台灣確因《馬關條約》而被中國「讓與」日本，但日本並未將台灣「讓與」中華民國。《舊金山和約》及《台北和約》僅規定日本放棄台灣及澎湖主權，未言及其歸屬，所以法律地位未定。1945 年 10 月 25 日，陳儀代表盟軍來台受降，實施的是軍事接管。1950 年 3 月 1 日，蔣介石將中華民國政府及軍隊撤退來台並復行視事，開始行政託管。隨後蔣介石宣布戒嚴，施行《動員戡亂時期臨時條款》，強化威權統治，雖然違反國際人權規範，但在國際法上不得不解讀為中華民國政府有效佔領台灣，實現主權的表現。

四、中華民國台灣演義

中華民國與台灣的關係，可以簡述如下：

1. 中華民國在大陸（1912~1949）

從 1912 年元旦到 1949 年 10 月 1 日中華人民共和國成立爲止，中華民國的領土在中國大陸。《中華民國憲法》第 4 條特別規定：「中華民國領土，依其固有疆域，非經國民大會之決議，不得變更之。」所謂「固有疆域」，根據憲法實施之前，於 1936 年 5 月 5 日原已制定完成，但未曾頒布實施的《五五憲草》，包括江蘇、浙江、甚至西藏、蒙古共三十省，但不包括台灣，因爲當時台灣屬於日本領土。

2. 中華民國到台灣（1949~1991）

蔣介石在毛澤東建立中共政權後，翌年 3 月 1 日在台北自行復行視事。在他撤退之前的 5 月 19 日，先行宣布台灣戒嚴，並修改《動員戡亂時期臨時條款》，使總統任期無限制，並讓中國大陸各省選出的立委和國大代表變成終身職，又嚴禁人民言論、出版及組黨自由，完全屬於外來政權的高壓統治。

3. 中華民國在台灣（1991~1996）

由於台灣人民漫長與堅忍的抗爭，台灣民主化與本土化初露曙光。1991 年國民大會第一次修改憲法，首度用「自由地區」與「大陸地區」來區隔台灣與中國大陸，並賦予第二屆中央民代選舉的法源，使選自中國大陸的「國會老賊」全面下台。同年 5 月 1 日廢除《動員戡亂時期臨時條款》，正式宣布國共敵對關係終止，並實施修憲條文，可視爲中華民國在台灣的開始。

4. 中華民國是台灣（1996~）

1996 年 5 月 20 日就職的第 9 任正、副總統，是有史以來第一

過去

次由台灣人民直接投票選e舉出來的，台灣人民終於有機會用民主選票決定國家領導人，應視為台灣「主權在民」的第一次實現，也是台灣與中國一邊一國的具體寫照。從那天起，中華民國等於台灣而不等於中國，可謂正式進入「中華民國是台灣」階段。從此中華民國融入台灣，雖沿用舊國號，實質是新國家。2000年政黨輪替，台灣本土反對黨用民主方式贏得政權，更進一步落實，台灣人當家作主的目標。

聯合國與台灣

一、中華民國與聯合國

聯合國於1945年10月25日正式成立，那天正是盟軍代表接受日軍投降的日子，國民黨宣稱「台灣光復」的那一天。

聯合國前身是1920年成立的「國際聯盟」，以「促進國際合作，維持國際和平」為宗旨。1945年6月24日，各國代表齊聚舊金山舉行聯合國制憲會議，隔天通過《聯合國憲章》，26日，五十國代表共同簽署，並保留一席給剛獨立尚未組成政府的波蘭，因此聯合國共有五十一個創始會員國。其中，第一個簽署的就是中華民國代表宋子文，因為China的字母排在最前頭之故。反諷的是，聯合國會員國第一個被排除的就是中華民國，也是安理會的常任理事國。

中華人民共和國建政不久，蘇聯搶先在安理會提議要排除中華民國在安理會的席次，遭安理會反對。1961年，蘇聯支持外蒙古加入聯合國，但蔣介石堅拒，「中國代表權」問題從此成為美、蘇

兩強較量的棋子。美國為保衛中華民國，於 1961 年在聯大提出「重要問題案」，即中國代表權問題應經聯大三分之二多數而非二分之一贊成才能通過，增加表決困難度，以阻止中華民國被排除。

當時毛澤東與蔣介石的國際聲勢彼長此消，形勢對蔣介石越來越不利。美國開始考慮「雙重代表權」的方案，讓毛、蔣雙方都在聯合國平起平坐，但雙方都不肯，蔣稱「漢賊不兩立」，問題是誰是漢，誰又是賊？這不只是理之爭，更是力的較量。

1971 年 2 月 25 日，美國總統尼克森發表世局咨文，正式提出「兩個中國」構想，歡迎國共雙方入聯。尼克森還派特使墨菲（Robert Murphy）來台傳達美方的「雙重代表權」構想，主張援引「會籍普遍化」原則，讓中國享有雙重代表權，但不明說何者為中國唯一代表。但蔣介石強調中華民國必須保有會員國及安理會席次。

4 月初，美國乒乓球隊登陸北京，推動「乒乓外交」。4 月 26 日，周恩來透過巴基斯坦總統葉海亞（Yahya Khan）發給尼克森一封密函，邀請尼克森訪問中國。尼克森心思大變，積極轉向。

4 月 28 日，國務院發言人布瑞（Charles Bray）發表「台灣地位未定」的聲明，贊成由國際解決台灣與中國的關係：

1. 我們認為台灣和澎湖主權，是一個尚未解決的問題，須等將來的國際解決。

2. 我們認為中華民國是基於在台灣的日本軍隊，奉令向中華民國軍隊投降的這個事實，而對台灣和澎湖，行使合法權力的政府。

3. **關於台灣地位的美國立場，我們認為此事未獲解決，因為開羅與波茨坦，此種盟國暫時意向的聲明，從未正式執行。**

4. **美國除贊成台北與北京之間直接談判，亦贊成此項爭執由國際解決。**

過去

二、中華民國如何失去聯合國？

1971 年 7 月 1 日，季辛吉由巴基斯坦秘密飛往中國，15 日，尼克森宣布將訪問中國。國務卿羅吉斯（William Rogers）通知我駐美大使沈劍虹，**「雙重代表權」是美國的既定政策，蔣介石必須放棄安理會席位，由毛澤東繼承，但蔣介石不同意。** 23 日，美駐華大使馬康衛（W. P. McConaughy）勸蔣經國，蔣經國重申「不放棄安理會」的立場。

9 月 8 日，美國駐台大使馬康衛通知外交部長周書楷，美國經與盟國磋商，決定修正雙重代表權案，直接表明安理會席次給中華人民共和國，但反對驅逐中華民國。

10 月 4 日，美國宣布將《修正重要問題案》為排除中華民國的提案須經聯大三分之二會員國同意，然後再通過《雙重代表權案》。同天，白宮宣布國家安全顧問季辛吉（Henry Kissinger）將飛往北京安排尼克森訪問中國事宜，舉世震驚，各國紛紛改變對中華民國在聯合國的立場。

10 月 14 日，我友邦沙烏地阿拉伯駐聯合國代表白汝迪（Jamil M Baroody）為「台灣人民」向聯合國提出一項修正案：「中華民國，亦即台灣島之人民，構成一個單獨之政治實體，應保留其在聯合國及所有與其有關各組織之席位，直至中華民國人民，亦即台灣島之人民，能在聯合國主持下舉行複決或公民表決，而就下開各項宣布其所作選擇時為止：

1. 以聯合國條約所確定之『中立地位』，作為一個主權國家繼續獨立；

2. 與中華人民共和國組成一個『邦聯』，其條件應由當事雙方商定

之：

3. 與中華人民共和國組成『聯邦』，但需依照當事雙方所商定之議
定書。」

10 月 20 日，外交部次長楊西崑正式告訴美方，「爲確保中華民國在台灣能夠做爲一個獨立的主權國家生存，蔣介石願意接受沙烏地阿拉伯『一中一台』修正案」。然而季辛吉卻「堅決反對」沙烏地阿拉伯案，因爲那將影響他一手主導的美、中建交目標。

10 月 25 日晚上 9 點，第二十六屆聯合國大會表決美國所提的《重要問題修正案》，結果 55 票贊成，59 票反對，15 票棄權。美國見大勢已去，再提一案作最後拼搏，將阿爾巴尼亞「恢復中華人民共和國合法權利」與排除「蔣介石集團代表」分兩段投票，但此提案亦遭 51 票比 61 票，17 票棄權而失敗。

情勢如此，我外交部長周書楷面色凝重地走向講台，當場宣布「中華民國退出聯合國。」周離去後，大會立即以 **76 票贊成、35 票反對、17 票棄權的壓倒性多數**，通過第 **2758** 號決議：

大會，

回顧聯合國憲章的原則，

考慮到，恢復中華人民共和國的合法權利，對於維護聯合國憲章和聯合國組織根據憲章所必須從事的事業都是不可或缺的，承認中華人民共和國政府的代表是中國在聯合國組織的唯一合法代表，中華人民共和國是安全理事會五個常任理事國之一。

決定：恢復中華人民共和國的一切權利，承認她的政府的代表爲中國在聯合國組織的唯一合法代表，並立即把蔣介石的代表從它在聯合國組織及其所屬一切機構中所非法佔據的席位上驅逐出去。

過去

第三章 台灣是誰的？

《2758 號決議文》內容解析：

1. 《2758 號決議文》議決的是「中國代表權問題」，即確認中華人民共和國政府是中國在聯合國組織的唯一合法代表，**但決議文中並未提及台灣是中華人民共和國的一部份，或中華人民共和國可代表台灣人民。換言之，該決議只處理誰代理中國的問題，根本未涉及台灣。**

2. 《2758 號決議文》是針對在台北的國民黨政府及北京的中華人民共和國政府誰代表中國的決議，**通過將中國代表權判予北京政府，而排除蔣介石在聯合國的代表權，粉碎了「中華民國代表全中國」的神話，但絕不能因此冒出一個「中華人民共和國代表台灣」的新神話。**

3. 《2758 號決議文》並未決定由誰代表台灣參加聯合國，**基於《聯合國憲章》第 4 條會籍普遍原則，台灣人民經民主程序選出之政府應有權利及義務向聯合國申請成為新會員國，而聯合國更有義務接受台灣成為會員國。**

三、「中華台灣共和國」

　　美國資深研究員譚慎格（John Tkacik, Jr）於 2014 年參加「世界台灣人大會第十三屆年會暨台灣海內外國是會議」，發表《台灣前途與主權獨立策略》（*Taiwan Future and Strategies of Sovereignty*）專題演講，他引用一份編號為「台北 5869」的國務院解密文件，由當年美國駐台大使馬康衛根據他與外交部次長楊西崑的談話內容，附加其本人的意見撰寫成為《馬康衛報告》（1971.11.30）。

　　密電指出，聯大排除中華民國代表權一個月之後，外交部次長

楊西崑與馬康衛大使秘密會談，目的是尋求美國支持台灣獨立，以「中華台灣共和國」（The Chinese Republic of Taiwan）為新國名。

　　楊西崑建議蔣介石向世界聲明，台灣政府完全與中國政府分離，蔣介石應動用緊急處分權擱置中華民國憲法，設立一個全新的、單一臨時民意代表機構，由三分之二台灣人，及三分之一外省人合組而成，並透過緊急命令宣布公民投票以決定台灣前途，成立「中華台灣共和國」。蔣介石的反應如何？密電中楊表示蔣「意外地開明並樂於傾聽」。

　　然而馬康衛對於楊西崑的種種建議持保留態度，未作處理。馬可能不相信蔣介石會採取楊的建議，馬也可能認為楊錯估國際情勢，當時尼克森與季辛吉正熱衷與中國建交。

四、再見之後

中華民國仍在聯合國憲章

　　中華民國是聯合國的創始會員國，中華人民共和國進入聯合國之後，會籍名稱不改，仍用中華民國。因此，在聯合國憲章中，多處「中華民國」的國名，迄今仍保留原文。

　　如第 23 條：

　　安全理事會以聯合國十五會員國組織之。**中華民國**、法蘭西、…及美利堅合眾國應為安全理事會常任理事國。

　　第 110 條：

　　一俟美利堅合眾國政府通知**中華民國**、法蘭西、…與美利堅合眾國、以及其他簽字國之過半數將批准書交存時，本憲章即發生效力。

過去

台灣淪為中國一省

雖然 2758 號決議一字未提台灣，但聯合國卻將台灣劃為中國一省。從聯合國網站得知，2000 年 11 月 3 日以前，聯合國統計局已將台灣劃為中國的一個省，代號「158」，代碼 TWN，全名為「Taiwan, Province of China」。不過，數年前我方嚴正抗議後，聯合國網站已去掉台灣，但「國際標準組織」（ISO）仍稱台灣（TWN）為 Province of China。至於台灣護照的封面裏頁，貼有可被機器判讀（刷卡）的條碼，雖稱台灣（TWN），但卻是「中國台灣省」的意思。這是「國際民航組織」（ICAO）根據 ISO 3166 做成的，而 ISO 依據的是聯合國統計局資料，因此護照上的 TWN 其實是「中國台灣省」，不是國名。

其他國際組織比照聯合國，亦曾將台灣列為中國的一省：

Numerical code 代號	Country or area name 國家或地區名稱	ISO ALPHA-3 code 國際認證組織代碼
158	Taiwan, Province of China	TWN

GATT（世貿組織前身）：1992 年決議，台灣地位視同港澳。

世界衛生組織 WHO：稱我為中國台灣省。

亞太經合會 APEC：記載我國為中國台灣省。

國名認證：ISO 3166-1 依聯合國資料定台灣為中國一省。

護照認證：ISO 7501-1 亦採聯合國資料定為中國台灣省，護照條碼上的 TWN ，就是中國台灣省的縮寫。

各國企業：採用 ISO 認證，「中國台灣省」變成世界常識。

美國國務院：2001 年 7 月 4 日公布全球獨立國家，台灣列為「其他」類，不在「國家」類。

附錄

1949 國內外情勢演變

日期	中國	國際
1949.01.07		聯大決議不介入中國內戰。
01.08	中華民國要求美英法蘇四國調停。	
01.12		美國拒絕調停。
01.21	國共內戰，國軍失利，蔣介石引退，副總統李宗仁代行職權。	
01.22	李宗仁宣布，以毛澤東提議之八條件為條件之交涉已在準備。	
01.26	台灣省警備總司令部成立，陳誠擔任總司令，彭孟緝擔任副總司令。中華民國軍政府軍事法庭將日本岡村寧次宣判無罪。	
01.31	中共人民解放軍進入北平。	
03.22		美贈我兩艘驅逐艦抵左營。
04.01	國共和談開始。	
04.20	國共和平協議談判破局。	
04.21	毛澤東發動總攻擊，渡過長江。	
04.24	20 多架飛機由上海飛台。	
05.05		美國發表《中國問題白皮書》。
05.19	台灣全省戒嚴。蔣介石宣布飛抵澎湖。	美第三艦隊加強在台防衛兵力。
05.24	立法院通過《懲治叛亂條例》。	
05.26	蔣介石飛抵高雄。	
07.27	代理總統李宗仁訪台。	
08.18	立法院及監察院在台設辦公室。	
10.01	中華人民共和國成立。	
10.15	中華民國政府遷往重慶。	

過去

10.25	共軍5個團進攻金門古寧頭。	
11.14	蔣介石從台灣飛往重慶,與李宗仁會談。	
11.15	中共總理周恩來要求聯合國取消中華民國代表權。	
11.28	行政院遷往成都。	
12.05	代理總統李宗仁飛美。	
12.07	中華民國政府移至台北。	
12.08	總統府、行政院官員從成都抵台。	
12.09	行政院在台北辦公。	
12.10	蔣介石從成都回到台北。	
12.11	國民黨中央黨部遷台。	
12.12		美國國務院正式表示台灣爲反共基地,不承認中共。
1950.01.05		杜魯門總統宣布不介入台灣問題。

台灣周遭群島

南韓 日本
北海艦隊
東海艦隊
石垣島 宮古島 琉球本島
台灣 西表島 多良間島
與那國島
香港 巴士海峽
海南島 南海艦隊
菲律賓

98

1950 韓戰情勢演變

日期	事件
01.05	杜魯門總統宣布「美國中立」政策。
01.13	聯合國安理會否決蘇聯排除中華民國在聯合國席次的提案。
01.31	中共宣佈除西藏外，中國解放完畢並稱「一年內解放台灣」。
05.05	美參議院通過經濟援華案，至少五千萬美元援台。
06.23	美國務卿艾奇遜表示「不再」提供台灣軍事援助。
06.25	韓戰爆發，北韓越過38度線南侵。 聯合國安理會確認北韓為侵略者，要求立即停止敵對行為。
06.27	杜魯門發表聲明，台海中立化，安理會通過援韓案。
07.06	中國總理周恩來發表強行解放台灣談話。
07.07	安理會決定由美國指揮聯合國軍隊，任命麥克阿瑟為聯軍最高統帥。
08.01	麥帥聲明美華共同協防台澎。
08.04	美第十三航空隊開始駐台。
08.24	周恩來向安理會提出《美國侵略台灣案》。
08.29	安理會通過《台灣問題討論案》，拒絕邀請中國與會。
10.03	南韓突破38度線北上，聯合國軍隊北上。
10.05	聯合國指導委員會通過將美提案之有關台灣問題列入議程。
10.11	解放軍進軍西藏。
10.20	聯合國軍隊佔領平壤。
10.25	中國人民義勇軍越過鴨綠江開赴韓國戰場，聯合國軍隊逼近鴨綠江。
11.24	美發表對日和談七原則。
11.27	中共代表伍修權出席安理會，控訴美國侵略台灣。
11.29	蘇聯要求美第七艦隊撤出台灣。
11.30	蘇聯控訴《美國侵略台灣案》在安理會被否決。
12.08	蔣介石對美國廣播公司表示，聯合國如以海空軍助我反攻大陸，韓戰即可轉敗為勝。
12.12	北韓及中共軍隊奪回平壤。
12.14	聯合國通過亞洲阿拉伯十三國提案，韓戰停戰決議，成立停戰三人委員會。

過去

第四章

中－台對峙七十年

台灣與中國有何關聯？

　　根據本書前面的論述，台灣與中國的關聯，就人而言，85% 的台灣人具有漢人與原住民混合血統，並非 100%「中華民族」。再就土地而言，台灣並非中國固有領土，直到 1683 年康熙攻台成功，台灣才歸屬中國版圖，但清廷並未認真治理台灣，直到 1887 年才完成設省，1895 年就將台灣永久割讓給日本。

　　1945 年 8 月 14 日，日本戰敗投降，10 月 25 日蔣介石代表盟軍派遣陳儀與日本末代「台灣總督」安藤利吉舉行受降交接儀式，宣布成立「台灣省政府」，台灣才又與中國關聯起來。

　　1949 年中華人民共和國推翻中華民國在北京建政，蔣介石率兩百萬國民黨軍隊及眷屬撤退來台，並於 1950 年 3 月 1 日「復行視事」。蔣介石終其一生困守台灣，不曾跨出台灣一步。

　　蔣介石與毛澤東兩位政治宿敵勢不兩立，他們的恩怨情仇從中國延續到台灣來。台灣與中國在「反攻大陸」與「解放台灣」的相

互恫嚇之下，雙方視如寇讎，互不往來。1979 年中國「改革開放」，直到 1987 年蔣經國開放在台的大陸人士返鄉探親，台灣與中國才開始互動起來。

　　整體而言，兩岸關係的發展有三個階段：

一、軍事衝突時期（1949~1978）

1. **第一次台海危機（1954 年）**：1954 年 9 月 3 日，解放軍砲兵部隊砲擊金門，國軍隨即轟炸廈門，並逐步擴及至福建、浙江、廣東沿海及島嶼，雙方在浙江沿海的大陳、一江山島海域展開激烈的島嶼爭奪戰。11 月 4 日載有大批國民黨官員及眷屬的太平輪被共軍擊沉，國軍在美國壓力下於 1955 年自一江山島和大陳島撤守。

2. **第二次台海危機（1958 年）**：1958 年 8 月 23 日下午至 1959 年元月 7 日止，解放軍再次砲擊大小金門及大膽、二膽等島嶼，總計發射超過四十萬枚砲彈，試探中美共同防禦條約和台灣決議案底線，史稱「八二三金門炮戰」。因毛澤東不願蔣介石徹底與中國斷裂而實現「台獨」，所以改採「單打，雙不打」的政策，直到 1979 年美中建交為止。

二、和平對峙時期（1979~1987）

　　1979 年元旦，美國與中華民國斷交，與中華人民共和國建交。

1. 中共「和平統戰──民族情感」的訴求：《告台灣同胞書》、葉九條、一國兩制。

過去

2. 中華民國的「漢賊不兩立」態度：「三不政策」（不接觸、不談
判、不妥協）。

三、民間交流時期（1987~2000）

　　蔣經國宣布開放人民返中探親，兩岸民間交流日趨熱絡，但1995 年 6 月李登輝總統訪問母校康乃爾大學，中共向美國提出強烈抗議，解放軍更分別在 1995 年 7 月、8 月、11 月和 1996 年 3 月在台灣海峽及附近海域舉行四次軍事演習，迫使美國派遣兩艘航空母艦戰鬥群巡護台灣東北和東南海域，造成第三次台海危機。

四、兩岸開放時期（2000~ ）

　　2000 年台灣政黨輪替，陳水扁在就職演說中提出「四不一沒有」政策，並在 2004 年就職演說中重申。政府逐步開放春節包機、觀光旅遊，彼此的經貿活動已相當緊密，並擁有一定程度的物資及人員流通自由。2008 年政權再次輪替，馬英九堅持九二共識，兩岸恢復官方交流，簽署多項經貿協定，開放兩岸直航，2015 年 11 月兩岸領導人在新加坡會面。2016 年政黨三度輪替，蔡英文拒絕接受九二共識，中華人民共和國宣布兩岸官方交流中斷，習近平宣布統一台灣是「中華民族偉大復興」的千秋大業。

毛蔣時期（1949~1988）

一、毛澤東解放台灣（1949~1978）

　　1949 年以來，中共「對台政策」在「國共內戰」的慣性思考下，國民黨既退守台灣，中共自然乘勝追擊，以完成統一。毛澤東就以「解放台灣」爲對台政策的主軸。

　　毛澤東時期對台政策分爲兩個階段：

武力解放台灣時期（1949~1955 年初）

　　強調以武力的方式擊敗國民黨，以社會主義取代資本主義。但因中國軍事實力不足，特別是 1950 年 6 月韓戰爆發之後，美國第七艦隊中立化台灣海峽，更於 1954 年與中華民國簽訂《共同防禦條約》，致使中國無法以武力解放台灣。

　　1954 年，北京的《人民日報》社論以「中國人民不解放台灣絕不罷休」爲題，首先出現「世界上只有一個中國」、「台灣是中國的一部份」、「中華人民共和國政府是代表中國的唯一合法政府」的「三段論述」。從此「一個中國」三段論成爲北京當局對台政策的基調，半世紀以來始終堅持，毫不妥協。

和平解放台灣時期（1955 年初 ~1978 年底）

　　1955 年 4 月，周恩來向美國提出中美舉行談判以緩和台海局勢的建議，5 月周恩來首次宣布「中國人民願意在可能的條件下，爭取用和平的方式解放台灣。」雙方於同年 8 月在日內瓦展開大使級會談。但由於美國拒絕自台灣撤軍，日內瓦會談進行了十五年共 136 次，始終無法達成協定。

　　1958 年 823 砲戰，10 月 6 日中共國防部長彭德懷發表《告台灣同胞書》，公開宣佈中國政府和平解放台灣的政策。**1963 年，周恩來將中共對台政策歸納爲「一綱四目」，一綱是指「台灣必須**

過去

和大陸統一」，四目則是具體的操作方案：

1. 台灣和大陸統一後，除外交必須統一於中央外，當地軍政大權、人事安排等「悉委於」蔣介石。
2. 台灣所有軍政費用和經濟建設不足費用，全部由中央政府撥付。
3. 台灣的社會改革可以從緩，尊重蔣介石的意見協商後再進行。
4. 雙方互約不派特務，不做破壞對方團結的事情。

　　1970 年代開始，中共加強在國際上孤立台灣，以外交鬥爭解放台灣是爲特色。1971 年 10 月，中華人民共和國排除中華民國，並取代聯合國安理會的常任理事國席位。1972 年 2 月美國總統尼克森訪問中國。同年 9 月，中共與日本建交，日台斷交。1979 年 1 月，美國與中華人民共和國建交。

二、兩蔣時期（1949~1988）

　　蔣介石堅持中華民國是中國的唯一合法政府，有權對中國大陸地區（包括外蒙古地區）及台灣地區行使主權，稱大陸地區爲「淪陷地區」，台灣地區爲「自由地區及復興基地」。但爲推動「反攻大陸，光復國土，拯救大陸同胞」，他必須鞏固在台灣的統治基礎，因此實施戒嚴，打壓民主及台獨運動，嚴防共產勢力滲透。

　　到了蔣經國主政，他以「三民主義統一中國」取代「反攻大陸」作爲基本國策，堅持只有中國大陸放棄共產主義，兩岸才可能統一。對中華人民共和國政權採取「不接觸、不談判、不妥協」的「三不政策」。

　　蔣介石與蔣經國父子主政時期的大陸政策大致分爲三個階段：

1. **反共復國**：蔣介石於 1950 年 3 月在台復職，視中共爲叛亂團體，堅持「漢賊不兩立」立場，奉行「一個中國」原則，反對「兩個中國」、「一中一台」。

2. **三不政策**：1979 年 4 月，蔣經國以國民黨主席身份提出「不妥協、不接觸、不談判」三不政策，回應中共《告台灣同胞書》統戰攻勢，並於 1981 年 4 月在國民黨十二全會通過《三民主義統一中國案》。

3. **兩岸和平共存**：蔣經國於 1987 年 7 月宣布解除戒嚴令，同年 11 月開放台灣地區民眾赴大陸探親，兩岸關係由對峙階段進入「和平共存」、「和平競爭」的民間互動交流階段。

鄧李時期（1979~1993）

一、鄧小平「和平統戰時期」（1979~1993）

　　鄧小平自 1977 年 5 月第三次復出中共政壇，對內推行「改革、開放」。1978 年 12 月 16 日宣布與美國建交，國際地位大幅提升，開始對台「和平統戰」。

1. 戰略指導：和平統一，一國兩制。

2. 策略指導：國共第三次合作、開啟兩岸交流、逐步消除敵對、但不承認放棄使用武力。

3. 具體政策：停止砲擊金門、呼籲三通交流、兩黨對等談判。

美、中建交 - 告台灣同胞

　　1979 年元月 1 日，美國宣布斷絕在台灣的中華民國的邦交，

過去

正式承認中華人民共和國。中國全國人民代表大會發表《告台灣同胞書》，向台灣展開高亢虛僞的柔情攻勢，聲稱願以和平方式解決台灣問題，呼籲兩岸就結束軍事對峙狀態進行商談。同日，國防部長徐向前下令解放軍停止對金門等島嶼炮擊。

全國人大會「葉九條」

1981 年 9 月 30 日，全國人大常委會委員長葉劍英發表關於台灣「回歸祖國」，實現和平統一的方針政策，簡稱葉九條。**他首度提出「一國兩制」的主張，表示「國家實現統一後，台灣可作爲特別行政區，享有高度的自治權」，並建議國共兩黨舉行對等談判。**

1. 建議舉行中共和國民黨兩黨對等談判，實行第三次合作，共同完成兩岸統一。
2. 雙方共同爲通郵、通商、通航、探親、旅遊以及開展學術、文化、體育交流提供方便，達成有關協議。
3. 中國統一後，台灣可作爲特別行政區，享有高度自治權，並可保留軍隊。中共不干預台灣地方事務。
4. 台灣現行社會、經濟制度不變，生活方式不變，和外國的經濟、文化關係不變。私人財產、房屋、土地、企業所有權、合法繼承權和外國投資不受侵犯。
5. 台灣當局和各界代表人士，可擔任大陸全國性政治機構的領導職務，參與國家管理。
6. 台灣地方財政遇有困難時，可由大陸酌情補助。
7. 台灣各族人民、各界人士願回大陸定居者，保證妥善安排，不受歧視，來去自由。
8. 歡迎台灣工商界人士回大陸投資，興辦各種經濟事業，保證其合

法權益和利潤。

9. 熱誠歡迎台灣各族人民、各界人士、民眾團體通過各種渠道、採取各種方式提供建議，共商國是。

鄧小平談「一國兩制」

1982 年 1 月 11 日，中國領導人鄧小平表明，葉劍英的談話實際上就是「一個國家，兩種制度」，在國家實現統一的大前提下，大陸實行社會主義制度，台灣實行資本主義制度。同年 12 月 4 日，第五屆人大會議通過了《中華人民共和國憲法》，第 31 條規定：「國家在必要時設立特別行政區，在特別行政區實行的制度，按照具體情況由全國人民代表大會以法律規定。」意即將來要讓台灣成為「特別行政區」，不是主權國家。

1983 年 6 月 26 日，鄧小平於接見美國西東大學華裔教授楊力宇時，具體提出「一國兩制」的六項主張：

1. 和平統一已成為國共兩黨的共同語言，但不是我吃掉你，也不是你吃掉我。

2. 建議舉行兩黨平等會談，實行第三次合作。

3. 不贊成「完全自治」的提法，自治的條件是不能損害統一的國家利益。

4. 「三民主義統一中國」是不現實的。

5. 堅持一個中國，在國際上代表中國的，只能是中華人民共和國。

6. 台灣特別行政區可以有自己的獨立性，可以實行與大陸不同的制度，司法獨立，終審判不須到北京。台灣可以保留自己的軍隊。大陸不派人駐台，不僅軍隊不去，行政人員也不去。台灣的黨政軍等系統，都由台灣自己來管。中央政府還要給台灣留出名額。

過去

從毛澤東到鄧小平的對台政策，最大變化是從「解放」到「統一」，代表社會主義優越性的喪失。「解放」帶有救世主的心態，「統一」則只是中原心態。「特別行政區」與「一國兩制」的構想表示中國共產黨允許資本主義地區的長期存在，而且成為經濟發展的另一種模式。

二、李登輝（1988~1992）

蔣經國開放大陸探親後不久即告病逝，1988 年元月 13 日李登輝繼任總統後並擔任國民黨主席，他試圖由蔣氏父子的「一個中國」逐漸過渡到「兩個中國」。

為推動台灣民主化，李登輝需要廢止《動員戡亂時期臨時條款》，但當時「萬年國代」仍主導國會，為了爭取他們支持廢止臨時條款，並讓萬年國代總辭，才能進行國會全面改造。李登輝在總統府設置「國統會」並通過《國統綱領》，明示「國家統一」的目標，以安撫「國會老賊」，那是民間對那些中國大陸選出，終身不必改選，又不知民間疾苦的萬年國代的「稱謂」。

1990 年 6 月 28 日至 7 月 4 日，李登輝召開朝野國是會議，就憲政改革和大陸政策等問題進行磋商。10 月 7 日總統府成立「國家統一委員會」，由台灣各黨派、社會各界人士代表組成，向總統提供有關大陸政策的諮詢意見。

《國家統一綱領》

1991 年 2 月 23 日，國統會通過《國家統一綱領》，指出：「海峽兩岸應在理性、和平、對等、互惠的前提下，經過適當時期的坦

誠交流、合作、協商，建立民主、自由、均富的共識，共同重建一個統一的中國。」表示「中國的統一，應以發揚中華文化，維護人性尊嚴，保障基本人權，實踐民主法治為宗旨。」分階段逐步完成：

近程──交流互惠階段

1. 在交流中不危及對方的安全與安定，在互惠中不否定對方為政治實體，以建立良性互動關係。
2. 建立兩岸交流秩序，制定交流規範，設立中介機構，擴大兩岸民間交流。
3. 大陸地區應積極推動經濟改革，逐步開放輿論，實行民主法治；台灣地區則應加速憲政改革，推動國家建設，建立均富社會。
4. 兩岸應摒除敵對狀態，並在一個中國的原則下，以和平方式解決一切爭端，在國際間相互尊重，互不排斥，以利進入互信合作階段。

中程──互信合作階段

1. 兩岸應建立對等的官方溝通管道。
2. 開放兩岸直接通郵、通航、通商，共同開發大陸東南沿海地區，並逐步向其他地區推展，以縮短兩岸人民生活差距。
3. 兩岸應協力互助，參加國際組織與活動。
4. 推動兩岸高層人士互訪，以創造協商統一的有利條件。

遠程──協商統一階段

　　成立兩岸統一協商機構，依據兩岸人民意願，秉持政治民主、經濟自由、社會公平及軍隊國家化的原則，共商統一大業，研訂憲政體制，以建立民主、自由、均富的中國。

過去

《國統綱領》通過之前四天，「財團法人海峽交流基金會」（簡稱海基會）成立，接受政府委託處理兩岸交流所衍生的問題。**4月，李登輝宣布結束「動員戡亂時期」，承認中共是管轄中國大陸的政治實體，而非「叛亂團體」。**同年 12 月 16 日中國成立「海峽兩岸關係協會」（簡稱海協會）作爲海基會之對口單位，兩會開始進行事務性協商與會談。

國統會《八一決議文》

1992 年 8 月 1 日國統會第八次全體委員會通過《關於一個中國的涵義》（下稱《八一決議文》），確認「台灣和大陸都是中國的一部份」：

一、 海峽兩岸均堅持「一個中國」之原則，但雙方所賦予之涵義有所不同。中共當局認爲「一個中國」即爲「中華人民共和國」，將來統一後，台灣將成爲其管轄下的一個特別行政區。台灣方面則認爲「一個中國」指 **1912** 年成立迄今之中華民國，其主權及於整個中國，但目前之治權，則僅及於台澎金馬。台灣固屬中國之一部份，但大陸亦爲中國之一部份。

二、 **1949** 年起，中國處於暫時分裂之狀態，由兩個政治實體，分治海峽兩岸，乃爲客觀之事實，任何謀求統一之主張，不能忽視此一事實之存在。

這個《八一決議文》包括如下幾個重點：

1. 雙方均堅持「一個中國」，但涵義不同。
2. 「一個中國」在中國爲「中華人民共和國」，在台灣指「中華民國」。

3. 中華民國的主權屬於整個中國，但目前治權僅及台澎金馬。

4. 台灣與大陸「均爲中國之一部份」

5. 1949 年起，中國處於「一國兩治」的暫時「分裂狀態」，實即「一國兩區」。

九二香港會談－有無共識？

《八一決議文》通過兩個多月，10 月下旬，兩岸在香港就「兩岸文書查證」及「兩岸間接掛號信函查詢、補償事宜」進行商談。28 日協商首日，中方堅持要先確定「一個中國」原則，並提出五種表述方式，而台灣海基會也另作五種表述，雙方爭議。我方於是建議「在彼此可以接受的範圍內各自以口頭方式說明立場」，中方於 11 月 3 日致函我方海基會，表示：「**海峽兩岸都堅持一個中國原則，努力謀求國家的統一。但在海峽兩岸事務性商談中，不涉及『一個中國』的政治含義。**」

我方海基會立即以「新聞稿」方式回應海協會：

「… **本會經徵得主管機關同意，以口頭聲明方式各自表達，可以接受。至於口頭聲明的具體內容，我方將依據《國家統一綱領》及國家統一委員會本年 8 月 1 日對於『一個中國』涵義所作決議，加以表達。**」

總結起來，1992 年香港會談雖無「九二共識」之名，但因我方海基會主動表示將依國統會《八一決議文》作爲「一個中國」的具體內容，而爲北京所接受；國統會《八一決議文》實爲「九二共識」的實質內涵，亦即「一個中國，各自表述」。但在 2000 年政黨輪替之前，從未出現「九二共識」這四個字，曾任陸委會主委的

過去

蘇起於 2000 年 4 月陳水扁當選以後自創名詞，從此成為藍綠兩黨及中 - 台兩岸爭論不休的語彙。

不過，1993 年 8 月中國發表《台灣問題與中國的統一》白皮書，明白指稱「只有一個中國，中華人民共和國是中國的唯一合法政府，台灣是中國的一部份。」並無「各自表述」，可見中國當局從來只強調「一個中國」，並不接受《八一決議文》的「各自表述」。（詳見附錄）

江李時期（1993~2003）

一、江澤民「和平統一時期」（1993~2003）

1980 年代整整十年，兩岸都專注於內政問題，中國方面集中精力進行經濟改革並實行門戶開放政策，其間爆發 1989 年的天安門事件，台灣方面則因蔣經國去世而由李登輝推動民主化與本土化的政治改革。

1989 年 6 月天安門事件之後，中國第三代領導人江澤民逐漸掌權，開始回應台灣在 1980 年代末期推動的務實外交政策，並建議兩岸進行政治談判，提出「和平統一祖國」的方針和「一個國家、兩種制度」的構想，並擬定具體政策：

1. 兩岸在「一個中國」原則下舉行政治談判，討論結束敵對狀態及兩岸關心的任何議題，以協議來穩定兩岸關係。
2. 兩岸直接三通，加強經貿合作。
3. 保障台胞、台商和台僑的正當利益。
4. 兩岸領導人互訪。

中國第一份《對台政策白皮書》（1993.09.01）

1993 年 9 月 1 日，中國首度發表《對台政策白皮書》，宣示台灣自古即屬中國，且國際社會公認台灣屬於中國，而台灣問題是國民黨發動的內戰，美國政府也負有責任。最重要的部份是「**中國政府解決台灣問題的基本方針**」，包括：

1. 一個中國：

世界上只有一個中國，台灣是中國不可分割的一部份，中央政府在北京。

2. 兩制並存：

在一個中國的前提下，台灣的現行社會經濟制度不變，生活方式不變，同外國的經濟文化關係不變。

3. 高度自治：

統一後，台灣將成為特別行政區。它擁有在台灣的行政管理權、立法權、獨立的司法權和終審權；黨、政、軍、經、財等事宜都自行管理；可以同外國簽訂商務、文化等協定，享有一定的外事權；有自己的軍隊，大陸不派軍隊也不派行政人員駐台。

4. 和平談判：

中國政府主張在實現統一之前，雙方按照相互尊重、互補互利的原則，積極推動兩岸經濟合作和各項交往，進行直接通郵、通商、通航和雙向交流，為國家和平統一創造條件。

江八點（1995.01.30）

1995 年元月 30 日，江澤民發表《為促進祖國統一大業的完成而繼續奮鬥》講話，提出「江八點」：

1. 堅持一個中國的原則，是實現和平統一的基礎和前提。

過去

2. 反對台灣以搞「兩個中國」、「一中一台」為目的的活動。

3. 進行海峽兩岸和平統一談判，吸收兩岸各黨派、團體有代表性的人士參加。

4. 大陸不承諾放棄使用武力，是針對外國勢力干涉中國統一和搞「台灣獨立」的圖謀的。

5. 大力發展兩岸經濟交流與合作，鼓勵台商投資。

6. 中華兒女共同創造的五千年燦爛文化，維繫全體中國人的精神紐帶，也是實現和平統一的一個重要基礎。

7. 台灣同胞都是骨肉同胞、手足兄弟。要充分尊重台灣同胞的生活方式和當家作主的願望，保護台灣同胞一切正當權益。

8. 歡迎台灣當局領導人以適當身份前來訪問；大陸也願意接受台灣方面的邀請，前往台灣。

二、李六條（1995.04.08）

1995 年 4 月，李登輝回應「江八點」，呼籲大陸表現善意，聲明放棄武力，為兩岸正式結束敵對狀態奠定基礎：

1. 在兩岸分治的現實上追求中國統一。

2. 以中華文化為基礎，加強兩岸交流。

3. 增進兩岸經貿往來，發展互利互補關係。

4. 兩岸平等參與國際組織，雙方領導人藉此自然見面。

5. 兩岸均應堅持以和平方式解決一切紛爭。

6. 兩岸共同維護港澳繁榮，促進港澳民主。

同年 6 月初，台灣總統李登輝訪問母校美國康乃爾大學演講，

隨後中國開始對台灣進行一連串的文攻武嚇，嚴厲批判李登輝的言論與行為在製造「兩個中國」或「一中一台」，並譴責美國沒有遵守「一個中國」原則。緊接著，中國從 1995 年 7 月到 1996 年 3 月，先後對台灣發動六波軍事演習，包括將飛彈試射到基隆與高雄外海。

戒急用忍

1996 年 4 月李登輝發表談話，提及中共採取以民逼官、以商圍政對我施壓，針對這種情形，「我們必須秉持『戒急、用忍』的大原則，來因應兩岸當前的關係。」經濟部因而制定嚴格大陸投資政策，限制並監控大企業及重要產業赴大陸投資，實行台商投資大陸流量管理，放緩金融證券業赴大陸投資步伐。

兩國論

1998 年底，中國海協會會長汪道涵發表「86 字」說明九二會談之後的兩岸關係，「世界上只有一個中國，台灣是中國的一部份，目前尚未統一」，毫無「各自表述」的餘地。

1999 年兩岸兩會積極會商，在台北舉行第二次辜汪會談。李登輝掌握的情資顯示，汪道涵將於抵達台北時宣布實施「一國兩制」，造成既定事實。

7 月 9 日下午，《德國之聲》總裁來台專訪李登輝，李登輝先發制人，拋出「兩國論」為台灣與中國的關係定位。他指出 1991 年修憲後，中華民國政府已將領土範圍限定於台、澎、金、馬，正副總統與國會議員也僅由台灣選出，並已承認中華人民共和國的合法性，因此台灣和中國大陸的關係是「國家與國家」，或「至少是特殊的國與國的關係」，而非「一合法政府、一叛亂團體」，或「一

過去

中央政府、一地方政府」的「一個中國」內部關係。此話一出，北京立即取消原定在台北進行的第二次辜汪會談。

8 月 1 日，陸委會公布《對等、和平與雙贏－中華民國對『特殊國與國關係』的立場》書面說明，強調「特殊國與國關係」是為奠定兩岸對等的基礎，建立民主和平的兩岸機制。**8 月 4 日，中國國台辦聲明：「海協會從來沒有承認、今後也不會接受台灣當局編造的所謂『一個中國，各自表述』。」**

三、民進黨兩岸政策

民進黨於 1987 年創黨，隨著蔣經國的開放大陸探親政策，在野的民進黨對於台灣定位與兩岸關係的看法也與時俱進，先後通過幾項重要的決議文，作為黨在處理台灣問題與兩岸關係的指導原則，也寫下台灣民主化過程中確立「國家主權獨立自主」的里程碑。

《417 決議文》（1988.04.17）

「台灣國際主權獨立。如果國共片面和談、如果國民黨出賣台灣人民利益、如果中共統一台灣、如果國民黨不實施真正的民主憲政，則民進黨主張台灣獨立。」

《台獨黨綱》（1991.10.13）

1. 依照台灣主權現實獨立建國，制定新憲。
2. 依照台灣主權現實重新界定台灣國家領域主權及對人主權之範圍。
3. 依保障文化多元發展的原則重新調整國民教育內容。
4. 基於國民主權原理，建立主權獨立自主的台灣共和國及制定新憲

法的主張，應交由台灣全體住民以公民投票方式選擇決定。

《台灣前途決議文》（1999.05）

貳、主張

1. 台灣是一主權獨立國家，任何有關獨立現狀的更動，必須經由台灣全體住民以公民投票的方式決定。

2. 台灣並不屬於中華人民共和國，中國片面主張的「一個中國原則」與「一國兩制」根本不適用於台灣。

3. 台灣應揚棄「一個中國」的主張，以避免國際社會的認知混淆，授予中國併吞的藉口。

4. 台灣應儘速完成公民投票的法制化工程，以落實直接民權。

5. 台灣與中國應透過全方位對話，建立和平架構。

四、九六共識

　　《台獨黨綱》與《台灣前途決議文》前後間隔八年，反映的是1991 到 1999 年之間，台灣民主化的重要歷程與成就：「1992 年國會全面改選，1996 年總統直選，與 1998 年修憲廢省。」由於這三項重大民主化成就，所以 **1991 年時「台灣主權獨立」只是一種主張，必須經由「重新界定國家領域、修改憲政體制、發展新國民意識」等程序才能實現，因此主張「建立主權獨立自主的台灣共和國及制定新憲法，應交由台灣全體住民以公民投票方式選擇決定。」**

　　然而到了 1999 年，台灣主權獨立已成為社會共識，其延伸的具體主張也成為憲政體制及法令規章的內容。因此 1999 年的台灣前途決議文明確宣示，「台灣是一主權獨立國家，任何有關獨立現狀的更動，

過去

必須經由台灣全體住民以公民投票的方式決定。」意即只有在「更動獨立現狀」時，才需公投。為什麼有這麼大的進步？關鍵在於 1996 年。

1996 年 3 月 23 日，台灣人民完成有史以來第一次總統直選，彰顯的就是兩千三百萬台灣人民的「國民主權」，基於 1991 年台獨黨綱揭櫫的「國民主權」原理，台灣在 1996 年已正式成為主權獨立的國家。雖然之前有中國長達半年的文攻武嚇阻未成，其間美國政府前後派遣兩艘航空母艦「尼米茲號」 與「獨立號」三次在台灣海峽周遭巡弋，暗中警告中國不可輕舉妄動，有效協助台灣順利完成歷史性的總統直選。此後每隔四年，台灣人民都要重新推選國家領導人，如果台灣沒有獨立主權，人民有可能選總統嗎？選出的人算是總統嗎？因此 1999 年的台灣前途決議文直接宣示台灣主權獨立，只有在更動「獨立現狀」的時候，才需全民公投。

《台灣前途決議文》對於與中國的關係有新的主張：

台灣與中國應透過全方位對話，尋求深切互相了解與經貿互惠合作，建立和平架構，以期達成雙方長期的穩定與和平。

決議文對中國表達「兩個希望」：

1. 希望中國能正視台灣人民的意願和台灣主權獨立的歷史事實。
2. 希望在新世紀中，台 - 中雙方能拋棄猜疑與對立，創造共生共榮，互信互利的美好前景。

五、《正常國家決議文》（2007.09.30）

民進黨認為中國國民黨威權與中國霸權的內外挑戰，形成台灣國家正常化的五大威脅，包括：

1. 「國際關係不正常」。
2. 「憲政體制不正常」。

3.「國家認同不正常」。

4.「社會公義不正常」。

5.「政黨競爭不正常」。

因此在《台獨黨綱》與《台灣前途決議文》的基礎上，提出《正常國家決議文》，積極推動正名、制憲、加入聯合國、落實轉型正義與建立台灣主體性等作為，以實現台灣為正常國家。

陳胡時期（2003~2013）

一、陳水扁「四不一沒有」（2000~2008）

就職演說：四不‧一沒有

2000 年 3 月 18 日陳水扁、呂秀蓮當選，當晚陳水扁在當選感言中說：

「台海的和平與穩定，是雙方人民共同的期待。在確保國家安全與人民利益的前提下，我們願意就兩岸直接通航、通商、投資、和平協定、軍事互信機制等各項議題進行協商。」

陳水扁總統指標性的談話是他在 2000 年 520 就職演說的「四不一沒有」：

「只要中共無意對台動武，本人保證在任期之內，不會宣布獨立、不會更改國號、不會推動兩國論入憲、不推動改變現狀的統獨公投，也沒有廢除國統綱領與國統會的問題。」

總統府「跨黨派小組」與「兩岸統合」

2001 年元旦，阿扁發表《跨世紀談話》，表示「兩岸原是一家人」，並宣布「兩岸小三通於金門、馬祖，定點、定時貨客運同步啟航」，對中國表達善意：

「我們要呼籲對岸的政府與領導人，尊重中華民國生存的空間與國際的尊嚴，公開放棄武力的威脅，從兩岸經貿與文化的統合開始著手，逐步建立兩岸之間的信任，進而共同尋求兩岸永久和平、政治統合的新架構。」

按「統合」一詞出自李登輝發表兩國論時的專訪，李表示「兩岸應先從制度的統合進到政治的統合。」總統府跨黨派小組召集人李遠哲等人也同意。

陳水扁認為「兩國論」是確立台灣的主體性，「統合論」是要尋找「一個未來兩岸互動的方向。」**他主張兩岸統合應經過經濟統合、文化統合及政治統合三個階段。**「對於政治統合，我們希望跳出『統一或獨立』這種二元對立思維，由下而上慢慢形成共識。」

積極開放，有效管理

2002 年元旦，台灣與中國前後相差 30 分鐘，雙雙加入「世界貿易組織」（WTO），台灣用「台澎金馬關稅領域」而非國家名義入會。元月 6 日行政院召開全國經濟發展會議，作成大陸投資政策應秉持「全球佈局，策略開放」，將李登輝「戒急用忍」的「積極管理，有效開放」原則改為「積極開放，有效管理」決議。

台灣中國，一邊一國

2002 年 7 月 21 日，陳水扁以總統身份宣誓兼任民進黨主席，中國刻意在就職典禮之前兩小時，宣布與諾魯共和國建交，情何以

堪！陳水扁在主席談話中忍不住脫稿宣布：「台灣與中國，一邊一國」的兩國論。**8月3日他又透過視訊會議再度宣布「一邊一國」**，「台灣是一個主權國家，台灣跟對岸中國一邊一國，要分清楚」、「我們必須要認真思考要走自己的路：民主之路、自由之路、人權之路、和平之路。」

全民和平公投

2004 年 3 月 20 日總統大選，陳水扁根據《公投法》第 17 條，以總統身份主動發動兩項防禦性公投：

1. 強化國防公投

主文：「台灣人民堅持台海問題應該和平解決，如果中共不撤除瞄準台灣的飛彈、不放棄對台灣使用武力，您是不是同意政府增加購置反飛彈裝備，強化自我防衛能力？」

2. 對等談判公投

主文：「您是不是同意政府與中共展開協商談判，推動建立兩岸和平穩定的互動架構，謀求兩岸的共識與人民的福祉？」

以上兩案均因國民黨反制，公投門檻而未通過。但第一案是假議題，不必經公投，總統本擁有國防大權。第二案若果公投通過，阿扁固然想跟中共協商，但中國若堅持「一個中國」如何談判？

連任重申四不一沒有

2004 年連任就職典禮時，陳水扁重申「四不一沒有」的承諾，更進一步表達對「兩岸和平發展」的期許：

「今天，個人願意在此重申，公元 2000 年 520 就職演說所揭櫫的原則和承諾，過去四年沒有改變，未來四年也不會改變。」

過去

終止國統會及《國統綱領》

2006 年 1 月 29 日，陳水扁在農曆新年餐敘表示，台灣應該要走自己的路，並應認真思考要否廢除國統會、廢除《國統綱領》此一嚴肅的課題。2 月 27 日，陳水扁主持國安高層會議，裁示：基於中國持續以軍事威脅及《反分裂國家法》等非和平手段意圖片面改變台灣現狀，作成「國家統一委員會終止運作，不再編列預算，原負責業務人員歸建；《國家統一綱領》終止適用，並依程序送交行政院查照。」，3 月 1 日，行政院 2980 次院會通過。

四要一沒有

2007 年 3 月 4 日，陳水扁出席「台灣人公共事務會」（FAPA）二十五週年慶時提出「四要一沒有」，這與他第一任總統就職所提「四不一沒有」之政治意義截然不同：

第一、「台灣要獨立」：台灣是一個主權獨立於中華人民共和國之外的國家，追求台灣獨立是台灣人民共同的理想，也是最崇高的志業。

第二、「台灣要正名」：台灣是母親的名字，是我們最美麗、最有力的名字，也是參加聯合國等國際組織最好的名字。

第三、「台灣要新憲」：台灣要成為一個正常完整的國家，需要一部合時、合身、合用的台灣新憲法。

第四、「台灣要發展」：台灣的存在是全民、台商與亞太民主社群的共同利益，只有實施民主才有發展、只有經濟繁榮才有發展、只有照顧弱勢才有發展、只有台海和平才有發展。

第五、「台灣沒有左右的問題」：台灣作為一個新興民主國家，只有國家認同分歧的問題、只有統獨的問題、只有要前進或後退的問題，絕對沒有左右路線的問題。

二、胡錦濤「反分裂國家」（2003~2013）

中國第四代領導人胡錦濤接班後，對台政策大原則無大變化，但在政策手腕上比之前的領導人更靈活。胡錦濤對台政策思維可說是「高壓與懷柔」交錯並用，對台政策重點是「反獨與防獨」。

2005 年 3 月 4 日，胡錦濤提出「胡四點」，正式確立胡錦濤時代的對台方針：

1. 堅持一個中國原則決不動搖。

2. 爭取和平統一的努力決不放棄。

3. 貫徹寄希望於台灣人民的方針決不改變。

4. 反對「台獨」分裂活動決不妥協。

《反分裂國家法》（2005.03.14）

2005 年 3 月 14 日，中共第十屆全國人民代表大會第三次會議通過《反分裂國家法》。《反分裂國家法》是中國建政以來對台政策的總整理、總定調及法條化。

第一條開宗明義表明，為了：1. 反對和遏制「台獨」分裂勢力分裂國家，2. 促進祖國和平統一，3. 維護台灣海峽地區和平穩定，4. 維護國家主權和領土完整，以及 5. 維護中華民族的根本利益，根據憲法，制定本法。主要的規定是「和平統一」的進程與武統台灣的條件：

和平統一進程
第 5 條：

國家採取下列措施，維護台灣海峽地區和平穩定，發展兩岸關係：

1. 鼓勵和推動兩岸人員往來，增進了解，增強互信；

2. 鼓勵和推動兩岸經濟交流與合作，直接通郵通航通商；

3. 鼓勵和推動兩岸教育、科技、文化、衛生、體育交流，共同弘揚中華文化；

4. 鼓勵和推動兩岸共同打擊犯罪；

5. 鼓勵和推動有利於維護台灣海峽地區和平穩定、發展兩岸關係的其他活動。

6. 國家依法保護台灣同胞的權利和利益。

第 6 條：

國家主張透過台灣海峽兩岸平等的協商和談判，實現和平統一。

1. 正式結束兩岸敵對狀態；

2. 發展兩岸關係的規劃；

3. 和平統一的步驟和安排；

4. 台灣當局的政治地位；

5. 台灣地區在國際上與其地位相適應的活動空間；

6. 與實現和平統一有關的其他任何問題。

武統條件：
第 8 條：

台獨分裂勢力以任何名義、任何方式造成台灣從中國分裂出去的事實，或者發生將會導致台灣從中國分裂出去的重大事變，或者和平統一的可能性完全喪失，國家得採取非和平方式及其他必要措施，捍衛國家主權和領土完整。

依照前款規定採取非和平方式及其他必要措施，由國務院、中央軍事委員會決定和組織實施，並及時向全國人民代表大會常務委員會報告。

三、胡連會與胡宋會（2005）

　　為反制中國《反分裂國家法》，陳水扁發起百萬人「反《反分裂法》」活動，胡錦濤故意邀請中國國民黨主席連戰進行「國共破冰」之旅，**2005年4月29日**下午展開「胡連會」，胡錦濤提出四點主張：

1. 建立政治上的互信，相互尊重，求同存異。
2. 加強經濟上的交流合作，互利互惠，共同發展。
3. 開展平等協商，加強溝通，擴大共識。
4. 鼓勵兩岸民眾加強交往，增進瞭解，融合親情。

　　會談之後，國民黨以「新聞公報」的形式，宣布兩黨已達成五點共識：

1. 在認同「九二共識」的基礎上促進儘速恢復兩岸談判，共謀兩岸人民福祉；
2. 促進終止敵對狀態，達成和平協議；
3. 促進兩岸經貿全面交流，建立兩岸經濟合作機制；
4. 促進台灣參與國際空間的談判；
5. 建立黨對黨定期溝通平台。

　　接著，親民黨主席宋楚瑜5月12日與胡錦濤進行「胡宋會」，會後宋楚瑜發布胡宋「會談公報」六項共識：

1. 促進在「九二共識」基礎上，盡速恢復兩岸平等談判。
2. 堅決反對「台獨」，共謀台海和平與穩定。
3. 推動結束兩岸敵對狀態，促進建立兩岸和平架構。
4. 加強兩岸經貿交流，促進建立穩定的兩岸經貿合作機制。

5. 促進協商台灣民眾關心的參與國際活動的問題。

6. 推動建立「兩岸民間精英論壇」及台商服務機制。

　　中國在實施《反分裂國家法》後，一方面安排連戰和宋楚瑜訪中，讓連、宋兩人的選舉恩怨延伸到北京爭寵，更讓兩岸關係忽然門戶洞開起來。此後連、宋兩幫人馬絡繹不絕於中國大陸，炒熱兩岸交往的議題，沖淡敵我意識，使國民黨六十年來建構的「反共長城」一夕崩塌。極右的反共瞬間轉換爲極左的親共，致使兩岸門戶洞開，台灣的國家安全大潰堤。

胡六點（2008.12.31）

　　2008 年 12 月 31 日，胡錦濤在紀念《告台灣同胞書》發表三十周年座談會上發表六點意見：

1. 恪守一個中國，增進政治互信：

2. 推進經濟合作，促進共同發展：

3. 弘揚中華文化，加強精神紐帶：

4. 加強人員往來，擴大各界交流：

5. 維護國家主權，協商涉外事務：

6. 結束敵對狀態，達成和平協定：

　　值得注意的是，胡錦濤明確表示「兩岸會談及建立軍事互信機制」的具體主張。

　　另方面，不受台灣歡迎的「一國兩制」，無論在「五一七」聲明或「胡四點」、「胡六點」與《反分裂國家法》都消失了。

馬習時期（2008~2016）

一、馬英九時期（2008~2016）

1979 年美國與中國建交，當時蔣經國政府對北京當局採取「不接觸、不談判、不妥協」的「三不政策」，而 2008 年馬英九競選總統時提出「不統、不獨、不武」的「新三不政策」。馬英九保證總統任內不推動兩岸統一，不會宣布台灣獨立，而兩岸之間也不進行軍事戰爭。

2008 年就職演說

2008 年馬英九在 520 就職演說中表示：

「我們將以最符合台灣主流民意的『不統、不獨、不武』的理念，在中華民國憲法架構下，維持台灣海峽的現狀。英九在此重申，我們今後將繼續在『九二共識』的基礎上，儘早恢復協商。」

2012 年連任演說

2012 年馬英九連任成功，在 520 就職演說中，他表示：

「依據憲法，中華民國領土主權涵蓋台灣與大陸，目前政府的統治權僅及於台、澎、金、馬。換言之，二十年來兩岸的憲法定位就是『一個中華民國，兩個地區』，歷經三位總統，從未改變。兩岸之間應該要正視這個現實，求同存異，建立『互不承認主權、互不否認治權』的共識，雙方才能放心向前走。」

馬英九中國政策的要點：

過去

1. 馬英九主張「九二共識，一中各表」，他堅持 1992 年台北國統會《八一決議文》的定義：「一個中國是中華民國」。兩岸論述應以《中華民國憲法》爲本，《憲法增修條文》第 11 條的規定即是「一國兩區」，一是台灣地區，另一是大陸地區，而不是「一邊一國」，也不是「兩個國家」。

2. 他建議中國大陸也要制訂類似《兩岸人民關係條例》的法律，來處理兩岸問題，必要時尚須簽訂各種協定。

3. 他表示將由兩會直接處理兩岸敏感問題，也具體提出要與北京簽訂兩岸經濟、和平協議，但兩岸和談前北京必須先撤除飛彈，而「和平協議會談」沒有時間表。

4. 馬英九認爲兩岸經貿、文化交流是是兩岸分隔多年後邁向統一的必要條件。2010 年兩岸簽署《經濟合作框架協議》（ECFA），雖然沒有「共同市場」之名，確有其實。

5. 馬英九主張全面開放三通，目標是希望台灣能成爲台商的「全球營運中心」，外商的「亞太營運中心」。

6. 馬英九的外交大戰略是「和中、友日、親美」，他「親美」，卻不時有「反美」的流彈四射。宣稱「和中」卻十分「親中」，他同時追求「軍事親美」及「經濟倚中」。

二、習近平時期（2013~ ）

習四條

2013 年 3 月 14 日，習近平當選中國國家主席。**2015 年習近平在全國政協提出「四個堅定不移」的立場，被稱爲對台政策「習四條」：**
1. 堅定不移走和平發展道路：

2. 堅定不移堅持共同政治基礎：

3. 堅定不移為兩岸同胞謀福祉：

4. 堅定不移攜手實現民族復興：

2015 習馬會

2015 年 11 月 7 日，馬英九與習近平在新加坡舉行會面，為 1949 年來國共雙方最高領導人的首次會晤。習近平重提「四個堅持」，但因半年後馬英九即告卸任，而由民進黨的蔡英文接任，因此馬習會彷如浮光掠影，並未在兩岸關係產生特殊效應。

馬英九提出五點主張：

1. 「永續和平與繁榮」是兩岸關係發展之目標，而「九二共識」為達到此一目標之關鍵基礎。

2. 降低敵對狀態，和平處理爭端。

3. 擴大兩岸交流，增進互利雙贏。

4. 設置兩岸熱線，處理急要問題。

5. 兩岸共同合作，致力振興中華。

馬英九總結說，「未來兩岸關係發展的關鍵在於民心向背，我們希望大陸方面真正能夠理解，並體認到唯有在『尊嚴、尊重及誠心、善意』上建立的兩岸關係，才有利於增進彼此的信任，才能『行穩致遠』。」

中共十九大政治報告（2017.10.18）

在 2017 年中共第十九屆全國人民代表大會上，習近平發表《政治報告》，將解決台灣問題列入其「三大歷史任務」的第二項「完成祖國統一」，成就「中華民族復興的千秋大業」，將統一台灣加以「神聖化」。

過去

十九大的政治報告中避談武統，有關台灣政策是軟硬兼施，意即「硬反台獨，軟促統一」，習近平宣布「六個任何」：

「絕不允許任何人、任何組織、任何政黨，在任何時候，以任何方式，把任何一塊中國領土從中國分裂出去。」

總的來說，習近平要將中國從區域大國變成世界大國，引領國際。大國戰略之下的對台政策：

1. 由區域大國變成世界大國，引領國際。

2. 用國際優勢來封殺台灣生存空間。

3. 富國強軍　威嚇台灣。

另方面又以「親情融化、國民待遇同化、一國兩制感化」的融和手段進行四大對台策略：

1. 經濟窮台。

2. 軍事鎖台。

3. 外交困台。

4. 政治納台。

習五條 —— 北京版的國統綱領

習近平於 2019 年元月 2 日，以中國發表《告台灣同胞書》四十週年爲名發表談話，具體提出「中華人民共和國」統一台灣的五大策略，有如北京版的《國統綱領》，宣示願用政治協商方式探索「兩制」台灣方案：

1. 攜手推動民族復興，實現和平統一目標。

2. 探索「兩制」台灣方案，豐富和平統一實踐。

3. 堅持一個中國原則，維護和平統一前景。

4. 深化兩岸融合發展，夯實和平統一基礎。

5. 實現同胞心靈契合，增進和平統一認同。

「習五條」是習近平掌權以來最具體完整的對台政策，重點如下：

1. 宣布中國的對台策略：「和平統一，一國兩制」，但不放棄武力統一。

2. 從過去「反獨爲主，促統爲輔」，轉爲「積極促統，嚴厲反獨」，將「和平統一進程」明確宣示。

3. 捨去「寄希望於台灣當局」，直接「寄希望於台灣人民」，尋求共識，進行「政治談判」。

4. 習五條首次提出《探索兩制台灣方案》，但未如鄧小平容許台灣擁有軍隊和司法權。

蔡英文時期（2016~ ）

　　蔡英文曾任陸委會主任委員，她於 2001 年公開表示，「一個中國是我們必須面對與處理，可能是五年、十年，甚至更久，兩岸共存共榮的體系，我們必須與中國大陸建立一個有意義的政治關係。」她更明確表白，「無論統一、台獨或維持現狀，台灣人民只有一個選擇，就是未來的『一個中國』。」

　　2016 年 5 月 20 日總統就職演說，她表示：

　　「新政府會依據中華民國憲法、兩岸人民關係條例及其他相關法律，處理兩岸事務。… 包含幾個關鍵元素，第一，1992 年兩岸兩會會談的歷史事實與求同存異的共同認知，這是歷史事實；第二，中華民國現行憲政體制；第三，兩岸過去二十多年來協商和交流互

過去

動的成果；第四，台灣民主原則及普遍民意。」

一、四不與四個必須

就任總統以來，蔡英文的兩岸政策以「維持現狀」為基調，並一再重申英式「四不」：

1. 所謂「維持現狀」指的是「將以中華民國現行憲政體制，兩岸協商交流互動的成果，以及民主原則和普遍民意，做為推動兩岸關係的基礎。」

2. 所謂「四不」，包括「二不變」、「二不會」：「我們的善意不變、承諾不變，不會走回頭對抗的老路，但也不會在壓力下屈服，這就是處理兩岸關係的一貫原則。」

2019 年元旦文告，蔡英文可能事先獲悉習近平將於元月 2 日發表的談話內容，提出「四個必須」與「三道防護網」的強硬聲明，令人耳目一新，並宣稱2019年是「拼民生，護民主，守主權」的一年。

四個必須

1. 必須正視中華民國台灣存在的事實。
2. 必須尊重兩千三百萬人民對自由民主的堅持。
3. 必須以和平對等的方式處理兩岸歧見。
4. 必須是政府或政府所授權的公權力機構坐下來談。

三道防護網

1. 民生安全防護網。

2. 資訊安全防護網。

3. 兩岸互動的民主防護網。

二、蔡四點

　　元月 2 日，中國國家主席習近平發表《告台灣同胞書》四十週年的紀念談話，宣布「習五條」，當天下午蔡英文立即回應「蔡四點」：

1. 我們始終未接受「九二共識」，根本原因就是北京當局所定義的「九二共識」，其實就是「一個中國」、「一國兩制」。中國必須正視中華民國台灣存在的事實，而不是否定台灣人民共同建立的民主國家體制；

2. 必須尊重兩千三百萬人民對自由民主的堅持，而不是以分化、利誘的方式，介入台灣人民的選擇。

3. 必須以和平對等的方式來處理雙方之間的歧異，而不是用打壓、威嚇，企圖讓台灣人屈服。

4. 必須是政府或政府所授權的公權力機構，坐下來談，任何沒有經過人民授權、監督的政治協商，都不能稱做是「民主協商」。

　　2020 年元月 11 日，蔡英文以歷史新高得票當選連任，她發表當選感言，有關兩岸問題，主要談話如下：

　　「中國對台灣節節進逼，並提出『一國兩制台灣方案』，要台灣在主權上讓步，吞下我們無法接受的條件。

　　我要再次誠懇呼籲對岸當局，『和平、對等、民主、對話』，這八個字是兩岸要重啟良性互動、長久穩定發展的關鍵，也是能夠

過去

讓兩岸人民拉近距離、互惠互利的唯一途徑。

和平，就是對岸必須放棄對台灣的武力威脅。

對等，就是雙方都互不否認彼此存在的事實。

民主，就是台灣的前途要由兩千三百萬人決定。

對話，就是雙方能坐下來談未來關係的發展。

我也希望北京當局可以理解，民主的台灣、民選的政府，不會屈服於威脅恫嚇。

兩岸的相互尊重及良性互動，才符合彼此人民的利益與期待。」

表 4-1：兩岸領導人演變

台灣領導人	年代	中國領導人
蔣介石「漢賊不兩立」	1949	毛澤東「解放台灣」
蔣經國任總統，「三不政策」。	1978	鄧小平掌權，「和平統戰」。
蔣經國逝世，李登輝繼位，1999「兩國論」。	1988	
	1993	江澤民任國家主席，「和平統一」。
陳水扁任總統，「四不一沒有」。	2000	
	2003	胡錦濤任國家主席，「反分列國家」。
馬英九任總統	2008	
	2013	習近平任國家主席
蔡英文任總統	2016	

附錄

中國對台威逼利誘（2015~2019）

經濟威脅	1. 中客從 2015 年 418 萬人次跌至 2019 年 271 萬人次，2019 年 8 月停發來台自由行簽證。 2. 中國教育部 2020 年 4 月下令暫停中生來台。 3. 台灣國產遊戲「還願」藏「小熊維尼」彩蛋遭下架。 4. YouTuber 波特王因與蔡總統合作拍片，遭中國合作廠商解約。
影視打壓	1. 中國國家電影局暫停中國影片和人員參與 2019 年第 56 屆金馬影展。 2. 戴立忍主演電影「沒有別的愛」遭換角。 3. 柯宇綸主演電影「強尼‧凱克」在中國取消上映。 4. 林心如、宋芸樺、許瑋甯等人被迫政治表態。
奪邦交國	1. 2016 年，聖多美普林西比斷交。 2. 2017 年，巴拿馬斷交。 3. 2018 年，多明尼加、布吉納法索、薩爾瓦多相繼斷交。 4. 2019 年，索羅門、吉里巴斯斷交。
矮化台灣	1. 中國民航局要求 44 家外籍航空公司，訂票系統不得把台灣列為國家。 2. 連鎖飯店「萬豪國際集團」、賓士汽車等跨國企業，被要求在「台灣」名稱前加註「中國」。 3. 巴林、厄瓜多、杜拜、約旦、巴紐與斐濟等我外館遭要求改名。

過去

台商表態	1. 台商李榮福因支持政府反制 M503 航路，被迫刊登廣告支持「九二共識」。 2. 85 度 C 因蔡總統出訪過境時順道拜訪，被迫道歉並聲明支持「九二共識」。 3. 世界麵包冠軍吳寶春為在上海展店，發表聲明支持「九二共識」。 4. 台灣手搖飲店「一芳水果茶」發文支持「一國兩制」。
逮捕恐嚇	1. 李明哲、李孟居、蔡金樹、施正屏等人陸續失蹤，後經中方證實以國安理由逮捕。 2. 海基會 2019 年 9 月統計，蔡政府共接獲 149 件台人在中國失蹤的陳情案。
惠台利誘	1. 2018 年配合台灣地方選舉，推出「31 條措施」。 2. 2018 年推出「台灣居民居住證」，宣稱「為台灣同胞的準國民待遇化」推進。 3. 2019 年因應台灣總統大選，加碼「26 條措施」。 4. 2020 年 520 前夕再祭出「11 條措施」。

九二共識的「眞相」與「假相」

呂秀蓮

2001.11.11／自由時報

前言

　　九二共識原本是國民黨主政時代的產物，國人早已淡忘。520之後，它卻像潘朵拉的盒子，忽然蹦跳出來，成爲熱門話題，尤其近日選舉活動中朝野各界更是各自表述，互不相讓。

　　究竟九二年台北與北京當局有無共識？共識些什麼？九二共識對於台灣前途有何影響？這是極爲嚴肅的課題。本人仔細閱讀相關文件，認爲國人均應正確認識歷史，理性面對問題，特將研究心得撰述成文，就教於各界賢達，並且殷殷期盼一個公忠體國、理性論政的時代早日到來。

一、九二共識來龍去脈

　　爲因應處理兩岸人民交流衍生的諸多問題，台灣於 1991 年初成立海基會，大陸於同年底成立海協會。 92 年 3 月兩會就「兩岸文書查證」與「兩岸間接掛號信函查詢、補償事宜」進行協商，大陸主張兩岸事務需定位爲國際性或國內性事務，要求先確立「一個中國」原則，我方未予接受。

　　同年 10 月 28 日，兩會在香港重開談判，海協會提出五種表述方

過去

137

式，主張兩岸定位爲一個中國，兩岸事務爲中國事務，我方未予回應。

29 日，海協會重申五種表述，並主張「一個中國」原則與實質問題之解決應互爲條件，我方不表同意，雙方僵持不下。 30 日下午，海基會提出五種回應方案，強調雙方爲「一個中國，兩個對等政治實體」，應本「謀求一個和平民主的中國」原則，幾經折衝雙方仍未達共識。我方於是提出修正意見，表示兩岸文書查證問題是「兩岸中國人間的事務，在海峽兩岸共同努力謀求國家統一的過程中，雙方雖均堅持一個中國的原則，但對於一個中國的涵義，認知各有不同。」我方乃建議就此問題，在彼此可以接受的範圍內，各自以口頭方式說明立場，海協會表示願意考慮。10 月 31 日雙方未再會談，隔日海協會離港返北京，我方仍續留香港。

11 月 3 日，海協會電告海基會，「尊重並接受」海基會建議，「兩會以各自口頭聲明的方式表述一個中國原則」，「至於口頭表述的具體內容，則將另外協商」。海協會並表示，「海峽兩岸事務性商談應表述一個中國，但先不涉及一個中國的政治涵義，表述方法可以充分討論，並願聽取海基會意見。」此一電傳並透過新華社發佈新聞。

海基會緊接其後也發表新聞宣告：「口頭聲明之具體內容，我方將根據『國家統一綱領』及國家統一委員會本年八月一日對於『一個中國』涵義所作決議，加以表達。」

至於所謂國統會八一決議的「一個中國」涵義如下：「海峽兩岸均堅持『一個中國』之原則，但雙方所賦予涵義有所不同，中共當局認爲『一個中國』即爲『中華人民共和國』，將來統一以後，台灣將成爲管轄下的一個『特別行政區』。我方則認爲，『一個中國』應指一九一二年成立至今之中華民國，其主權及於整個中國，

但目前之治權，則僅及於台、澎、金、馬，台灣屬中國之一部份，但大陸亦為中國之一部份。」

解讀國統會八一決議，它包括以下三個重點：

（一） 兩岸雙方均堅持「一個中國」的原則。

（二） 「一個中國」的涵義，在中國當局指的是「中華人民共和國」，在我方指的是「中華民國」。

（三） 台灣與大陸同為中國之一部份。

換句話說，「一個中國」的原則，早在92年兩會香港協商之前，國民黨所主持的國統會就已確認，只是「一個中國」的內涵，台北與北京各說各話。此外，國統會當時並已提出台灣與中國同為中國一部份的主張，但此點直到去年北戴河之後，北京才開始有所回應，並非北京當局的創見。

二、九二有無共識？

回顧上述92年海基、海協兩會香港會談的來龍去脈，客觀地說，雙方的確達成一定的共識，但這共識，不是在香港會談當場達成的，也未正式簽署，而是我方10月30日提出的建議，中方於11月3日透過電話「尊重與接受」。後來海協會更於11月16日正式致函海基會，重申在雙方以口頭表述一個中國原則的前提下，進行兩岸文書查證。而海基會也於12月3日覆函海協會，確認雙方「以口頭各自說明」有關一個中國涵義的共識。雙方你來我往，實在難謂沒有共識。

然而九二共識，到底「共識」些什麼？

過去

第一、雙方同意「一個中國」原則。

第二、雙方自稱自己是那「一個中國」。

第三、雙方不否認對方。

第四、大家各取所需，各說各話，所謂「各自表述」。

三、為什麼不能接受九二共識？

如果雙方真的互相尊重各自表述權，倒也無可厚非。問題是，93 年新加坡辜汪會談之後，北京開始以各種方式偏離九二共識，壟斷一個中國的表述權。

首先，1993 年 8 月，中共國務院發表《台灣問題與中國統一》的第一份對台白皮書，明白指稱：「世界上只有一個中國，台灣是中國不可分割的一部份，中央政府在北京，這是舉世公認的事實，也是和平解決台灣問題的前提。」

此後，中共更提出種種限縮解釋，或稱「九二共識只適合於兩岸間」，或稱「九二共識只適合在兩會間」，最後甚至否認根本沒有 92 年「一個中國，各自表述」的共識。到了 1996 年，中共更進一步提出「三段論法」，昭告全世界：「中國只有一個，台灣是中國的一部份，中華人民共和國是中國的唯一合法政府。」

根據中共的「三段論法」，只要承認一個中國，便是承認台灣是中華人民共和國的一部份，便得向北京招降納貢，這對台灣來說，何異於自我投降？從上所述，我們不難看出，北京當局對於兩岸關係的策略演變是步步為營，請君入甕的：

（一）先將純屬事務性的兩岸交流問題「誘導」成政治問題，並將兩岸事務「誘導」成為中國內政問題。

（二）「主導」「一個中國，各自表述」的表述權，先強化「一個

中國」，淡化「各自表述」，逐漸武斷表述一個中國就是「中華人民共和國」，終於否定「中華民國」。

（三）由於陳水扁總統主張，一個中國是議題而非前提，中共遂採迂迴戰術，利用台灣社會對九二共識的一知半解，「誤導」台灣朝野以爲九二共識可以迴避一中原則。

　　無論誘導、主導或誤導，北京當局處心積慮要台灣掉進「一個中國」的圈套，是不爭的事實。「一個中國」是北京強欲加在台灣的政治圈套，而「九二共識」正是那誘導台灣進圈套的陷阱。

結語——眞相與假相

　　本文敘述指出，九二共識有其「眞相」，也有其「假相」。直到 1993 年 3 月新加坡辜汪會談時，九二共識維持著「一個中國各自表述」的眞相。自從當年 8 月第一份對台白皮書發表以來，北京在各種場合，尤其面對國際人士便公然推翻九二共識，強調台灣是中國的一部份，中華人民共和國才是中國唯一合法政府，從而九二共識早已成爲假相。除非北京當局願意公開且正式收回「三段論法」，否則九二縱有共識，其實已成歷史遺物，基於情勢變更原則，新政府自無需倒退 8 年，接受北京當局自行推翻的九二共識以作繭自縛，但無妨公開「認知」92 年國共雙方曾就兩岸關係有過共識。

　　明乎此，我們就能瞭解陳水扁總統爲什麼承認九二精神，卻無法承受九二共識的良苦用心。九二精神指的是和平、對等和談判，這是雙方良性互動的基礎，而九二共識既已扭曲成爲誘導台灣投降的陷阱，國人與其隨著北京的音樂起舞，不如同心協力，嚴正要求兩岸問題應以和平對等原則妥善處理。

過去

第五章

台灣獨立運動，爲什麼？

抵禦外侮的獨立運動

一、第一個台灣本土政權 ──大肚王國（17-18 世紀）

17 世紀時，大甲溪以南由一位叫甘仔轄‧阿拉米（Kamachat Aslamie）的領袖所統轄，建立「大肚王國」，由巴布拉族、巴布薩族、巴則海族、洪雅族、道卡斯族所建立的跨部落王國，主要分布在大肚溪流域。全盛時期領域北達桃園以南，南至鹿港一帶，可說是台灣第一個本土政權。不過所謂的「王國」，其實只是鬆散的部落聯盟，並未具備具體的組織與統治形式，「王」主要是在祭典儀式中扮演祈福的角色，社眾對「王」呈貢獵物，「王」在轄下各部落發生紛爭時擔任仲裁，並提供實質庇護。

大肚王國在荷蘭人來台之前已存在，有人推測應是明代末期「靖難之變」後，由中國移民來台保衛大明建文帝朱允炆的禁衛軍後裔，他們建立起部落王國，未必全是原住民族。

1624 年荷蘭東印度公司開始殖民台灣，打算征服西部平原的原住民，由荷蘭上尉 Piter Boon 率兵攻打，遭遇巴布拉族強烈反擊摧毀了十三座反荷部落：。1645 年 4 月，甘仔轄・阿拉米跟荷蘭東印度公司訂約，表示服從荷蘭人統治，但直到 1662 年荷蘭人離開台灣為止，大肚王國都維持半獨立狀態。

大肚王國不只對抗荷蘭人，在鄭氏政權統治台灣期間，也屢屢與鄭軍發生激烈衝突，造成鄭軍嚴重死傷。鄭氏王朝治台時期，派兵分赴各地屯墾，侵害到原住民族的活動空間，大肚王國又發生數次武裝衝突，堪稱台灣本島抵抗外侮的代表。

1731 年，清廷官吏對原住民指派勞役過多，原住民群起反抗，發生大甲西社番亂，但清軍利用「以番制番」策略，隔年番亂被鎮壓下來，各族人陸續逃離原居地，遷往埔里一帶，大肚王國不久亦告瓦解。

二、台灣民主國（1895 年）

大肚王國滅亡一百六十三年後，台灣再次產生另一個本土政權－台灣民主國，但它的存在僅短短一百五十天便告結束。

1894 年甲午戰爭，中國戰敗，1895 年 4 月 17 清日簽訂《馬關條約》，清廷被迫「永久割讓」台灣與澎湖給日本，5 月 8 日條約生效。5 月 25 日台灣仕紳推舉巡撫唐景崧發表《台灣民主國獨立宣言》，成立「台灣民主國」，由唐景崧出任首任大總統，丘逢甲為副總統兼團練使，領導義勇軍。劉永福被推為大將軍、李秉瑞為軍務大臣，第一富豪林維源為國會議長，但他堅持婉拒，在獨立慶典的第二天就潛逃至廈門。台灣民主國以藍地黃虎的「黃虎旗」為

國旗，以台北爲首都。

唐景崧是清朝派駐台灣的巡撫，在百般無奈下被推爲共和國大總統，他在《獨立宣言》中表示：「惟是台灣疆土，荷鄭大清經營締造二百餘年，今須自立爲國，感念列聖舊恩，仍應恭奉正朔，遙作屏藩，氣脈相通，無異中土…」台灣共和國年號「永清」，意思是台灣共和國雖然成立，但永遠尊奉清廷爲宗主。

5 月 29 日日軍於澳底登陸，6 月 2 日清廷代表李經方與日本代表樺山資紀在基隆外海船艦上完成交接。6 月 4 日傍晚，唐景崧化妝成老婦逃出台北，6 日搭乘德國商輪從淡水抵達廈門，副總統丘逢甲聞訊後也捲款落跑到廣東，這個亞洲第一個以民主國自稱的國家，至此瓦解。11 日辜顯榮迎日軍進入台北城，日軍長驅直入，未遭抵抗。隨後派兵南下，與抗日義勇軍在台灣各地激戰。

總統副總統相繼逃離台灣後，6 月 26 日劉永福被選爲第二任大總統，改以台南爲首都，建立第二共和，或稱「台南共和」。不過劉也於 10 月 19 日逃到中國，台南士紳懇請巴克禮牧師（Thomas Barclay）及宋忠堅牧師向乃木希典將軍交涉，引導日軍由小南門不流血進入台南城。台灣民主國至此滅亡，前後存在短短一百五十天。（5 月 25 日～10 月 21 日）

三、日治時期的台灣獨立運動（1920 年代）

日治初期，台灣曾先後出現抗日活動，直到 1915 年西來庵事件，武裝抗日運動接近尾聲。1920 年代台灣社運團體開始萌芽，就台灣的國家認同，大致分爲兩派，一派嚮往「祖國」中國，常有激烈反日言行，另一派則對中國缺乏信心，認爲縱使回歸中國，也

不會比受日本統治好，因此不特別排斥日本統治，把重點放在台灣人的獨立生存，認爲「台灣是台灣人的台灣」。

1928 年 4 月 15 日，謝雪紅、林木順等台籍左翼青年在上海法國租界成立「台灣共產黨」（台共），由於共產國際以「一國一黨」爲原則，台灣共產黨被歸爲「日本共產黨台灣民族支部」，是第一個提出「台灣民族」概念，主張台灣獨立的政治團體。其政治大綱第 2 條表明「台灣人民獨立萬歲」、第 3 條「建立台灣共和國」，中共派代表彭榮參加成立大會。日本政府視共產黨爲非法組織，台灣總督府加以取締，1931 年 9 月大舉逮捕台共黨員，致使台共組織覆滅。不過三年期間，台灣共產黨已成功滲透「台灣農民組合」及「台灣文化協會」等團體，對 1920 年代的台灣社會運動發展有一定的影響。

當時台灣的左翼人士喊出「台灣獨立」，部份「祖國派」人士也喊出台灣要獨立，不過他們對台獨的定義截然不同。出身蘆洲的李友邦，1924 年赴中國，是黃埔軍校第二期的學生，成立「台灣獨立革命黨」，1939 年成立「台灣義勇隊」。他在《台灣要獨立也要歸返中國》一文中如是說：

「作爲被壓迫於日本帝國主義者之下的台灣民族，他們是要向其統治者鬥爭，以爭取能夠自己處理自己，自己決定自己前途的權利，…但『回長（唐）山去啊！』是台灣五百萬民眾的口頭禪。…要歸回中國的熱情，除了少數喪心病狂的作日本帝國主義的走狗的敗類而外，這已成爲一般台灣民眾的要求，所以台灣要歸返中國。」

對李友邦來說，「台灣獨立」就是脫離日本統治，但脫離日本後，台灣要回歸中國，並非讓台灣成爲獨立自主的國家。

過去

四、主張台灣獨立的中國人

在台灣日治時期，中國的滿清政府被革命黨人推翻而建立中華民國，而當時的中國政治人物都支持台灣應該獨立。

孫文

1925 年，《孫中山與台灣》一書中轉述孫文的聲明：「在台灣的中國同胞，被日本壓迫，我們必須鼓吹台灣獨立，和高麗的獨立運動互相聯合。」1938 年，蔣介石在《抗日戰爭與本黨前途》演講中提到「總理以為我們必須使高麗，台灣恢復獨立自由才能鞏固中華民國的國防。」以上為中國國民黨元老的看法，主張台灣應該從日本殖民統治獨立出來。

毛澤東

中國共產黨當時也支持台灣獨立。1936 年 7 月 16 日，親中共的美國學者史諾（Edgar Snow）到延安訪問毛澤東。史諾問：「中國人民是否要從日本帝國主義者手中收復所有失地？」毛澤東答：「當我們收回中國的失地，達成獨立以後，如果朝鮮人民希望掙脫日本帝國主義者的枷鎖，我們將熱烈支援他們爭取獨立的戰鬥。這一點同樣適用於台灣。」

1938 年 10 月，毛澤東在中共中央政治局擴大會議上提出《抗日民族戰爭與抗日民族統一戰線發展的新階段》的報告，鼓勵「朝鮮、台灣等被壓迫民族」爭取獨立，呼籲「中、日兩大民族的人民大眾及朝鮮、台灣等被壓迫民族…共同努力，建立共同的反侵略統一戰線。」

周恩來

1941 年 6 月，周恩來發表《民族至上與國家至上》一文中也提到「我們同情民族國家的獨立，解放運動，我們不只協助朝鮮與台灣，也同情印度與南亞諸國的民族解放運動。」。

1945 年 4 月，中共召開第七次全國代表大會，簽發賀詞的「國家」包括台灣及菲律賓、越南等國。賀詞中明確提及中共長期支持東方各民族（包括台灣）的獨立運動。**1947 年台灣爆發二二八事件，中共的《解放日報》還在 3 月 8 日發表「支持台灣獨立」的言論。**

然而隨著共產黨革命的勝利，中共領導人開始主張台灣是中國領土的一部份，否認台灣人有獨立自主權，因此改口「解放台灣」，三次發動軍事攻擊。1954 年，北京的《人民日報》社論以「中國人民不解放台灣絕不罷休」為題，首先出現「世界上只有一個中國」、「台灣是中國的一部份」、「中華人民共和國政府是代表中國的唯一合法政府」的「三段論述」，成為北京當局對台政策的基調，一甲子以來始終堅持，毫不妥協。

五、草山會議（1945）

1945 年 8 月 15 日，日本戰敗無條件投降後，在台日軍的主戰派，包括陸軍少校中宮悟郎、陸軍少校牧澤義夫等人在草山擬定《台灣自治草案》，企圖利用當時在台的四十萬日軍，結合台灣地方仕紳，拒絕中國國民黨的接收。

「皇民奉公會實踐部長」辜振甫、日本貴族院議員許丙及板橋林家後人林熊祥等三十多人，同意成立「台灣自治委員會」，由辜振甫擔任總務部長，許丙為顧問，林熊祥為副委員長。但抗日領

過去

袖林獻堂等人鑑於當時聯合國、國民黨及美國對台態度並不明朗，林爲此拜訪台灣總督安藤利吉，安藤告知那只是少數軍人一時的衝動，他已制止，並拜託林獻堂轉告其他人不要輕舉妄動。辜振甫等人見事不可爲後，就取消「台灣自治委員會」，使「台灣獨立計畫」胎死腹中。

1946 年元月 15 日，台灣省行政長官公署公告《漢奸總檢舉規程》，陳儀下令將辜振甫等人逮捕到案，前後囚禁在西門町之東本願寺地下室及警總看守所等處。1947 年 7 月 9 日，「台灣戰犯軍事法庭」宣判，辜振甫被以「意圖共同陰謀竊據國土」罪判處兩年兩個月徒刑，許丙、林熊祥各判處一年十個月，但最終均獲得緩刑。

這個流產的「台灣獨立」事件，是當時的仕紳財閥爲排除中國勢力，而與日本殘餘勢力結合，與後來純由台灣人推動的台獨，性質略有不同。

反抗國民黨的台獨運動

一、1950 年代

1. 台灣共和國（1955）

廖文毅本名廖溫義，1910 年出生於雲林西螺，其父廖琛在 1895 年曾英勇抵抗日軍。廖文毅於 1935 年獲美國俄亥俄州立大學化工博士，隔年攜家前往中國，擔任浙江大學工學院系主任。戰後回台，擔任台灣行政長官公署工礦處簡任技正，兼任台北市政府工務局長。1945 年創立「台灣民族精神振興會」，又組「台灣憲政會」，並創辦《前鋒》雜誌，收載政治、社會、經濟、文化各種評論。

1946 年 8 月參選中華民國「國民參政會」參政員，但遭作票而落選。隨後廖文毅再度出馬參選「制憲國大代表」，又告落選。當時廖文毅提出「聯省自治」主張，實行「省民自決主義」，與中國各省聯合建立一個「聯省自治的共和國」。

1947 年二二八事件爆發，廖文毅開始轉向主張台灣獨立。2 月 26 日，廖文毅與二哥廖文奎等四人離開台灣，前往上海。3 月 4 日，由廖文奎代表的「旅滬台灣同鄉會」與廖文毅代表的「台灣革新協會」等組織，組成「台灣二二八慘案聯合後援會」，發表《告全國同胞書》，呼籲撤辦台灣省行政長官陳儀、派員調查慘案、取銷菸酒專賣等。4 月 18 日行政長官公署發布《二二八事變首謀叛亂犯再條主犯名冊》三十人，廖文奎及廖文毅名列其中。

6 月，廖氏兄弟在上海成立「台灣再解放聯盟」，抨擊陳儀繼任者魏道明政府在台各項施政。10 月，廖文奎與黃紀男等人在上海召開國際記者會，控訴二二八事件，並提出台灣獨立的主張，這是台灣人第一次在海外公開宣揚台灣獨立理念。

1948 年 2 月 28 日，廖文毅、黃紀男、蘇新、蕭來福等人，以上海的「台灣再解放聯盟」爲基礎，在香港組成「台灣再解放聯盟」，爲第一個在海外主張台灣獨立的政治團體，由廖文毅擔任主席，黃紀男任秘書長，成員包括左派共產黨員，因此對於台灣再解放後到底是獨立，還是讓中共解放，形成兩派見解。後來蘇新等左派人士便和廖文毅派決裂。

1948 年 9 月 1 日，「台灣再解放聯盟」向聯合國提出「託管台灣」的呼籲，以期邁向台灣獨立：

1. 台灣應如韓國受同等待遇，給予美援以達成獨立。

2. 聯合國應調查 1945 年後，國民黨在台灣的暴政及凌虐台灣人的

過去

眞相。

3. 台灣人乃一混合民族，與附近國家無政治關係。

4. 經日治五十年後，台灣應在和平會談上有代表權，不應該被當做不動產來處理，毫無顧到台灣人的利益。

　　1950 年 2 月廖文毅東渡日本，1951 年成立「台灣民主獨立黨」（FDIP），並於 1955 年以黨主席身分參加在印尼萬隆召開的「亞非會議」。同年 9 月 1 日組織「台灣共和國臨時國民議會」，隔年 2 月 29 日成立「台灣共和國臨時政府」，由廖文毅出任大統領，是 1950 年代中期到 1960 年代初期最重要的海外台獨運動組織。

　　1962 年台灣民主獨立黨地下組織被國民黨特務破獲，廖文毅的家人朋友多人遭逮捕，1964 年台灣軍法處宣判有關台灣民主獨立黨案，黃紀男及廖史豪被判死刑。爾後，蔣經國多次派人與廖文毅周旋，應允廖文毅若返台，將特赦其家人，歸還其財產並安排相當職位。由於許多廖的親友成員已遭國民黨策反，5 月 14 日廖文毅宣布放棄台灣獨立運動並回台，其餘成員也陸續返台。7 月 2 日蔣介石接見，隨後任命他爲曾文水庫建設委員會副主任委員。餘生倍受監視，並不得出國。

2. 台灣青年社（1959）

　　出身台南富庶家庭的王育德（1924~1985）於二次大戰前赴東京大學留學，其兄王育霖檢察官爲二二八事件受難者。他加入廖文毅所主導的「台灣共和國臨時政府」，但兩人個性及對台獨等議題的看法不同，無法充分合作。

　　1959 年，時任明治大學講師的王育德與張春興等人成立「台

灣社」，開始對留日台灣學生啟蒙，並發行日文雙月刊《台灣青年》對日本人宣傳台灣獨立運動。隔年 2 月 28 日，台灣社改名爲「台灣青年社」，發行《獨立通訊》。1963 年台灣青年社又改名爲「台灣青年會」，積極組織留日台灣學生。1965 年，王育德、黃昭堂、許世楷、周英明、金美齡、廖春榮等人將台灣青年會發展爲「台灣青年獨立聯盟」，在東京都銀座發動示威，要求聯合國支持台灣自決。邱永漢、辜寬敏加入後，擴大組織，而於 1970 年元旦併入「台灣獨立建國聯盟」。

二、1960 年代

1. 關子嶺會議（1960.06.19）

　　十位台大畢業生，包括羅福全、蔡同榮、張燦鍙、侯榮邦、陳榮成等人，於 1960 年 6 月 19 日，在溫泉勝地關子嶺靜樂旅社召開一場兩天一夜的秘密會議，參加者約五、六十餘人，以歡送即將前往美國留學的蔡同榮等人爲名義，會議內容大多與台灣獨立及對抗國民黨有關。會議的主要策劃人後來都成爲海外台獨運動的領導人物，帶動隨後三十幾年蓬勃的海外台獨運動，被國民黨列爲黑名單，數十年無法回台。

　　關子嶺會議結束後，蔡同榮順利出國留學。但原本預計一同搭機赴美留學的劉家順，在會議結束後就被警備總部盯上，護照被警總吊銷並遭約談。劉家順透露情治單位原本並不知情的關子嶺會議內容，遭判有期徒刑十年，其餘參加者均遭約談、騷擾，有些人被判刑，有些人多次約談後出國。

過去

2. 蘇東啟‧廖啟川台獨案（1961）

蘇東啟（1923～1992），雲林人，日治時期赴日留學，後輾轉抵達重慶，欲協助中國抗日。二戰結束後，蘇東啟返台，任職長官公署。二二八事件後辭職返鄉，1950 年以黨外身份首度參選雲林縣議員，未選上。1953 年再度參選，高票當選，並連任四屆，任內為民喉舌、抨擊惡政，贏得「蘇大砲」之稱。

1960 年，《自由中國》雜誌創辦人雷震因與台籍政治人物交好並擬組反對黨被捕，當局以「包庇匪諜」、「煽動叛亂」為由判處雷震十年徒刑。1961 年 9 月 18 日，蘇東啟在雲林縣議會以臨時動議案「敦請總統特赦雷震」，獲全體四十五位議員通過。

當時一位曾參選南投縣長落敗的商人廖啟川，與省議員李萬居的秘書孫秋源等人於 1961 年 7、8 月密會蘇東啟，對武裝起義達成共識，商定由蘇東啟在南部舉事，其他人在各地配合行動。

與此同時，在嘉義民雄經營戲院的張茂鐘、雲林縣民詹益仁、林東鏗等人，計劃奪取虎尾的保警和空軍訓練中心，控制電台，號召台灣獨立。他們先為蘇東啟輔選，連任成功後向蘇提出革命理念，獲蘇認同，在組織擴張期間又與「廖啟川台獨組織」的孫秋源聯繫。

1961 年 9 月 17 日廖啟川與孫秋源遭警備總部逮捕，19 日清晨蘇東啟夫婦也遭逮捕，引出張茂鐘、詹益仁等人的案外案，受牽連者超過三百人。1962 年 5 月，警備總部軍法處以祕密庭判處蘇東啟、張茂鐘、陳庚辛死刑，另四十七人分別判處無期徒刑、十五年及十二年不等的有期徒刑。此案引起外國政府及海內外各界嚴重關切，經聲請覆判，國防部於 7 月撤銷原判決，發回更審。1963 年 9 月，警備總部軍法處改判蘇東啟、張茂鐘、詹益仁、陳庚辛無期徒刑。

蘇東啟共坐牢十五年，1976 年蔣介石去世後，獲減刑出獄，1977 年蘇妻蘇洪月嬌競選省議員當選，之後連任四屆省議員共十七年，陳水扁就任總統時，聘她爲國策顧問。女兒蘇治芬投身黨外運動，後參選公職，歷任民進黨國代、立法委員及雲林縣長。

3. 台灣獨立聯盟事件（1962.06.16）

1950 年代末期，高雄中學學生陳三興結合董自得、郭哲雄等一群同學組成「學進會」，1958 年，學進會更名爲「台灣民主同盟」。同時台中一中也出現「自治互助會」，成員包括吳俊輝、江炳興等人，高雄的中正中學也有「亞細亞同盟」，成員有施明德與蔡財源。

台灣民主同盟與亞細亞同盟的要角彼此是國小與初中同學。1959 年底，陳三興等人在施明德父親開設的高雄明春旅社，與施明德、蔡財源及施明德的兩位哥哥施明正、施明雄聚會，決定各個組織合併成「台灣獨立聯盟」，由施明德與蔡財源領導，隨後施與蔡兩人先後進入陸軍官校就讀。

1961 年施明德官校畢業後被派往金門擔任少尉軍官，此時台中一中「自治互助會」成員也畢業，其中三位從軍。江炳興進入陸軍官校後，與蔡財源同期同班，各自吸收成員，發現彼此意識形態相同，同意與台灣獨立聯盟合併，於是三個組織併成「台灣獨立聯盟」，但成員之一李植南卻向調查局自首成爲線民，讓台獨聯盟曝光，同案三十餘人包括施家三兄弟被逮捕。施明德於 1964 年以首謀叛亂罪遭判處無期徒刑，褫奪公權終身。施明德後經減刑及假釋，出獄後積極參加反對運動，成爲美麗島政團要角，高雄事件策劃人，因此再度入獄。後經減刑及特赦，並當選立法委員。

過去

4. 台灣人民自救宣言（1964.09.20）

彭明敏原是國民黨政府極力栽培的台籍菁英，1954 年獲法國巴黎大學法學博士，回台任教於台大政治系，1961 年任系主任，並於 1963 年當選第一屆十大傑出青年，受邀爲蔣介石主持之「陽明山會談」的學界代表，並擔任聯合國中華民國代表團顧問。

1964 年 9 月 20 日中秋夜，彭明敏與其學生魏廷朝、謝聰敏在旅館被特務逮捕，因爲他們剛印製完成一萬份《台灣人民自救宣言》，準備寄發朝野各界。

《台灣人民自救宣言》的目標包括：

1. 確認「反攻大陸」絕不可能。推翻蔣政權，團結一千兩百萬人的力量，不分省籍，竭誠合作，建設新的國家，成立新的政府。
2. 重新制定憲法，保障基本人權，成立向國會負責且具有效能的政府，實行眞正的民主政治。
3. 以自由世界的一份子，重新加入聯合國與所有愛好和平的國家建立邦交，共同爲世界和平而努力。

彭明敏被警總軍法處以「不法手段圖謀推翻政府」罪名判處八年徒刑，同案的謝聰敏與魏廷朝被分別判處十年及八年。在海外人權團體及美國施壓下，蔣介石下令特赦彭，但仍被特務二十四小時嚴密監控，形同軟禁。然而 1970 年元月 3 日，彭明敏持變造的日本護照離台赴港，再轉飛瑞典首都斯德哥爾摩，順利獲得瑞典政府的政治庇護。

彭明敏於 1970 年轉赴美國，成爲海外台獨領導，奔波全球台僑社團，解嚴後回台。1996 年總統直選，民進黨提名他參選總統，落選後定居台灣。陳水扁執政時，獲聘爲總統府資政。

5. 獨立台灣會（1968）

筆名史明的施朝暉，1918 年出生於台北士林，1937 年赴日本早稻田大學唸政治經濟學部，遍讀社會主義和無政府主義的作品，尤其爲馬克思主義所吸引。

1942 年史明赴中國戰場支援中國共產黨的抗日活動。二戰結束後他對中國社會主義感到失望，萌生台灣獨立的思想。1949 年史明離開中國回到台灣。1952 年史明在台北郊外組織「台灣獨立革命武裝隊」，準備刺殺蔣介石，事跡洩漏，偷渡到日本。

亡命日本後，史明在東京池袋經營「新珍味」小料理店，賣水餃、燒賣、大滷麵等，白天在麵店樓下做生意，晚上在樓頂寫《台灣人四百年史》。1962 年 7 月《台灣人四百年史》日文版在東京出版。1967 年 4 月，創立「台灣獨立連合會」。但因無法獲得「台灣青年獨立聯盟」和「台灣獨立總同盟」的支持而宣告解散。隨後史明又籌組較左傾的「獨立台灣會」，於 1967 年 6 月 30 日正式成立，奉行「主戰場在島內」的原則，積極從事台灣島內的地下工作和群眾運動。

1993 年台灣民主化後，史明返台。1994 年獨立台灣會台北總部成立，隔年台北宣傳車隊成軍，於每個週末下午用打鼓車隊宣揚台灣獨立和台灣民族主義。2019 年 9 月 20 日病逝，享嵩壽 101 歲。

三、1970 年代

1. 台灣獨立建國聯盟（1970.01.01）

1970 年元旦，四個海外獨立運動團體：日本台灣青年獨立聯盟、加拿大台灣人權委員會、美國全美台灣獨立聯盟和歐洲台灣獨立聯

過去

盟與國內台灣自由聯盟，宣布成立「台灣獨立建國聯盟」，由蔡同榮及張燦鍙擔任正副主席。同年 4 月 24 日發生紐約「刺蔣案」，導致內部對走暴力路線或和平路線引起爭執。1973 年 3 月 29 日，聯盟盟員黃昭夫在法國巴士底廣場持刀殺傷國民黨駐法國總書記滕永康，被捕入獄五年。1976 年 10 月，聯盟盟員王幸男以郵包炸傷台灣省主席謝東閔。連續幾起暴力路線失去美國政府及國會議員支持。蔡同榮另行創辦「台灣人公共事務會」，改走向美國國會遊說的溫和路線，對於台美關係的維護貢獻良多，。

隨著台灣內部黨外運動的發展與政治環境的自由化，台獨聯盟的領導人為突破黑名單的限制，發起遷台運動，紛紛偷渡返台，並於 1992 年將總部遷回台灣，聯盟領導人張燦鍙、郭倍宏、李應元等人亦在此一行動中被捕下獄，後來均參選並擔任市長及立委等公職。

2. 泰源事件（1970.02.08）

泰源事件是 1947 年二二八事件後，第一個發動台灣獨立武裝起義的案件。1961~1962 年因蘇東啟案與台灣獨立聯盟案入獄的政治犯鄭金河、陳良、詹天增、鄭正成（以上係蘇東啟案）、謝東榮、江炳興（以上係台灣獨立聯盟案），都被關在台東泰源監獄。他們秘密計畫發動一場監獄武裝革命，1970 年 2 月 8 日，他們聯合駐紮該地執行警衛任務的台籍士官兵五十人，以及當地的原住民知識青年等共一百二十餘人，計劃奪取輕裝師武器，占領廣播電台，奪取台東的軍艦，聯合原住民在山區打游擊，發動全島革命，宣布以「台灣獨立」為目標。

六名起事者趁衛兵換班時行動，將衛兵班長刺殺，衛兵班長大叫「暴動！」「殺人！」，於是事蹟敗露，監獄大門鎖起。鄭金河

等六人攜槍械越獄逃亡。

事件爆發後，警備總部直接接管，派陸軍空降特戰部隊前來控制局面，並動員萬餘當地原住民、警察、海軍陸戰隊兩棲偵蒐大隊（陸戰蛙人部隊）搜山搜海，且將懸賞獎金從五萬提高到二十萬，先後逮捕多人。鄭金河、陳良、詹天增、謝東榮、江炳興等五人旋即判處死刑，於 5 月 30 日槍決；鄭正成判刑十五年六個月。由於鄭金河等五人緊守口風，並未連累其他人。

行刑前，鄭金河對鄭正成說：

「台灣如果沒有獨立，是我們這一代年輕人的恥辱！」

3. 424 刺蔣案（1970.04.24）

1970 年 4 月，行政院副院長蔣經國應美國國務院之邀訪問美國，在洛杉磯和華府時，台獨聯盟先後在機場與白宮前舉行反蔣示威。

4 月 24 日，蔣經國下榻紐約市「廣場飯店」（Plaza Hotel），台獨盟員第四度示威。近中午時蔣經國回飯店參加美東工商協會餐會，他在隨扈與美國警察的護衛下走向飯店旋轉門。就在此時，康乃爾大學博士生黃文雄，從示威隊伍中衝向蔣經國，喊道：「我們是台灣人，在這裡清算我們的血債冤讎！」黃文雄拔槍時，一名美方特勤人員迅速由下往上將黃文雄持槍的右手托高，子彈於蔣經國頭上約二十公分飛過，並沒有打到蔣經國，而是射向飯店旋轉門。黃文雄當場被壓倒在地，大喊：「Let me stand up like a Taiwanese!（讓我像台灣人一樣地站起來！）」見狀上前搶救的鄭自財也被警棍擊倒在地，頭部流血受傷被送到醫院急救。4 月 29 日曼哈頓法院起訴黃文雄、鄭自財兩人，黃文雄被控殺人未遂、攜帶危險武器、妨

過去

157

害公務等，鄭自財被控幫助殺人未遂與妨害公務。

四二四刺蔣案在美國、日本、歐洲、加拿大各地的電台與各大報紙均大幅報導，掀起海外台獨運動的高潮。為了籌措黃文雄和鄭自財的保釋金二十萬美元，海外台灣同鄉設立「台灣人權訴訟基金」，並於 5 月 26 日和 7 月 8 日先後將二人保釋出獄。

1973 年 8 月 8 日，紐約法院以企圖謀殺罪及教唆犯罪，判處鄭自財五年徒刑，他在服刑二十二個月後獲得假釋，先定居瑞典後遷至加拿大， 1991 年回台。黃文雄於 1971 年 11 月潛逃加拿大，流亡二十六年後於 1996 年偷渡回台。

4. 台灣基督長老教會人權宣言（1977.08.16）

1977 年，台灣基督長老教會鑑於美國將與中國建交，台灣面臨生存危急之際，於 8 月 16 日由總會議長趙信恩牧師（出國）、副議長翁修恭牧師（代行）及總幹事高俊明牧師具名代表，發函《人權宣言》給美國總統卡特及全世界教會，希望能保障台灣人民的安全、獨立與自由。同時也促請國民黨政府採取有效措施，讓台灣成為一個「新而獨立」的國家。這是台灣國內首度以團體形式公開發出台灣獨立聲音，在國民黨強大壓力下，以 235 票贊成比 49 票反對通過此文件，引起相當大的震撼，宣言主要內容：

卡特先生就任美國總統以來，一貫採取「人權」為外交原則，實具外交史上劃時代之意義。我們要求卡特總統繼續本著人權道義之精神，在與中共關係正常化時，堅持「保全台灣人民的安全、獨立與自由」。

面臨中共企圖併吞台灣之際，基於我們的信仰及聯合國人權宣言，我們堅決主張：「台灣的將來應由台灣一千七百萬住民決定。」

我們向有關國家，特別向美國國民及政府，並全世界教會緊急呼籲，採取最有效的步驟，支持我們的呼聲。

爲達成台灣人民獨立及自由的願望，我們促請政府於此國際情勢危急之際，面對現實，採取有效措施，使台灣成爲一個新而獨立的國家。

5. 美麗島事件（1979.12.10）

1979 年元月 1 日，美國與在台灣的中華民國斷交，而與在大陸的中華人民共和國建交。由黃信介帶頭的黨外人士共同創辦《美麗島》月刊。7 月 9 日《美麗島》雜誌社成立，由黃信介擔任發行人，許信良爲社長，呂秀蓮、黃天福擔任副社長，張俊宏爲總編輯，施明德爲總經理，而林義雄和姚嘉文則擔任雜誌管理人。雜誌創刊後，每期都熱賣，創刊號發行約十萬冊，第二期約九萬冊，第三期約十一萬冊，第四期約十四萬冊，爲當時單期發行量最多的政論性雜誌，引起黨政與情治單位的緊張。

由於輿情熱切，財源廣進，美麗島人士開始醞釀籌組反對黨。1979 年 11 月《美麗島》雜誌社高雄市服務處申請 12 月 10 日世界人權日集會，但一直未獲批准。在多次嘗試失敗後，黨外人士決定依原定計畫在高雄舉行人權晚會。

12 月 10 日當天中午，檢、警、調單位全面動員，鎮暴部隊佔據高雄市各主要幹道路口進行交通管制，並封鎖晚會的預定地扶輪公園。高雄市政府要求各學校提早放學，各銀行提早結束營業。傍晚時分，美麗島雜誌社各縣市服務處的成員和支持者搭乘遊覽車相繼抵達高雄。當晚活動由正副總指揮施明德和姚嘉文負責規劃，但後來完全失控，因爲國民黨當局早已設計精密陷阱，將反對勢力一

過去

網打盡。

晚會遊行及演講，主要訴求民主與人權，終結黨禁和戒嚴。晚會開始前有一些理小平頭的黑衣人士混入群眾中朝演講者投擲雞蛋進行挑釁，外圍的鎮暴部隊則將群眾包圍，對著群眾施放催淚瓦斯，照射強力探照燈，並逐步縮小包圍圈，終至引爆激烈的警民衝突，成爲二二八事件後台灣規模最大的一場政治衝突事件。

晚會進行中，群眾數度高喊要呂秀蓮講解中美關係，呂秀蓮站上卡車發表約二十分鐘的演講，數萬人聚精會神。一長排的鎮暴車突然駛進會場，引爆衝突。12 月 13 日軍警與情治人員展開全島大逮捕，第一個被捕的就是呂秀蓮。施明德卻逃匿無蹤，被通緝全面追捕，最後在 1980 年元月 9 日落網。隔天警備總部公布「美麗島事件」涉案人數共計一百五十二人，其中爲首的八人交付軍法審判。

1980 年 2 月 20 日，警總軍法處以叛亂罪起訴黃信介、施明德、張俊宏、姚嘉文、林義雄、陳菊、呂秀蓮、林弘宣等八人，其他三十多人則依司法程序偵辦，另有九十一人被釋放。以「暴力叛亂罪」起訴的八位軍法被告由十五人組成的律師團擔任辯護。

軍事法庭自 3 月 18 日起展開九天世紀大審，4 月 18 日軍事法庭宣判施明德無期徒刑，黃信介十四年有期徒刑，其餘六人各十二年有期徒刑，另外幫助施明德逃亡者各判兩年（如張溫鷹）到七年（如高俊明）。八名被控「暴力叛亂」之一的林義雄，在他偵訊期間遭逢寡母與雙胞胎愛女被殘殺的慘劇，震撼國內外。

美麗島事件是台灣社會從威權專制走向民主開放的分水嶺，對台灣社會在政治、文化上都產生劇烈影響。美麗島案的被害人及其家屬與辯護律師後來都成爲民主進步黨的核心領導。美麗島事件

及隨後一連串事件（林宅血案、陳文成案等），使得台灣人民掙脫三十年的白色恐怖，活絡社會生命力，而台灣也逐漸邁向多元化及民主化。

四、1980 年代

1. 台灣人公共事務會（1982）

　　1982 年，蔡同榮、彭明敏、王桂榮、陳唐山等人在美國洛杉磯創立「台灣人公共事務會」（Formosan Association for Public Affairs，FAPA），由蔡同榮擔任首任會長，後來為了方便對美國國會的遊說工作，將總部搬到華府，全美各州均有分會。

　　台灣人公共事務會成立的宗旨為：

1. 爭取國際支持，使台灣成為主權獨立的國家，並進入國際社會。
2. 增進世界各地台灣人的權益。
3. 促進台灣的和平與安全。

　　三十多年來，FAPA 將台灣發生的政治事件透過遊說美國參、眾議員，向國民黨施加壓力，並通過文宣、學術研討等方式，推展台灣主權獨立的理念。曾促使美國參議院外交委員會於 1983 年通過《台灣前途決議案》及美國參、眾兩院於 1985 年通過《台灣民主修正案》，對台灣人權和民主化貢獻極大。

2. 鄭南榕自焚（1989）

　　鄭南榕（1947~1989）主張爭取全面言論自由、支持台灣民主化。1979 年美麗島事件以及林宅血案發生後，鄭南榕以自由作家

過去

身分爲當時的《深耕》、《政治家》等黨外運動雜誌撰稿。

　　1984 年 3 月他計畫自行創辦黨外運動雜誌，以挑戰當時政治禁忌。他收集大學畢業證書，向行政院新聞局登記爲發行人，一共申請十八張雜誌執照，以便當政府下令停刊時，雜誌社仍然能夠繼續發行刊物。3 月 12 日創辦《自由時代週刊》，以「爭取百分之百的自由」爲口號。警方多次依照《台灣省戒嚴期間新聞紙雜誌圖書管制辦法》查禁雜誌，但雜誌社仍能繼續運作長達五年八個月，一直到 1989 年年底停刊爲止，《自由時代周刊》總共出版了 302 期，也創下被查禁和停刊次數最多的記錄。

　　許世楷自台大政治系畢業後獲日本文部省獎學金赴日留學，參加王育德的「台灣青年社」，1970 年擔任在美國紐約成立的「全球台灣獨立聯盟」中央委員。1975 年起草《台灣共和國憲法草案》，1988 年擔任台獨聯盟總本部主席，提出「島內獨立運動公開化、海外返鄉普遍化」。許世楷將《台灣共和國憲法草案》寄交《自由時代》週刊第 254 期發表。台灣高檢署認定鄭南榕與許世楷共謀以非法手段變更憲法，觸犯內亂罪及《懲治叛亂條例》第 2 條實施犯，判處唯一死刑。鄭南榕堅決表明，言論自由是民主政治的基本，刊登該憲法草案是基於一貫追求言論自由的精神，並公開宣示，除了屍體，國民黨政權抓不到活生生的人。鄭南榕將自己封閉於雜誌社，1989 年 4 月 7 日，警方破門而入，準備進行逮捕，鄭南榕在雜誌社內立即引爆瓦斯自焚身亡，壯烈成仁。許世楷長期流亡日本，直到 1992 年黑名單解除後才返台。

表 5-1：戰後台獨運動年表

年份	事件
1945	草山會議
1955	廖文毅／台灣共和國
1960	台灣青年社
1960.06.19	關子嶺會議
1961	蘇東啟‧廖啟川台獨案
1962.06.16	台灣獨立聯盟事件
1964.09.20	台灣人民自救宣言
1968	獨立台灣會
1970.01.01	台灣獨立建國聯盟
1970.02.08	泰源事件
1970.04.24	424 刺蔣案
1977.08.16	台灣基督長老教會人權宣言
1979.12.10	美麗島事件
1982	台灣人公共事務會
1989	鄭南榕自焚

台獨運動，為什麼？

　　回溯台灣獨立運動的歷史，17~18 世紀間「大肚王國」抵抗荷蘭和鄭成功，以及 1895 年台灣仕紳成立「台灣民主國」對抗日本，兩者都是台灣島上住民對外來殖民入侵的抗拒，惜未成功，否則台灣歷史必截然不同。

　　1945 年日本投降後，少數皇民化的台灣仕紳財閥有意使台灣獨立，雖具有阻擋中國政權治台的意圖，但亦涉及日本殖民的殘餘

過去

勢力，因此被譏為「假台獨」。本質上與 1895 年「台灣民主國」擁立清廷巡撫唐景崧為總統，國號「永清」，並未真心認同台灣，因此見大勢不妙，立即捲款潛逃，有異曲同工之「謬」。

國民黨二二八大屠殺之後，激發原本對中國祖國有幻想的廖文毅、廖文奎弟兄的台灣意識，積極奔走美日，爭取聯合國關注，又在日本成立「台灣共和國臨時政府」，開啟台灣獨立建國的先河。但因未能與旅日台僑同心協力，致遭國民黨特務策反，幾致家破人亡，廖被誘騙回台，終生志業功虧一簣。但廖文毅確是台獨先驅，歷史應予誌記。

隨之而起的台獨運動，分別在台灣島內和美日等海外進行，挑戰國民黨政府的戒嚴威權統治，也否定中國統一台灣的合法正當性。從 1960 年代到 80 年代，長達半甲子前仆後繼，終於在 1979 年 12 月 10 日爆發高雄事件。不同於過去台獨運動的零星和晦隱，高雄事件在南台灣第一大都會公然引爆，涉案人數之多，國際壓力之強，逼使蔣經國同意公開軍法大審，終使真相大白，激發台灣意識，展開一波波民主化運動。2000 年政黨和平轉移，由美麗島軍法大審的辯護律師之一陳水扁和被控「暴力叛亂犯」之一的呂秀蓮聯手將專政獨裁五十年的中國國民黨政權和平且合法轉移過來，開啟「政黨輪替，兩性共治」的歷史新頁。

國民黨於二二八事件之後兩年的 1949 年 5 月 19 日開始在台灣實施戒嚴統治，直到 1987 年 7 月 15 日宣告解除戒嚴，前後長達三十八年的漫長歲月中，因批判國民黨，主張台灣獨立，或者主張親共而被捕判刑，甚至槍斃的難計其數，成千上萬的家庭破滅，悽苦度日，幾代英雄豪傑，殞落傷損。

但是，台灣獨立運動卻如薪火相傳，前仆後繼。為什麼？

164

一、台灣人從未主宰自己的命運

台灣固然是移民社會，歷代都有外來移民者來台墾荒定居，但台灣更是異族殖民垂涎的地方。

早在秦始皇時代，台灣就是徐福追求長生不老的「蓬萊仙島」。隨後，三國孫權、隋煬帝與元成祖都曾動過遠征台灣的念頭。明末倭寇為患，日本豐城秀吉和德川家康也曾試圖染指台灣，但均未果。

西洋方面，17世紀中葉荷蘭和西班牙各據南北台灣，甚至波蘭貴族登陸台東開墾，還想遊說歐洲各國斥資購買台灣。此外，英國於1841年首度侵犯台灣，而美國海軍提督也於1854年建議美國政府佔領台灣。

鄭成功於1661年攻取台灣，以之為「反清復明」的基地，次年，鄭經建立東寧王國。1683年清康熙皇帝派施琅攻取台灣，設福建省台灣廈門道，雍正時改為福建省台灣道，直到1885年光緒帝才將台灣自福建省獨立出來設置「台灣省」。但十年之後，台灣就因甲午戰敗而被清廷「永久割讓」給日本。若非日本在二次世界大戰戰敗投降，台灣根本就與中國「一刀兩斷」，而無統獨之爭。

台灣陷入與中國的統獨之爭，完全因為中國國民黨軍隊奉太平洋盟軍統帥之命接收台灣卻不撤軍，並且在1949年10月1日失去中國政權後撤退來台，蔣介石又「復行視事」，從此陷入中國的國共兩黨鬥爭中。台灣人民因此形成與中國「合」的「統」，或與中國「分」的「獨」兩種主張。

無論1895年馬關條約割台或1945年指派接收台灣，前後五十年間住在台灣的人完全沒有表達意見的機會，甲午戰爭與二次大戰

165

根本與台灣無關，台灣人卻無端被迫承受日本及中國的異國統治。

台灣人要「當家作主」的心願無疑是台獨運動的根本原因。

二、反抗「中國國民黨統治」

國民黨於 1945 年從日本手中接收台灣，由於前來接收者多屬敗兵殘將，原本心向「祖國」的台灣同胞，卻遭受到一連串的燒殺淫虐與政經剝削，乃於 1947 年的 2 月 28 日爆發一場流血大衝突，隨後國民黨採取大屠殺與大逮捕的高壓手段，台灣人的一代菁英悉遭殲滅。

二二八事變之後兩年，國民黨為中國共產黨擊潰，蔣介石帶著兩百萬人由中國倉促撤退到台灣。為防止中共匪諜在台從事顛覆活動，並且嚇阻台灣人的反抗，蔣介石甫抵台灣，就迫不及待宣布戒嚴令。從 1949 年 5 月 19 日凌晨開始，直至 1987 年 7 月 15 日為止，前後長達三十八年，創下現代史上最長的戒嚴統治紀錄。

為貫徹戒嚴統治，國民黨設置了天羅地網般的特務系統，包括國家安全局、國防情報局、司法行政部（今稱法務部）調查局與台灣警備總司令部等數大系統。而由特務、憲警與秘密線民負責監視、竊聽、跟蹤和拆閱郵電，並伺機騷擾、恐嚇，甚至羅織入獄。

大體而言，在 1979 年年美麗島政團展開一連串公開的黨外活動以前，台灣社會始終維持安靜與安定的表象。之所以稱「表象」，因為真相並非這樣，反國民黨意識暗中流行，只因特務統治的嚴密和高度效率，國內的反對勢力始終難成氣候，因為從事運動的人，大多「壯志未酬身先囚」。到底戒嚴統治三十八年中，國民黨先後槍斃、囚禁過多少政治犯？民間的各種傳說不一，官方向來對「政

治犯」的存在極力否認。

語云「哪裡有壓迫，那裡就有反抗」，國民黨初抵台灣的 1950 年代，尤其前期，由於局勢動盪不安，全島處於大鎮壓與大反抗狀態。此一時期政治案件的頻率之高，涉案人數之多與刑罰之嚴苛，著實令人觸目驚心，其中三分之一的涉案者且遭槍決斃命，可謂腥風血雨之至。1960 年代以後，死刑漸由無期徒刑所取代，除嚴重涉及匪諜案件者外，以 1970 年的泰源監獄暴動被判死刑者五人為最重大。九年以後，吳泰安以匪諜罪被判死刑，他是解嚴以前因政治原因而被槍決的最後一人。

台獨運動的直接原因，就是受到國民黨戒嚴統治的威嚇和迫害而引起對「外省人」的憎恨，亦即國民黨的戒嚴統治是台灣人反中反統的直接原因。

三、台灣不屬於「中華人民共和國」

「中華人民共和國」於 1949 年 10 月 1 日推翻「中華民國」，在此之前，蔣介石已於 1949 年元月 2 日被迫下野，由副總統李宗仁繼任總統，蔣介石於 1950 年 3 月 1 日在草山自行「復行視事」並無憲法依據。他在 1950 年 3 月 13 日總理紀念週講話時宣稱：

「我自去年一月下野以後，到年底止，為時不滿一年，大陸各省已經全部淪陷，今天我們實已到了亡國的境地了！

我們的中華民國到去年年終，就隨大陸淪陷，而幾乎已等於滅亡了。我們今天都已成了亡國之民。」

中華民國既已「滅亡」，中華人民共和國所能繼承的也只是在此之前中華民國在大陸所有的「遺產」。但當時台灣「依法」仍屬

過去

於日本，日本直到 1951 年簽訂、1952 年 4 月 28 日生效的舊金山和約才正式放棄台灣和澎湖。中華人民共和國建政迄今，未曾在台灣行使一分一秒的主權。甚至中華民國是否擁有台灣主權，法理上亦有爭議。國民大會或立法院也從未有過任何將「台灣」列入中華民國領土的決議，依據《中華民國憲法》第 4 條的規定，台灣並非「中華民國」的國土。**但由於中華民國「到台灣」，經由歷次憲政改造與住民融合，於 1996 年總統直選而邁入中華民國「是台灣」的新世代，基於「事實主權」的原理而形成了「中華民國台灣」。但此一經過台灣化的「中華民國」並非 1912 年在中國南京成立的「中華民國」。**

**　北京當局主張擁有台灣主權的理由，很難成立：**

1. 台灣是中國神聖固有領土？違背歷史事實，尤其 1895 年清日《馬關條約》已將台澎「永久割讓」給日本。

2. 《馬關條約》屬不平等條約，已於 1942 年廢除。但條約廢除的效力不溯及既往，台灣被割讓給日本殖民的殘酷事實無從因「廢止」的宣布而回復。

3. 中國以聯合國 《2758 號決議文》欺騙全世界「台灣是中國的一部份！」，但《2758 號決議文》只確認「中華人民共和國」是中國唯一合法代表，而排除「蔣介石集團」在聯合國的席位，決議文通篇未提「中華民國」或「台灣」。

4. 世界各國並非全部認同「中國對台主權」的主張，許多國家用「尊重」或「諒解」等外交辭彙回應，並未附和。即使承認，在國際公法上也無任何意義，因為那些國家既對台灣無主權，又何能決定台灣的主權歸屬？

5. 美國雖於 1979 年元旦與中華民國斷交而與中華人民共和國建交，

但他們用 recognize 與 acknowledge 區隔完全不同的命題：

(1.) 美國 recognizes 承認中華人民共和國是中國唯一合法政權，但

(2.) 美國 acknowledges 認識到，中華人民共和國主張台灣是中國的領土，卻未同意。

換句話說，美國主張「一個中國政策」：

1. 承認世界上只有一個中國，中華人民共和國是唯一合法代表，意即不承認「中華民國」。

2. 不接受也不拒絕台灣是中國的一部份，對台灣的地位沒有立場。

四、中國欺負台灣

由於中國主張中華人民共和國是中國的唯一合法代表，而台灣是中國領土的一部份，一方面消滅「中華民國」，另方面認定台灣是中國的領土，不是一個國家。在國際政治現實中，台灣不只進不了聯合國，也無法參加具主權性質的國際組織和會議，更瀕臨零邦交的危機。尤其中國在國際上欺侮台灣及台灣人，無所不用其極，事例多到不勝枚舉，目的就是要「消滅」台灣。最近幾年發生的重要事件簡述如下：

1. 2003 年 SARS 疫情蔓延，中國掩蓋疫情，阻撓 WHO 提供台灣相關資訊及救援，更公開斥罵台灣：「誰理你們！」冷血無情至極。

2. 口蹄疫及非洲豬瘟，造成台灣重大損失，中國阻撓台灣參加「世界動物衛生組織」（OIE）會議及救援。

3. 九二一大地震，中國拒絕俄國軍機飛越領空來台救援，也阻撓各國對台賑災捐款，最後在國際壓力下，捐出三千萬人民幣，對比

汶川大地震，台灣共捐十二點一億人民幣，誰是大國？

4. 「國際刑警組織」（INTERPOL）和「國際民航組織」（ICAO），對台灣的治安、國安與飛安均甚重要，中國強力阻撓，不准台灣參與，也讓台灣無法分享應有的相關資訊。

5. 全面打壓台灣，不許全球各航空公司或知名企業出現任何與台灣有關之訊息。知名人士如對台灣示好必受懲罰。

6. 2017 年 6 月起，奈及利亞、巴林、厄瓜多、杜拜、約旦五個辦事處因遭中國打壓，陸續被迫改名，全數更名為「台北」。

7. 中國阻撓台灣參與各種國際社會，涵蓋面從政經領域，擴展至一般文化或體育範疇。

8. 2020 年武漢新型冠狀病毒爆發，因 WHO 公告台灣為中國一省，所以義大利、越南和菲律賓將台灣與中港澳同列禁止入境及飛航的對象。

9. 2016 年蔡英文上台後，中國封鎖台灣國際空間如下表：

表 5-2：中國打壓台灣外交

作法	事例
策動我邦交國斷交	●2016 聖多美普林西比。 ●2017 巴拿馬。 ●2018 多明尼加、布吉納法索、薩爾瓦多。 ●2019 索羅門群島、吉里巴斯。
施壓我代表處更名	●2017 奈及利亞。 ●2018 約旦。
阻台參與國際組織	●2016 出席世衛大會卻收到一中邀請函。 ●2017 ～ 2019 均無法參加世衛大會。
阻民間或NGO 參與	●2017 婦女團體出席聯合國活動持護照遭拒。 ●2018 台灣作家入圍布克國際獎，國籍改中國。
施壓企業矮化台灣	●2018 美國萬豪集團被要求將台灣去國家化。 ●2018 中國施壓美國航空公司禁將台灣列國家。

國際公法與台灣獨立

台灣獨立的合法正當性

　　台灣應該或不應該獨立？台灣能夠獨立嗎？台灣獨立與中國如何維持關係？第一道題是國際公法的法理問題，第二及第三道題屬於政治實力與政治智慧的運用問題。

　　早在二次世界大戰還在進行時，美國總統羅斯福與英國首相邱吉爾這兩位國際巨頭就在《大西洋憲章》確立「民族自決」的原則：「尊重各民族自由決定其賴以生存之政府之形式。」

　　隨後俄國領導史達林與羅、邱共同簽署《雅爾達協議》，確立「從敵國分離之領土，由聯合國託管」的原則，後來成爲《聯合國憲章》第 77 條：「從敵國分離的領土應由聯合國託管。」而「託管的目的在使⋯ 增進其趨向自治或獨立之逐漸發展。」（《憲章》第 76 條）

　　《聯合國憲章》第 76 條：

　　按據本憲章第一條所載聯合國之宗旨，託管制度之基本目的應爲：

1. 促進國際和平及安全。

2. 增進託管領土居民之政治、經濟、社會、及教育之進展；並以適合各領土及其人民之特殊情形及關係人民自由表示之願望爲原則，且按照各託管協定之條款，增進其趨向自治或獨立之逐漸發展。

3. 不分種族、性別、語言、或宗教，提倡全體人類之人權及基本自由之尊重，並激發世界人民互相維繫之意識。

過去

4. 於社會、經濟、及商業事件上，保證聯合國全體會員國及其國民
   之平等待遇，及各該國民於司法裁判上之平等待遇，但以不妨礙
   上述目的之達成，且不違背第八十條之規定爲限。

《聯合國憲章》第 77 條：

一、託管制度適用於依託管協定所置於該制度下之下列各種類之領
    土：

   (子現在委任統治下之領土。

   (丑因第二次世界大戰結果或將自敵國割離之領土。

   (寅負管理責任之國家自願置於該制度下之領土。

二、關於上列種類中之何種領土將置於託管制度之下，及其條件，
    爲此後協定所當規定之事項。

**根據上述國際公約及《聯合國憲章》之規定，台灣應自 1952
年 4 月 8 日《舊金山和約約》生效後，經過聯合國託管及台灣人民
公投決定台灣的前途，成爲正式的國家。然而一切都因先有《開羅
宣言》，後有國民黨政府將台灣的暫時性「代理佔領」強行轉變成
永續性的戒嚴統治，才會讓中華人民共和國跨海主張：台灣是中國
的一省。**

1949 年國共政權更迭時，聯合國有五十九個會員國，到目前
已增加到一百九十三國，新增的一百多個國家是經由聯合國託管
/ 住民自決而獨立建國的，如太平洋島國帛琉、諾魯和馬紹爾、索
羅門等國均是，另外也有脫離殖民母國獨立建國的，如利比亞於
1951 年直接獨立，索馬利亞由義大利託管，十年後獨立。琉球原
本屬於美國託管，1972 年美國將琉球連同釣魚台群島的治理權移
交給日本，日本政府成立沖繩縣。

現在

第六章

美國主宰台灣命運

島嶼國家的歷史宿命

　　台灣，一如其他島嶼國家的歷史宿命，族群命運全憑外人主宰，所謂「人為刀俎，我為魚肉」的無奈與悲哀。歷史指出，除了17世紀略具雛形的大肚王國外，無論荷蘭、西班牙、鄭成功、康熙皇帝，以及後來的日本及中國國民黨政府，全部都是境外人士佔據並治理台灣。

　　從本書前面各章節的敘述，可見台灣與澎湖的命運取決於台澎主權的歸屬，最關鍵歷史點是1894年清日甲午戰爭，戰後台灣被清廷作為敗降的祭品，將台灣及澎湖「永久割讓」給日本，從此台灣與中國一刀兩斷。

　　第二個關鍵點是1945年二次大戰日本戰敗投降，1951年《舊金山和約》日本「無條件放棄」台灣和澎湖主權，而於1952年《台北和約》議定台澎交接後的處置事宜。

　　第三個關鍵點是1971年聯合國由中華人民共和國取代中華民

國,以中華民國為名的台灣從此在國際上逐漸陷入孤弱無緣的困境。

第四個關鍵點是 1979 年美國與中華人民共和國建交的公報,美國不再承認「中華民國」,而主張「台灣問題應由台灣海峽兩邊的中國人和平解決。」並因北京「一個中國」原則的堅持,更使台灣走投無路,形同國際孤兒。

表 6-1:台澎主權變更的關鍵國際文件

《馬關條約》	1895	大清將台灣「永久割讓」給日本。
	1941.12.09	中華民國片面廢除《馬關條約》,不能改變既成歷史。
《開羅宣言》	1943.11.27	盟軍為結束戰爭的意向表達,但《開羅宣言》非國際條約。
《一般命令第一號》	1945.09.02	受降代表僅有「暫時代理權」,無「永久治理權」。
《舊金山和平條約》	1952.04.28	國際條約,國共兩政權均被拒絕參加。
《台北條約》	1952.08.05	日本另外與中華民國簽訂和平條約。
《美國與中華民國共同防禦條約》	1955.03.05	美國與中華民國間共同負有防禦義務。
《聯合國 2758 號決議》	1971.10.25	中華民國退出聯合國。
《美國與中華人民共和國建交公報》	1979.01.03	美國承認中華人民共和國為中國唯一合法代表,台灣問題應由台灣海峽兩邊的中國人和平解決。

現在

美台關係回顧

美台戰略專家張旭成教授，將二戰之後的美台關係分成四個時期：

1. **美國棄台論（1949~1950）**：杜魯門總統宣布放棄國民黨政權及台灣，但韓戰使台灣成為美國反抗中蘇集團的盟友。

2. **美防衛台灣，但不支持蔣政權反攻大陸**：韓戰停戰後，中國侵佔外島，美台簽共同防衛協定。

3. **尼克森－季辛吉聯中制蘇，放棄台灣**：1971 年聯大《2758 號決議》排除國民黨政權，1979 年美中建交，與台灣斷交，美國國會通過《台灣關係法》。

4. **川普對台、中政策的轉向（2017）**：重新定位「美－中」、「美－台」關係，重視台灣的戰略價值，將台灣納入印太安全夥伴。

一、第二次世界大戰期間（1941~1945）

1. X 島計畫

美國於珍珠港事變後宣布參戰，被日本殖民統治的台灣與美國屬於「敵對」關係，美國海軍司令尼米茲上將建議美國轟炸台灣，當時以「X島計畫」為名擬定攻台計畫：「登陸台灣，建立空軍基地，以便轟炸日本，支援中國，切斷日本與南洋日軍間的補給線。」為執行 X 島計畫，哥倫比亞大學特設「台灣研究中心」，積極研究台灣人文社會。該計畫預估美軍將 傷亡十二萬人，而台灣將有一百萬人的傷亡，才能使居住台灣的日軍全軍覆沒。後因陸軍司令麥克阿瑟向羅斯福總統提議美軍應先轟炸呂宋島才能解放一千七百名美

國俘虜，以利羅斯福總統競選連任，才使台灣在二次大戰「倖免於難」。

2.《開羅宣言》（1943）

　　因爲日本偷襲珍珠港，迫使原本宣布中立的美國參戰後，爲了打敗日本，美國拉攏中國領導人蔣介石。1943 年開羅會議中，蔣介石要求日本投降後將台澎交還「中華民國」，羅斯福同意，但英國首相邱吉爾不同意。因此《開羅宣言》始終沒有三位元首的簽名，不屬於正式協議，也未當場對外發表，只在事後以「新聞公報」方式分別處理，不具國際法效力。當時也無人預料，「中華民國」會在六年之後被「中華人民共和國」推翻。但卻因有《開羅宣言》在先，蔣介石才會在奉派暫時代理接收台灣時，宣布收回台灣主權，實際行使統治權，不久更從大陸撤退來台，在台實施三十八年戒嚴統治。期間爆發二二八事件大屠殺，隨後蔣氏父子實施白色恐怖，美國常充耳不聞。事實上，美國主導的《舊金山和約》及韓戰爆發後的杜魯門聲明，都已推翻《開羅宣言》對台澎的立場。

二、韓戰與《舊金山和約》（1950~1952）

　　1950 年元月 5 日，杜魯門宣布：「美國不打算使用武裝部隊干涉台灣的現狀，美國政府不希望捲入中國的國內紛爭。」因而誘使北韓領導人金日成發兵南侵，並勸說毛澤東擱置原訂跨海攻台計畫，「抗美援朝」。韓戰爆發第三天，杜魯門宣布「台灣法律地位未定」，等於否定《開羅宣言》，一方面下令第七艦隊阻止毛澤東對台灣的任何攻擊，另方面也阻止蔣介石對大陸的一切作戰行動。

177

杜魯門的「台灣海峽中立」政策造成國共對峙，也確保台灣不受中國共產黨武力侵犯，後有 1954 年簽訂的《中美共同防禦條約》，美利堅合眾國與中華民國的邦交維持到 1978 年底。

值得注意的是，韓戰爆發後，美國曾向聯合國提出《台灣問題案》（*Formosa Question*），經聯大決議交由第一委員會於 1951 年 2 月討論。當時國務卿艾奇遜要求聯合國討論《台灣問題案》，特別表明：

1. 在此特別大會上，美國政府將提案要求聯合國在台灣舉行自由與秘密的公投，讓台灣人決定是否回歸中國，或是馬上獨立，還是在聯合國託管下稍後獨立。

2. 觀察到中國政府在台灣的不當治理後，美國認為中國政府在與日本達成和平協議時，已喪失對台灣的主權，而台灣人民有權透過不記名秘密投票，自由表達決定未來命運。

3. 美國政府對台灣並無任何規劃，也不尋求在島內設置軍事基地或任何特權。

非常遺憾的是，美國當時提出「台灣問題」，是要聯合國出面舉行公民投票，讓台灣人民自行決定台灣的前途。可惜韓戰如火如荼進行，委員會裁決《台灣問題案》延後再議。這麼重要的議案因此不了了之，使台灣人民失去公投自決的機會。

三、聯合國代表權（1971）

中華民國原是第一個在《聯合國憲章》簽署的創始會員國，但隨著中華人民共和國的國際地位逐年提升，每年聯合國大會都要上

演「中國代表權」爭奪戰，由美蘇兩大陣營對陣。1961 年美國提議「中國代表權問題」爲重要議題案，需要三分之二會員多數表決，增加中國入會的困難。

另方面，美國眼見大勢不妙，勸說蔣介石讓出安理會席次，而讓中華人民共和國入會，形成「雙重會籍」或「兩個中國」，但蔣介石堅持不肯讓出安理會，最終於 1971 年 10 月 25 日被聯合國大會通過《2758 號決議》，粗暴排除聯合國會籍及安理會。

四、美台斷交，美中建交（1979 年元月 1 日）

1979 年元月 1 日，美國與中華人民共和國宣布建交，而與中華民國斷交。這是台灣命運的另一次歷史轉捩點，表示承認中華民國的世界第一大國已轉向承認北京政府，台灣的國際地位瞬間一落千丈。

美中建交因國務卿季辛吉的穿梭拉攏，以反共著稱的尼克森於 1972 年 2 月 21~28 日訪問中國，並發表《上海公報》拉開序幕，卻直到 1978 年 12 月 16 日才由卡特總統與鄧小平同步宣布於 1979 年元月一日正式建交。《上海公報》中涉及台灣的部份，採中美「各自表述」，美方立場如下：

「美國認識到，在台灣海峽兩邊的所有中國人都認爲中國只有一個，台灣是中國的一部份。美國政府對此一立場不提出異議。它重申它對由中國人自己和平解決台灣問題的關心。」

七年之後，美中正式簽署《建交公報》，重申《上海公報》的旨意，有關台灣問題美國的立場是：

「美利堅合眾國承認中華人民共和國政府是中國的唯一合法政

府。在此範圍內，美國人民將同台灣人民保持文化、商務和其他非官方關係。」

「美利堅合眾國政府『認知』中國的立場，即只有一個中國，台灣是中國的一部份。」

注意上下兩段，美國分別用 recognize（承認）及 acknowledge（認知）加以區別，「承認」有同意之意，但「認知」只表示知道，但不表示同意或不同意。然而中文版本中國卻一律用「承認」一詞，強要美國接受中國的意圖，就像「九二共識，一個中國」的內涵，國共兩黨「各自表述」，操作文字魔術，混淆視聽。

美中建交－美台斷交的重大外交決策過程，卡特總統未與國會諮商，宣布之後引起國會議員強烈不滿。多位對台灣極為友善的參眾兩院議員在資深的眾議院亞太小組召集人沃爾夫（Lester Wolff）主導下，於 1979 年 3 月 28~29 日先後在眾議院及參議院通過《台灣關係法》，卡特總統也於 4 月 10 日簽署，成為美台非官方關係的基石。

五、《台灣關係法》

《台灣關係法》表明「西太平洋地區的和平及安定符合美國的政治、安全及經濟利益，而且是國際關切的事務。」其中第二條 B 項明訂與台灣斷交之後，美國人民與台灣人民仍應維持的非官方關係：

B（3）：表明美國決定和「中華人民共和國」建立外交關係之舉，是基於台灣的前途將以和平方式決定這一期望；

B（4）：任何企圖以非和平方式來決定台灣的前途之舉 —— 包括使用經濟抵制及禁運手段在內，將被視為對西太平洋地區和平及安定的威脅，而為美國所嚴重關切；

B（5）：提供防禦性武器給台灣人民；

B（6）：維持美國的能力，以抵抗任何訴諸武力、或使用其他方式
　　　高壓手段，而危及台灣人民安全及社會經濟制度的行動。

六、雷根《八一七公報》與六項保證

此外，1982 年雷根總統在北京強大壓力之下，於 8 月 17 日發表《八一七公報》，其中第六項有關美國對台政策的宣布：

「美國政府聲明，它向台灣出售的武器，在性能和數量上將不會超過美中建交後近幾年供應的水準，它準備逐漸減少它對台灣的武器出售，並經過一段時間導致最後的解決。」

不過，雷根總統在公報發表前，先經過 AIT 向蔣經國用口頭作出六項保證，內容包括：

1. 美國不會設下結束對台軍售的日期、

2. 不會更動《台灣關係法》的條款、

3. 不會在做出對台軍售的決定之前與中國大陸協商、

4. 不會做台灣與中國大陸的調解人、

5. 不會改變對台灣主權的立場，也就是這個問題必須由中國人自己和平解決，美國不會壓迫台灣和中國大陸談判、

6. 美國也不會正式承認中國人對台灣的主權。

值得注意的是，雷根發表《八一七公報》之後，隨即口述一份備忘錄，由國務卿舒茲和國防部長溫伯格共同副署，再鎖進國安會保險櫃。其內容已解密如下：

「美國減少對台軍售的意願，絕對是以中國繼續承諾和平解決

181

台灣與中華人民共和國之間的歧見爲條件。此外，提供台灣軍售的質量必須完全以中華人民共和國的威脅爲條件，這一點至關重要。就質與量而言，台灣的防衛能力一定要保持在中華人民共和國能力的相互關係上。」

可見從《上海公報》到《建交公報》，甚至《八一七公報》對台軍售的限縮政策，美國的基本前提都是「和平」。「和平解決台灣問題」是美中建交的前提，任何非和平的企圖均爲美國所嚴重關切，爲此美國有義務提供防禦性武器，以強化台灣自身的安全。解密的雷根口述備忘錄更證實「和平解決台灣問題」才是美國的核心堅持。

美國對台政策的基本立場

一、「一個中國」政策

綜觀 1945 到 1979 年這三十四年間，美國對台灣命運扮演著主宰的角色：

1. 戰後派蔣介石代理接收台灣，後來卻支持他以台灣爲反共基地實施戒嚴統治。

2. 多次錯失機會，使台灣失去依據《聯合國憲章》行使住民自決的權利，可見美國對台灣未盡心力。

3. 美國以「海峽兩岸的中國人和平解決台灣問題」爲前提，與中華人民共和民國正式建交。

美中建交／美台斷交之後，美國的「一中政策」基本立場如下：

1. 美國承認中華人民共和國是中國的唯一合法代表。
2. 美國不同意中華人民共和國對台灣有主權，但知道中國有此主張。
3. 美國認識到，台灣海峽兩邊的中國人都認為只有一個中國，台灣是中國的一部份。美國對這個立場不提出異議。
4. 美國堅持台灣問題應由中國人自己和平解決。
5. 美國不會長期對台出售武器，但前提是中國繼續承諾和平解決雙方歧見。至於提供台灣軍售的質與量必須維護台灣能夠對抗中國的防衛能力之上。

　　必須嚴肅檢討的是上述第 3、4 及第 5 點。第 3 及 4 點所稱「美國認知到，台灣海峽兩邊的中國人都認為只有一個中國，台灣是中國的一部份」，以及「美國堅持台灣問題應由中國人自己和平解決」，那是 1970 年代，國民黨一黨專政，跟中共同樣主張「一個中國，台灣是中國的領土」，美國對台灣的認識。但是五十年來，台灣的民主化促成中華民國的台灣化，歷次選舉和民調指出，在台灣承認自己是台灣人的越來越多。也不同意台灣是中國領土的主張。美國自應修正他們對現代台灣的新認知。

二、《聯大 2758 號決議》再定義

　　聯合國大會於 1979 年通過《消除對婦女一切形式歧視公約》（*Convention on the Elimination of All Forms of Discrimination against Women*，簡稱 CEDAW），公約第 25 條明白規定：「本公約開放給所有國家簽署。」即使非聯合國會員，也有權簽署 CEDAW，台灣當然也可以。
　　CEDAW 是聯合國五大人權公約之一，也是婦女人權的重要法

典，它鼓勵締約國採取具體措施，保障婦女在政治、經濟、家庭及個人自主等領域的人權。到 2007 年底，全世界共有一百八十五個國家簽署、批准，並加入此一公約。

CEDAW 經行政院函送立法院審議，於 2007 年 1 月 15 日三讀通過，並由陳水扁總統批准，完成國內法制化程序。我方委託友邦諾魯駐聯合國代表 Marlene Moses 將 CEDAW 加入書送交聯合國存放，遭潘基文拒絕。外交部駐紐約代表處乃擴大邀請多國友邦聯名致函秘書長及聯大主席，並要求以聯大正式文件印發我加入書，形同「存放」（deposit）。

3 月 28 日，潘基文以聯合國秘書長名義援引《聯大第 2758 號決議》，退回我方存放的要求：

「聯合國秘書處引用 1971 年 10 月 25 日聯合國大會第 2758 號決議文，承認（recognize）中華人民共和國為唯一在聯合國代表中國之合法代表。依據該決議內容，聯合國視台灣為中華人民共和國之一部份，因此秘書長無法以 CEDAW 公約存放者（depositary）的身分受理任何宣稱代表中華民國（TAIWAN）簽署之加入書並將之送交秘書處存放。」

上述聯合國秘書長潘基文的信函，經本人發現後，立即向陳水扁總統反映，陳總統囑咐我全權處理。我透過駐美代表處積極促請美國出面協助。

7 月 3 日，我率團前往中南美洲訪問，過境舊金山，美國在台協會理事主席薄瑞光（Raymond F. Burghardt）前往接機。在旅館晤談時，我提起 CEDAW 事件，美國有何處理，盼能在我隔天上午離境前獲悉。

第二天早上，薄瑞光向我轉達國務院擬定九點立場，經由美駐

聯合國代表波頓（John Bolton）向聯合國主動積極交涉中，美國也會拜託日本及英、法、加、德、澳等大國，聯手向潘基文施壓。

不久，加拿大公開聲明：

1. 對於潘基文聲稱台灣是中國不可分割之一部份，加國不表贊成（not convinced）。

2. 加國對中國企圖在聯合國中重新界定台灣問題之舉完全不支持（Canada is not in favor at all）。

另外，日本駐聯合國代表團亦向聯合國及美國和歐盟正式表達日本立場：「聯大第 2758 號決議僅解決中華人民共和國在聯合國之代表權問題，並未提及台灣係中華人民共和國不可分割之一部份。」

在美國強力介入下，聯合國終於讓步。8 月 15 日，潘基文向美國承認聯合國秘書處不當詮釋 2758 號決議，「保證聯合國爾後不再犯同樣錯誤。」

由於本人鍥而不捨，加上我駐美代表處的努力，有效爭取到美國的積極協助，差點被潘基文「沒收」的台灣主權，終於「失而復得」。

美方的九點立場，事後刊載在華府「傳統基金會」（The Heritage Foundation）會刊的「背景說明」（Backgrounder），中文內容如下：

1. 美國重申其基於美中三公報及台灣關係法之「一個中國」政策，美方對台灣地位問題不採取立場，「不接受亦不拒絕」有關台灣係中國一部份之主張。

2. 美國長期以來皆呼籲台灣地位應以台海兩岸人民均滿意之方式和平解決，除此之外，美方不對台灣（地位）作政治界定。

3. 美國注意到中華人民共和國要求聯合國秘書處及會員國接受其擁

185

有台灣主權之主張。在稱呼台灣時，應使用認可中國對台灣擁有主權之稱謂。

4. 美國關切近來若干聯合國相關組織主張依聯合國先例，台灣應被視爲中華人民共和國之一部份並以符合此等地位之名稱指稱台灣。

5. 美國知悉聯合國曾發布文件主張「台灣係中華人民共和國不可分割之一部份」。惟「並非包括美國在內之聯合國會員國普遍接受之主張。」

6. 美國注意到聯合國大會第 2758 號決議，事實上並未確立台灣係中華人民共和國之一省。該決議僅承認中華人民共和國之政府爲代表中國之唯一合法政府，並驅逐蔣介石之代表在聯合國及所有相關組織占據之席次。2758 號決議並未提及中國主張對台灣擁有主權。

7. 美國確然支持台灣之專家於合宜之情況下有意義參與此等組織。美國支持台灣於合宜之情況下加入不要求國家資格之組織。

8. 美國敦促聯合國秘書處檢討其對台灣地位之政策，並避免就聯合國會員過去 35 年來同意各持異議之敏感議題選擇立場。

9. 倘聯合國秘書處堅持視台灣爲中華人民共和國之一部份，或以暗指台灣屬此地位之用詞涉及台灣，「美國將被迫以國家立場與此一立場劃清界線。」

上引美國國務院的九點立場，文字略嫌蕪雜，論述不夠明確，若干說詞令人不安，譬如：

1. 第1點美國有關台灣是中國一部份的主張「不接受，亦不拒絕」，但第5點卻又明白表示美國「不接受」，那又何必表示「不拒絕」呢？徒留語病。

2. 第2點「美國長期以來皆呼籲台灣地位應以台海兩岸人民均滿意之方式和平解決」，極度危險，蓋因台灣前途要讓中國十四億人決定，有違住民自決原理。

3. 第7點明示「不支持」台灣加入「以國家資格為條件之國際組織」，違反《台灣關係法》第4條之規定。

川普拱台抗中

一、美台關係升溫

中國崛起迫使美國反省亞洲政策，歐巴馬總統執政末期提出「重返亞洲」及「亞洲再平衡」政策，但若非「唯美第一、唯利是圖」的川普擔任美國第四十五任總統，美中的對立大概不會升得那麼快、那麼高，而台灣與美國的關係也因此水漲船高，卻也出現高度風險。

首先，2016年11月川普當選總統後，蔡英文打電話跟川普道賀，轟動國際。2019年6月，台灣專責處理台美事務的政府機構「北美事務協調委員會」更名為「台灣美國事務委員會」，首次將台灣與美國並列。

川普政府對華政策大轉彎，表現得最淋漓盡致的是副總統彭斯（Mike Pence）。他2018年在華府「哈德遜研究所」及2019年在「威爾遜中心」發表演說，痛批中共諸多惡行，細數美國如何善待中國，中國卻恩將仇報，不只挑釁美國，而且威逼利誘世界各國。相對地，彭斯刻意讚美台灣，是「世界主要貿易經濟體，更是中華文化和民主的燈塔」、「台灣擁抱民主，為全體華人展現出一條更好的道路。」

現在

187

二、川普政府惠台法案

2017 年元月川普總統上任後，四年來美國國會兩院有許多參眾議員紛紛提出挺台的法案，其中四個提案已獲川普總統簽署成為正式的美國法律：

1. **2018 年《台灣旅行法》**（*Taiwan Travel Act*）：旨在促進台灣與美國間的高層級交流，主要內容包括：1. 允許美國各級政府官員前往台灣，並與台灣對等部會首長會面、2. 允許台灣高層官員入境美國，與美國官員會面、3. 鼓勵台北經濟文化代表處及其他台灣在美國設立的功能性機構在美國從事相關業務。

2. **2018 年《亞洲再保證倡議法》**（*Asia Reassurance Initiative Act*）：旨在為美國制定於印太地區的長期戰略願景，重申美對台安全承諾、支持定期軍售，並將台灣納入美國印太戰略一環。

3. **2020 年《2019 年台灣友邦國際保護及加強倡議法》**（*Taiwan Allies International Protection and Enhancement Initiative （TAIPEI） Act of 2019*），**俗稱《台北法》**：旨在透過美國對於台灣擁有外交關係的世界各國採取實質行動，以支持並確立台灣在國際之地位。

4. **2020 年《台灣保證法案》**（*Taiwan Assurance Act*）：美方定期對台軍售、支持台灣有意義參與聯合國等國際組織。

此外，川普上任以來，國會通過的年度《國防授權法》（National Defense Authorization Act，NDAA）均有涉及台灣的相關條文，顯示對台灣的關切和友善，整理如下：

表 6-2：近四年美國《國防授權法》與台灣有關重點

年份	重點
2018	● 對台軍售正常化，美國政府每隔一百八十天應針對台灣面臨的安全威脅、美台軍事合作現況提出報告。 ● 國會建議美國邀請台灣參與在美舉行的紅旗軍演，並建議美國軍艦停泊台灣港口。
2019	● 應強化台灣軍力戰備，國防部應全面評估台灣軍力。 ● 國會建議國防部長推動與台灣進行實戰訓練與軍演的機會。 ● 依《台灣旅行法》規定，推動美台資深官員與軍事將領交流。
2020	● 國會意見認為，美國應繼續派軍艦常態性穿越台海。 ● 建議國防部長提供台灣參與實戰及軍演的機會，強化美台安全交流。
2021	● 參院版國會意見建議，美軍需具備拒絕中國迅速控制台灣以造成既成事實的能力。 ● 邀請台灣參與環太平洋軍演，讓美軍醫療船艦停泊台灣。

資料來源：相關新聞整理。

　　2020 年 10 月 20 日，眾議院「中國工作小組」提出包裹式法案《中國工作小組法案》（*China Task Force Act*），共有一三七項法案，其中跟台灣有關的有六項尚待國會通過。

　　此外，為確保台灣安全防衛，眾議院外交委員會亞太小組主席約霍（Ted Yoho）提出《防止台灣遭侵略法案》，明訂在三種情形下，授權總統可直接動武保護台灣：1. 台灣遭受中國解放軍的直接武力攻擊、2. 中國藉武力奪取台灣管轄領土，以及 3. 台灣人民或軍人的生命遭受威脅，或軍民遇害或有被殺害的迫切威脅時。

現在

三、國務卿發表《討共檄文》

美國總統尼克森於 1972 年 2 月 28 日在上海發表《聯合公報》，掀開美國與中華人民共和國建交的序幕。有趣的是，國務卿龐佩奧於 2020 年 7 月 23 日特別選擇在加州「尼克森總統紀念圖書館」發表一篇 *Communist China and the Free World's Future*（共產中國與自由世界的未來）專題演說，檢討美中建交的成敗得失，號召全世界自由國家團結起來對抗共產中國，被稱為《討共檄文》，重點如下：

1. 基於美中建交四十年的實際經驗，美國深切檢討，自認對中國的期待太天真，對中國的恩將仇報不再容忍，決定全面改變中國，以免中國改變世界。

2. 區分中國共產黨與中國人民，稱習近平為總書記，而不稱國家主席；痛扁中共，同情人民，不無期待中國人民揭竿起義的伏筆。

3. 過去四十年順從中共，虧待台灣，但台灣自力更生，建構蓬勃民主。

4. 冷戰時期蘇聯形成蘇共集團與自由世界涇渭分明，但中國早已融入自由世界，也企圖獨霸天下，因此美國呼籲全世界自由民主國家及重要國際組織均應團結且結盟，共同改變中國，免得中國改變世界。

龐佩奧認為共產中國早已融入世界之中，因此不能由美國單獨面對中國的挑戰。他點名聯合國、北約、七大工業國（G7）、二十國集團（G20），應該結合經濟、外交、軍事力量，共同應付此一挑戰。他更進一步指出，或許「志同道合的國家集合起來成立一個新組織、一個新的民主政體聯盟。」因為，「如果自由世界不

改變，共產中國一定會改變我們。」，「確保我們的自由不受中共破壞，是我們這個時代的使命，美國完全有能力領導，… 我們是全世界人民的民主燈塔，包括身處中國之內的人。」他重述尼克森的話：「中國若不改變，世界就不會安全。」

龐佩奧的精彩語錄：

- 「如果你要個自由的 21 世紀，而不是習近平夢想的中國人的世紀，就不能閉著眼睛跟中國交往。」

- 「我們對中國人民張開雙臂，卻只見中共剝削利用我們的自由開放。」「我們將台灣友人邊緣化，而台灣後來發展成蓬勃的民主。」

- 「我們必須牢記，中共政權是馬克思列寧主義政權。習近平總書記是徹底失敗的極權主義思想的真正信奉者。」「習近平的意識形態反映出他數十年來想在中國共產主義基礎上建立全球霸權的欲望。」

- 「中國人民解放軍也不是普通的軍隊，其目的是維持中國共產黨菁英的絕對統治，並擴大中國帝國，而不是保護中國人民。」、「我們必須與中國人民交流，並賦予他們能力，那是個活躍、熱愛自由的民族，與中國共產黨截然不同。」

四、台積電登陸美洲

2020 年 5 月 15 日，全球晶圓代工龍頭工廠「台灣積體電路公司」（TSMC）宣布將於 2021 年在美國亞利桑那州興建一座 5 奈米晶圓廠，規劃月產能兩萬片晶圓，於 2024 年量產，專案投資一百二十億美元。

現在

　　台積電創辦人張忠謀先生，在 2019 年年底曾公開表示，「台積電一直是全球 IT 供應鏈中非常重要的一環，在和平時代，安安靜靜地做供應鏈的一員。現在世界不安靜了，已變成『地緣策略政治家的兵家必爭之地。」

　　台積電在美國華盛頓州卡馬斯市（Camas）已有一座 8 吋廠，另在德州奧斯丁（Austin）及加州聖荷西（San Jose）有設計中心。除台積電外，其他台灣半導體原物料廠商，甚至週邊零組件等可能將一同前進美國，預估將創造一千六百個高科技工作機會，也間接創造半導體產業生態系統上千個工作機會。

　　事實上，台積電一直以台灣為生產重心，它在台灣的竹科及中科和南科都有設廠，生產 12 吋、8 吋及 6 吋晶圓，佔其全球產能九成，另外在中國南京設有 12 吋廠，上海 8 吋廠，佔一成產能。因為台灣的供應鏈完整，工程師素質高，機台設備彈性調度方便。相對地，美國整體成本昂貴，投資建廠不划算。但為何這次終於決定西征美國？相信川普的前瞻性投資政策必有其誘人之處，但在美中關係由冷戰漸趨熱戰的關係，台積電赴美設廠，自有重要的政經戰略考量。

　　台積電的晶圓代工全球市佔率五成以上，其他半導體產業鏈亦居關鍵地位。台積電被稱為「矽盾」，無形中發揮保護台灣的盾牌作用，而美台在半導體的合作，更具有防範中國軍事壯大的作用。可見台灣在當前美中全方位角力的態勢中，台灣所擁有的戰略價值，除了地緣政治優勢，還有難能可貴的柔性及智慧實力 soft and smart power。「台積電的決定，凸顯該公司希望在美國先進微電子生態系統中扮演重要角色；繼續保持半導體業的領先地位，對未來經濟和軍事競爭力相當關鍵」，「在地緣政治上，將台灣與美國綁

在一起，確保自由世界的領先地位。」國務卿龐佩奧也說正值中國爭奪主導尖端技術和關鍵產業的關鍵時刻，台積電此一決定「將增加美國經濟獨立，提高美國安全和競爭力，以及強化美國在高科技製造業的領導地位。」

若說美國選擇台灣是為了地緣政治的需要，其實更重要的，是彼此擁有共同的普世價值與自由經濟的機制，因此在美中的差異難以彌合、衝突日益升高之際，美國支持台灣無異支持自己。美台具有民主、自由經濟與普世價值的同質性，而連結起一道民主與文明的防線。在亂世的暗夜中，台灣的三大核心價值：民主、經濟與文明，正綻放出璀璨的光芒，成為一盞明燈。

唯其如此，自 2019 年起美商對台投資額較往年大幅成長，其中美科技業大咖 Google、微軟、臉書、英特爾等，紛紛在台加大投資力道，設立研發中心、建新廠，大舉聘用台灣科技人才。美台企業合作之緊密，前所未見。

五、台灣人親美大於親中

台積電宣布大舉登陸美國前三天，美國的智庫「皮尤研究中心」（Pew Research Center）發表一項台灣民眾針對中美兩國觀感的調查，成功訪問 1562 位成年男女。重點如下：

1. 對美國有好感的有 68%，對中國有好感的有 35%，相差 33%。
2. 對中國沒好感的有 61%，對美國沒好感的有 29%，相差 32%。
3. 民進黨支持者 82% 對美國有好感，國民黨支持者 66% 對中國有好感，但對美國有好感亦佔 57%。
4. 支持跟美國維持更緊密經濟關係者有 85%，支持跟中國維持更緊

現在

密經濟關係者有 52%，兩者相差 33%。

5. 支持跟美國維持更緊密政治關係者有 79%，支持跟中國維持更緊密政治關係者有 36%，兩者相差 43%。

亞太各國對美中的觀感

1. 對美國最好感的，依序為：菲律賓（80%）、南韓（77%）及台、日（均為 68%）。

   對美國最無好感的，依序為：澳洲、印尼、日本。

2. 對中國最好感的，依序為：菲律賓、澳洲、印尼。

   對中國最無好感的，依序為：日本（85%）、南韓（63%）、台灣（61%）。

表 6-3：亞太國家對美 / 中好感度調查

	對美國 有好感	對美國 無好感	對中國 有好感	對中國 無好感
台灣	68%	29%	35%	61%
菲律賓	80%	17%	42%	54%
南韓	77%	21%	34%	63%
日本	68%	30%	14%	85%
印度	60%	11%	23%	46%
澳洲	50%	45%	36%	57%
印尼	42%	32%	36%	36%

綜合觀察台灣民眾對美中的意向：

1. 台灣民眾親美甚於親中，且多出一倍左右。

2. 台灣民眾期待與美國加強政經關係甚於跟中國，多出 30%~40%。

3. 民進黨支持者較親美，國民黨支持者較親中，但並不反美。

　　換句話說，台灣民眾認爲台－中的兩岸關係固然重要，台－美的大兩岸關係更加重要。

　　由於國共的歷史恩怨，中國對台灣極不友善，民進黨執政時更變本加厲。而台灣人在國民黨威權的戒嚴統治下，被迫要追隨國民黨反共，因此台灣人不喜歡中國是普遍且自然的現象。

　　自二次大戰以來，美國對台灣若即若離的支持，使台灣人普遍不討厭美國。這幾年美中敵對日甚一日，台灣受到美國關愛，似也日甚一日。尤其新冠瘟疫爆發以來，中國透過WHO對台欺凌歧視，挑起台灣人的新仇和舊恨，兩岸敵意螺旋在抗疫期間不斷上升。前述華府皮尤研究中心的民調，所呈現的「親美反中」現象，相當貼近事實。

1995年聯合國50週年，100國家元首出席聯大，我租遊艇，呼籲聯合國要歡迎台灣，引起各國元首注目。

195

第七章

危疑悲愴 2020

中國龍挑戰美國鷹

一、美日競合回顧

美國於 1776 年獨立建國，開國一百五十年間，基本上謹守孤立 / 中立主義，拒絕歐洲勢力介入美洲，也小心不願介入國際事務。美國變成全球霸主，是它歷經一百五十年的中立政策韜光養晦之後，「被動」參加兩次世界大戰修成的正果。美國一方面國力不斷茁壯，另方面隨時提防他國後來居上，只要有任何國家的 GDP 達到美國的六成，美國必出手遏止其發展，稱為「60% 定律」。

二戰以後，日本政府拜《和平憲法》之賜，不許參戰，全力發展經濟，而美國也積極扶助日本。1960~70 年間，日本 GDP 的平均增長率已經高達 16.9%，國民生產總值也位居世界第二，使得日本政府持有大量的外匯儲備，而這些錢主要被用來購買美國國債。

1979~1980 年間，世界第二次石油危機爆發，導致美國能源價

格大幅上升，出現嚴重的通貨膨脹。高利率吸引了大量的海外資產流入美國，導致美元匯率飆升，使美國的出口受到沉重的打擊，貿易出現大量逆差，而逆差來源國包括聯邦德國、法國、英國，以日本最嚴重。

當時美國是世界最大的債務國，而日本是美國最大貿易夥伴，美對日貿易逆差高達四百六十二億美元，佔貿易總逆差40%。日本在此期間積累巨額的外匯儲備，成為美國的最大債主。因此，美國必須解決因美元定價過高而導致的巨額貿易逆差問題，更重要的是必須打擊美國的最大債權國 -- 日本。

1985年9月22日，美國、日本、西德、法國以及英國的財政部長和央行行長（簡稱G5）在紐約廣場飯店舉行會議，達成五國政府聯合干預外匯市場，以解決美國巨額赤字問題的協議，史稱《廣場協議》（Plaza Accord）。《廣場協議》中，與會各國根據自身的情況做出經濟政策調整承諾，包括抑制通貨膨脹，減少政府赤字、擴大市場開放度、減少貿易保護障礙等。

其中最引人矚目的是匯率政策，各國同意匯率應該以調整對外經濟失衡為作用。日本作為貿易最大順差國，承諾將「加快金融和外匯市場的自由化進程，以使日元變化能夠充分反映日本經濟的基本面」。

1986年1月，日經指數相較1983年的平均水平升幅近一倍之多。到1989年底日經指數達到38957.44點的歷史高點，占全球股市市價總額的42%，股價平均市盈率也達到了兩百五十倍的驚人水平，堪稱日本全盛時期。

然而1989年至1990年，愈演愈烈的投機風導致日本經濟泡沫化，日本政府開始收縮銀根，以控制不穩定的經濟膨脹，多年經濟

現在

發展過程中積累的問題和矛盾被集中釋放出來，導致日本泡沫經濟崩潰，也失去對美的威脅力。

二、美中競合：養虎爲患

二次世界大戰結束，國際政治版圖逐漸形成美蘇兩大陣營，美國及西歐與亞洲的日菲等國代表自由民主陣營，對抗由蘇維埃聯邦社會主義共和國主導的共產集團，前者組成「北大西洋公約組織」（North Atlantic Treaty Organization，NATO），後者另組「華沙公約組織」（Warsaw Treaty Organization）。冷戰時期美蘇兩強不斷上演核武競賽和威嚇，直到 1990 年代，蘇聯解體。

中華人民共和國於建國三十年之後，1979 年元旦與美國正式建交；在建交四十年中，中美雙方的關係總在「既聯合、又鬥爭」的氛圍下發展，而於 2017 年川普就任期間，雙方開始交惡，如今甚至瀕臨交戰危機。

1979~1991 年堪稱美中新婚蜜月期，當時美國的頭號對手是蘇聯，因此「聯中抗蘇」爲最高戰略，美國幻想「和平演變」中國，對中國百般依順，中國則對美國予取予求。到了 1990 年代，蘇維埃聯邦社會主義共和國成員國紛紛獨立建國，俄羅斯孤掌難鳴，國勢沒落。而中共政權借助美國逐漸強大，秣馬厲兵二十年後加入「世界貿易組織」（World Trade Organization，WTO），以「開發中國家」身份坐享種種優惠，快速躍升國際，並運用其政經實力與銳實力，對世界各國鯨吞蠶食，更在 2010 年以後，GDP 成爲世界第二，超越日本，開始對華府耀武揚威，積極挑釁美國的世界霸權。

中國的美中兩國開始陷入「修昔底德陷阱」（Thucydides's

Trap）：一個新崛起的大國必然挑戰現存大國，而現存大國也必然回應這種威脅，使得戰爭變得不可避免。這是哈佛大學冷戰問題專家艾里森（Graham T. Allison）教授提出的觀點，他研究人類五百年歷史，發現十六對國家呈現老大及老二的關係，其中十二對因國家利益衝突而爆發戰爭（75%），只有四對倖免。

三、百年馬拉松

原本高枕無憂的美國養虎爲患，一心一意希望援助中國以和平演變共產主義，結果卻發現中國一心一意要拼搏美國，稱霸天下。2010年時，中國的 GDP 已超越日本，躍升全球第二。2015 年，雷根總統任內的國防部助理副部長白邦瑞（Michael Pillsbury）出版《2049 百年馬拉松：中國稱霸全球的秘密戰略》（*The Hundred-Year Marathon: China's Secret Strategy to Replace America as the Global Superpower*）一書，揭露歷任美國總統如何討好中國領導人，如何大力扶植中國成爲現代化的社會主義強國的內幕，瞬間驚醒華府領導階層，頓覺中國反噬美國，爭霸世界，原來竟是因爲華府「聯中抗蘇」戰略的結果。

白邦瑞用 Panda Hugger 「貓熊擁抱者」稱呼親中人士，他們主張且促成美國提供大量經濟、科技及軍事援助給中國，大量爲中國培育人文軍事科技人才，全面加強與中國合作以對抗蘇聯，協助中國轉型爲自由、民主、和平的大國。親中派犯了五個錯誤假設：1. 美中交往能帶來完全的合作；2. 中國會走向自由民主之路；3. 中國是脆弱的小花；4. 美國人太自大，以爲中國只希望如美國般富強；5. 中國的鷹派力量薄弱。

現在

　　但事實是：中國的鷹派佔了上風，在習近平的核心圈影響力極大。他們誤導並操縱美國學者，以取得情報及軍事、科技、經濟援助，他們要報復百年國恥，期盼在 2049 年，即共產革命成功一百週年時，取代美國成為全世界的經濟、軍事和政治霸權，這項計畫就是「百年馬拉松」。

　　中國夢想在 2049 （建政一百年）超越美國，但以中國實力目前尚無法與美國相抗衡。若太早暴露野心，會重蹈蘇聯的覆轍。因此中國運用戰國時代的經典智慧，採取八大戰略：

1. 誘敵驕矜自大，以攻其不備。

2. 收買對方的大臣，以為己用。

3. 動心忍性，欲速則不達。

4. 不擇手段偷取對方的技術。

5. 軍事力量非贏得戰爭的最重要工具，要採不對稱的「超限戰」。

6. 不惜一切代價確保霸主地位。

7. 慎察「勢」的變化。

8. 戒慎恐懼，避免遭到操弄。

　　「中國夢」就是中國洗刷百年國恥、取代美國稱霸全球的美夢。如果在 2049 年成為事實，以中國為中心的世界將滋養專制政府統治世界，作者預言：

1. 中國價值取代美國價值，「自由民主人權」將不見。

2. 中國將與美國的敵人組成同盟。

3. 中國將出口空氣污染地球。

4. 中國將日益操縱聯合國及世界貿易組織。

5. 中國將為牟利而擴散武器。

四、美中軍事對抗

2017 年 12 月 20 日川普總統發表《美國國家安全戰略報告》，明確將中國定義為美國的「戰略競爭者」、「試圖改變二戰後國際秩序的國家」，兩國關係進入一種競爭（鬥爭）多於合作的「新常態」。

2018 年美國國防部呈給川普總統一份報告指出，中國控制美國稀土原料的供應，也提到中國在全球特定電子器材及化學原料扮演的角色。全球 90%的印刷電路板目前在亞洲生產，其中逾半在中國製造，對美國國防構成風險，而中國製手機及網路設備可能用於監視美國人民。《2019 中國軍力評估報告》指出美中服役的航艦數量是 11 比 1、核子彈道飛彈潛艦是 14 比 4、核子攻擊潛艦是 54 比 6。中國的「陸、海、空及飛彈部隊都在增加投射能力」，解放軍潛艦數量到 2020 年可能增至六十五到七十艘之間，挑戰美軍在區域的優勢。

不過，美國官方與智庫認為目前中國的核武實力無法對美國構成真正的威脅，在受到美國先發制人的核打擊後，能夠再發動核反擊的能力非常薄弱。美國對使用核武摧毀中國戰略目標及工業中心的能力充滿自信，可能先發制人，摧毀中國的核武及其他戰略目標。歐巴馬時代發展出以小型核武打擊對手的作戰模式，讓美國在考慮使用核武攻擊「戰略競爭者」戰略目標的決策變得更加輕率。

但是中國建有五千公里網狀連接的「地下長城」，儲藏可供公路機動發射的洲際導彈，可對美進行核反擊。中國擁有東風 5、東風 31、東風 31A、東風 31AG，至少有十六個戰略導彈旅 192 枚洲際戰略導彈、240 枚陸基洲際戰略導彈、72 枚海基洲際戰略導彈，

現在

總共 264~312 枚導彈可攻擊北美，加上兩個「鐵道戰略導彈旅」，總數可達 300~348 枚。中國累積的中程彈道飛彈，可能使美國印太司令部轄區內的基地及航母戰鬥群難以抵擋壓倒性的攻擊。

美蘇因為擁有保證相互毀滅的核武實力，因此未曾爆發核戰。美國如低估中國核實力，可能產生嚴重的「戰略誤判」。貿然想使用戰爭手段阻斷中國的和平崛起，那麼中美勢必一戰，且可能是毀滅性的核戰。

2020 年 5 月 20 日白宮公布《美國對中華人民共和國的戰略方針》，明示將採取「競爭性」方法，因應中國構成的經濟、價值及安全等諸多挑戰；美國也將公開增加對中國施壓，要求取得實質與建設性成果。這無異宣示美中對抗將全面展開，原有的協議有可能作廢，而新冷戰也有可能演變成熱戰。報告明確指出，美中對抗有七大戰線：1. 貿易爭端再起、2. 科技競爭加劇、3. 供應鏈分散與去中化、4. 智慧財產攻防與併購案、5. 政府採購本土化、6. 金融資本市場設限、7. 揪團對抗。

五、美中經貿戰

根據中國「恆大研究院」《中美經濟實力對比》報告，1978 年到 2018 年中國年均成長率達 9.5%，同期間美國僅 2%。以中國 GDP 年均成長 6%，美國成長 2% 來推算，到 2027 年時，中國 GDP 總量將超越美國，成為全球最大經濟體。

但若比較雙方資本市場、全要素生產率及勞動生產率、貨物或服務貿易與金融自由度等，雙方深層的經濟實力上仍有不小差距。被視為科技進步生產力指標的「全要素生產率」，中國僅為美國的

43%；代表生產單位產品需要勞動時間的「勞動生產率」，也僅美國的 12%，顯示中國雖然是世界工廠，但生產效率卻遠不如美國。

表 7-1：美中經濟實力比一比

	美國	中國
經濟體排行	世界第一	世界第二
占全球 GDP 比重	24.7%	16.5%
民間消費全球占比	30.64%	11.43%
對全球經濟成長貢獻占比	約 11%	約 33%
全球商品出口	第二大 2018 年占比 8.5%	第一大 2018 年占比 12.8%
全球商品進口	第一大 2018 年占比 13.2%	第二大 2018 年占比 10.8%
人均 GDP	約 6 萬 3,809 美元 （全球第八）	約 1 萬 0,120 美元 （全球第七十二）

自從中國加入 WTO，中國以「開發中國家」身份備享種種貿易優惠，卻嚴重違反加入 WTO 應遵守的承諾，造成對美貿易不公平競爭。美國新興科技不斷流失到中國，中國對美貿易每年賺取大量順差，全美主要工廠都被磁吸到中國，從 2001 年到 2018 年間，搶走美國三百七十萬個工作機會。

根據美國維持全球霸權所採行的「60% 定律」，美國必然要對中國發動貿易制裁。川普總統發起美中貿易大戰，將中國排除於「發展中國家」，實施進出口管制實體名單，擴大外人投資審查會審查範圍，禁止美國聯邦機構及承包商採購特定企業產品及服務，並且大量提高中國進口物品的關稅等等，尤其對華為科技公司採取趕盡殺絕的種種措施，致使貿易戰逐漸衍生為金融戰、科技戰及政治戰。

現在

非典型世界大戰

一、庚子瘟疫

2020 年在中國曆法叫庚子年，歷史上，每六十年一輪迴的庚子年，總是會有重大的災難，並且造成重大的歷史轉折。

天文學家告訴我們，地球位在太陽系，太陽位在銀河系，而地球旁邊還有土星及火星。地球自轉又公轉，每六十年地球、土星、和火星會匯合在銀河系與太陽系之間的「銀日線」上。這個特殊的同軸位置引發三個空間彎曲，形成一個特殊的能量共振場，造成磁場鉅大的干擾，因而引起地球上各種生物的非典型反應。此外，每兩千年北極星會發生歲差變化，而 2020 年的歲差變化與庚子年並行，雙重變化併發，地球根本受不了。

果真如此！庚子年到來之前的 2019 年 11 月中旬，中國湖北省武漢市最先出現新型冠狀肺炎病毒，由於中國政府下令封鎖消息，直到元月 20 日才對外宣布疫情。而元月 23 日除夕那天，武漢宣布封城，但在封城前已有五百萬人趕搭春運列車返回各自家鄉過春節，一部份人則搭飛機出國度假。武漢病毒就此傳播到中國大陸各省市，也飄洋過海感染了全世界各大洲兩百個國家與地區，包括不少國家的高官貴族及國際名流。疫情蔓延到 11 月中旬，全球已有五千五百萬人確定染病，一百三十萬人死亡。美國居然成為全球最嚴重的災區，超過八百多萬人確診，二十二萬死亡。2020 年瘟疫所造成的禍害，儼然成為人類歷史上的非典型第三次世界大戰。

二、中國隱匿疫情

綜合整理全球各地媒體有關病毒爆發前後，中國及「世界衛生組織」（WHO）的相關因應報導，值得注意的問題概述如下：

1. 早在2019年的9月18日，武漢天河機場舉行的應急處置演練中，就模擬「發現新型冠狀病毒感染」。為什麼有此「先見之明」？

2. 外界已知，P4研究所是由中國頂尖的病毒學家石正麗主持。美國 National Review 雜誌於4月3日報導一位 Matthew Tye 追蹤調查紀錄片指出，2019年11月12日武漢P4病毒研究所曾刊登招聘公告，徵求科學家參與研究冠狀病毒與蝙蝠。12月24日，該所再發招聘公告，並註明「針對蝙蝠攜帶重要疾病的病原生物學進行長期研究後，證實SARS、豬急性腹瀉綜合症狀、冠狀病毒等人畜傳染源自蝙蝠，並發現及辨識出蝙蝠和嚙齒動物的大量新病毒。」武漢肺炎的「零號病人」就是該所研究員黃燕玲，染病死亡後遺體被火化，對此官方未曾闢謠。

3. 武漢肺炎第一位吹哨醫師是中西醫結合醫院的重症科主任醫師張繼先，他於11月27日就將疫情上報，比不幸病亡的李文亮醫師提早一個多月提出警告，但未受重視。

4. 武漢中山醫院是第一個檢測證實「新型冠狀病毒」的醫院，時間為12月27日，三天後李文亮上網發文警告，卻遭懲戒。

5. 根據《國際衛生條例》的規定，有關緊急衛生風險事件應於發生後二十四小時內通報，但中國官方遲至12月31日才向WHO通報武漢疫情。隔天湖北省衛健委下令：這類病例不能再驗，已有標本銷毀及保密。元月3日國家衛健委也下令，不得對外提供標本和訊息，立即就地銷毀標本或送交國家指定保藏機構。從地方到中央隱匿疫情，事證明確。

6. 元月3日，中國首度向美國通報疫情，並連續通報三十天。據悉

現在

205

因歐巴馬總統時代，美國曾補助 P4 實驗室鉅額款項，美中有研究合作關係。

7. 武漢病毒研究所於 12 月 30 日取得病毒標本，元月 2 日完成病毒基因定序，5 日分離出病毒株。元月 10 日上海復旦大學及中國疾病預防中心公布「新型冠狀病毒的基因序列」。

8. 2020 年元月 11 日，台灣進行第十五屆總統大選當天，中國宣布首起武漢肺炎病例。

9. 美中第一回合貿易協議於元月 15 日簽訂，而習近平於 16-18 日訪問緬甸，故習近平遲至元月 20 日才首度透露疫情。

10. 武漢於元月 23 日除夕當天開始封城，已有五百萬人出城返鄉或出國度假，疫情因此擴散。

　　隨著疫情的擴散，慘痛的病痛和死亡逼得全世界各國紛紛向罪魁禍首的中國及 WHO 興師問罪，並且提出嚴厲的索賠，將來中國不知如何善了。

三、WHO 如何因應疫情？

　　從 2019 年 11 月 17 日首例爆發，經過一個半月之久，中國才於 12 月 31 日向 WHO 正式通報疫情。WHO 對新冠病毒的因應處理過程彙整如下：（表 7-2）

　　此表顯示 WHO 於 12 月 31 日同天收到中、台訊息後的失當作為：

1. 1 月 23 日之前，一直告訴全球，不是人傳人，不用採取防疫措施。

2. 2 月 3 日以前，一再表示不建議對中國實施撤僑和旅遊限制，也

表 7-2：WHO 因應疫情大事記

時間	WHO 疫情說明
2019.12.30	30 日之前 WHO 北京辦事處，就已質疑武漢出現「嚴重公共衛生事件」。
12.31	中國向 WHO 通報武漢出現 27 起原因不明的肺炎病例。
2020.01.05	宣布未發現「人傳人」明顯證據，不建議對中國實施旅遊限制。
01.14	宣稱「經中國政府的初步調查發現，於中國武漢發現的新型冠狀病毒（2019-nCOV）沒有明確的人傳人證據。」
01.15	可能有限度的人傳人，「不用採取全面防疫措施」。
01.21	北京向 WHO 施壓，不得宣布緊急狀態。
01.22	譚德塞宣布新冠病毒「並非」緊急事件。
01.28	不主張各國撤僑，對中國防控疫情能力充滿信心。
01.30	壓倒性證據迫使譚德塞宣布為「國際關注的公衛緊急事件」。
02.03	讚美中國幫助全球防疫表現傑出，並宣稱各國沒必要採取不必要的措施來干擾國際旅行和貿易。
02.16	國際醫療專家團隊抵中，但始終不准到武漢。
02.29	疫情全球風險級別，由「高」調至「非常高」。
03.03	告訴全球各國「COVID-19 的傳播效率不如流感」，COVID-19 與流感不同，不會經「被感染但未出現症狀的人」傳播。
03.11	宣布「全球大流行疾病」，但不建議一般民眾戴口罩。當時全球已有 114 國受感染，10 萬人確診，4 千多人死亡。

資料來源：相關新聞整理。

現在

不必干擾國際旅行和貿易。

3. 直到 2 月 29 日才首度宣布「疫情非常高」。

4. 直到 3 月 12 日才宣布「全球大流行」，但仍不建議民眾戴口罩。

WHO 是全球最重要的人類健康與公共衛生組織，會員國當然聽命 WHO 行事。因而輕估疫情，延誤抗疫，致使災情慘重。日韓兩國先跳腳，隨後伊朗、義大利和西班牙，尤其全球老大的美國，無不深受其害。

譚德塞（Tedros Adhamon Ghebreyesus）是衣索比亞人，留英醫學博士，是衣國共產黨領導人之一，2012~16 年間擔任衣索比亞外交部長，主導中國一帶一路進入衣索比亞的計畫，爭取到一百二十一億美元的貸款，而這批貸款用衣國的國家建設來抵押。中國在衣索比亞蓋鐵路直通吉布地，以使中國一次掌控衣索比亞、吉布地和索馬利亞及厄立垂亞四國，並在吉布地建設中國海外的軍事基地。譚德塞就是幫助中國在非洲攻城掠地的功臣，WHO 秘書長應該是中國送他的禮物。他凡事聽命、討好北京，也就不足為奇，包括他接受「一個中國」原則，視台灣為中國的一部份，不准台灣參與 WHO，公開痛罵台灣對他人身攻擊，將台灣當成寇仇。

美國是 WHO 背後的大金主，WHO 的經費包括會員國的會費及自願捐贈兩部分。在會費方面，22% 來自美國，12% 來自中國；在捐贈方面，美國佔 40%，中國只一成。2020 年美國給 WHO 的經費是一億兩千三百萬美元，而中國只捐一千五百萬美元，但 WHO 卻被中國掌控。武漢肺炎爆發以來，WHO 及秘書長的諸多言行，完全配合中國唱雙簧，既隱匿疫情，更欺騙或至少誤導全世界，以致未能及時採取抗疫措施。

5月18日WHO開會前夕，川普總統終於寫信給譚德塞，細數其罪行，並警告「若世界衛生組織無法承諾於未來三十天內『永久』作出實質的重大改革，我會重新考慮美國在這個組織的會籍。」5月29日，川普果真宣布：「我們將從今日起中止與世衛組織的關係，將援助世衛的資金轉挹注到世界其他地方與值得挹注的全球公衛緊急需求項目。」

四、台灣與 WHO 的恩怨 - SARS

到底12月31日那天，台灣作了什麼事？說了什麼話？根據中央流行疫情指揮中心醫療應變組副組長羅一鈞的說法，他於12月31日清晨在PTT網站讀到中國武漢出現七例類似SARS的冠狀病毒，在醫院接受「隔離治療」。他告知疾病管制署，並由該署向中國疾控中心求證，隨即發e-mail轉知WHO。全文如下：

「據今天的新聞資料顯示，武漢至少已通報七起非典型肺炎案例，當地衛生局受訪時表明，這些病例並非SARS。但病患樣本仍在檢驗中，並隔離治療中。如果您有任何相關資訊可分享，我們將非常感激。」

譚德塞否認台灣有向WHO通報病毒「人傳人」，因為e-mail的確沒有「人傳人」三個字。但陳時中部長回應：

「為求慎重，我方在電郵中特別提及『非典型肺炎』，尤其『病患已進行隔離治療』。只要有基本專業的公衛人員都能由此研判該等病例有『人傳人』的可能。WHO根本是內行人說外行話！」

同一天中國也有向WHO通報，報告內容與我方的e-mail十分雷同，均未提「人傳人」三個字。因為台灣並非會員國，譚德塞忽

現在

略了我方的 e-mail，

WHO 長期排擠、歧視台灣，還讓全世界接受「台灣是中國的一部份」，致使有些國家將台灣與中國一視同仁，予以禁飛。對台灣而言，實在是新仇加舊恨，因為十七年前 SARS 病毒來自中國，台灣曾遭受中國與 WHO 的無情羞辱。

2003 年 2 月 21 日，一位來自廣東中山醫院的腎臟部專科醫師劉劍倫教授感染 SARS 病毒，他抱病搭車去香港參加姪兒的婚禮。當他搭乘婚禮飯店的電梯時，有兩位來自加拿大的華人，一位華裔美國人，另外三位新加坡婦女以及一位香港本地青年先後進入電梯，短短幾分鐘在電梯內，那位劉教授身上的 SARS 病毒就傳給共乘電梯的每一個人，而後其中一位飛往河內，不久加拿大、越南、新加坡及香港淘大花園社區便紛紛爆發疫情。

3 月 8 日，住淘大花園社區的香港男子到台灣探望弟弟，另一對廣東勤姓台商夫妻先到香港，後回台灣，因而把中國 SARS 帶到台灣來。一陣兵荒馬亂之後，全台前後有三百四十六人受到感染，其中三十七人不幸死亡，主要是台北市和平醫院的醫護人員及病患。當時全台灣籠罩在驚慌與悲慟之間，但 WHO 對台灣視若無睹，中國副總理吳儀及駐 WHO 代表沙祖康還對著媒體大吼「台灣，誰理你們！」中國對台灣冷血無情，像利刃刺心，台灣人沒齒難忘。

2003 年台灣莫名其妙地被 SARS 襲擊，被中國羞辱。然而那一次 SARS 造成的驚恐、悲愴和羞辱，使台灣練就特有的防疫標準作業模式，以及面對災難的沈著和堅毅，包括學會「戴口罩」防身的重要。十七年後，中國再次爆發瘟疫，台灣的政府及人民表現可圈可點，獲得國際讚譽。所謂「前事不忘，後事之師」如論功勞，實在應該歸功於 2003 年陳水扁總統的領導及當時全國醫衛專家的協

美中台兵戎相見

一、太平洋風雲四起

2020 年元月 11 日總統大選結束不久，中國武漢驚爆新型冠狀病毒，疫情延燒，屍橫武漢，舉世震驚之際，人民解放軍並未投入防疫、抗疫行列，反倒台灣周邊海域不斷出現海空機艦威嚇台灣，中美雙方交相在台灣周遭海空上演「軍事肌肉秀」，我軍也疲於奔命。

3 月 26 日，中國國防部公開斥責：

「中國絕不允許外國勢力打台灣牌，美方作法嚴重干涉中國內政，破壞台海和平穩定，毒化中美兩國兩軍關係，向台獨勢力釋放錯誤訊號，是極其危險的。」

值得注意的是，中國努力建設成為海洋強國，近年來陸續營造海上軍事實力。2 月 16 日中國導彈驅逐艦呼和浩特號率領「161 遠海訓練編隊」通過第一、第二島鏈及國際換日線，進入西半球海域，抵達第三島鏈，這是美國在太平洋的最後一道防線。

中國強化海權，在 2020 年的戰略表現：

1. 突破第一島鏈對中國的地緣包圍 – 從宮古及巴士海峽以及台灣海峽自由航行。

2. 強化針對美軍在西太平洋「介入」的「反介入 / 區域拒阻」（Anti-Access/Area Denial）能力，將美軍推出第一島鏈。

3. 在南海吹填造島，強化南海攻防能力，打造中國周圍的黃海、東海、台海與南海成為中國的「護城河」。

4. 建構第三島鏈防禦戰線，對抗美國的第一及第二島鏈，挫敗美國獨霸太平洋。

現在

當新冠病毒快速蔓延全球時，許多國家的軍隊官兵，特別是漂泊海洋的海軍服役人員最容易感染確認，軍艦船艙密閉空間對隔離抗疫十分困難，美國部署在亞太地區的羅斯福號及雷根號兩艘航母，有部分官兵確診，林肯號及卡爾文森號亦傳聞有受感染，全船必須隔離觀察／治療。一時之間，美國在亞太地區的海上防衛出現破口。

然而隨著美中爭霸，兩岸關係緊張，2019 年 3 月 31 日解放軍兩架殲 11 戰機「首度」飛越中線上空。2020 年農曆春節期間，共軍連續兩天穿梭台灣海峽，此後解放軍機艦繞台，共機穿越海峽中線幾乎常態化。根據國防部長嚴德發於 10 月 7 日在立法院報告，空軍 2020 年已出動 2197 架次，耗費 255 億元，中國顯然在進行一場消耗戰，因為戰爭不只比軍力，還要比財力！

圖 7-1：美國亞洲版北約構想圖

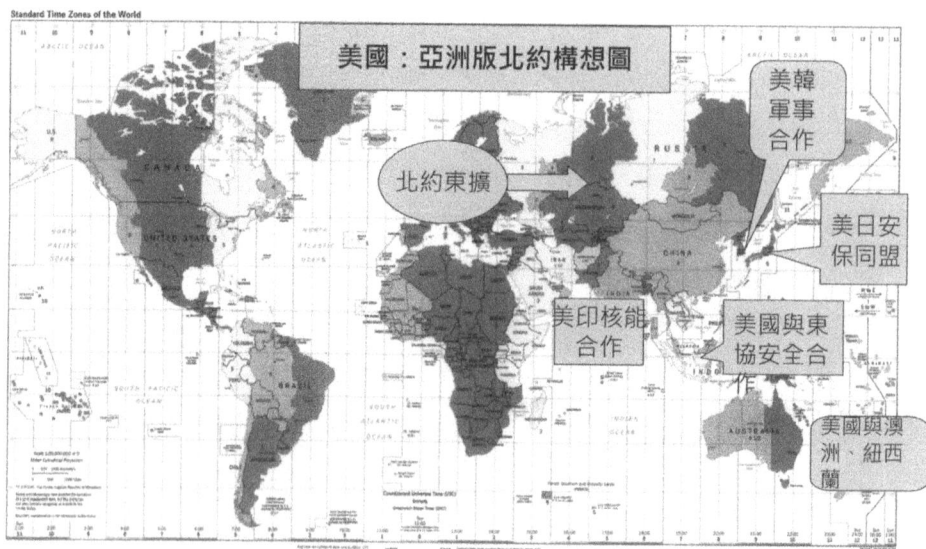

在這場中國龍與美國鷹爭霸的「修昔底德」戰役中，北京維持「鬥而不破」，只等川普下台，龍爭鷹鬥的戲碼重來，中國自恃仍有勝算把握。然而就川普而言，中國肺炎使川普飽受民怨又拖垮民生經濟，使他連任之路佈滿荊棘。此仇非報不可，尤其一旦落選，就再無機會報仇，勢必卯足全勁「鬥而求破」。

川普總統爲了回敬中國爭霸，報復 COVID-19 對美國造成的浩劫，加上民生經濟被拖垮，因而對人民解放軍採取「極限施壓」。無論在南海或台海，共軍所至，美軍如影隨形，還高調讚美台灣，並放寬軍售，而蔡英文則如獲至寶，照單全收，即使債留子孫，也滿口稱謝。最先進的大型無人偵察機 MQ-9「海上衛士」，航程 1 萬 1100 公里，以及「岸防巡航飛彈系統」（CDCM）及智慧水雷等。CDCM 搭配台灣自製的「雄風」飛彈系統，可以提昇海岸防禦能力，而智慧水雷可以有效遏制兩棲登陸突襲，均大力銷售。合計川普政府近年總共對台軍售十一次，金額高達 184 億美金，台幣五千四百億。對比歷任美國總統對台軍售的推拖遲疑，突顯川普政府基於《台灣關係法》，以具體行動履行「六項保證」的安全承諾。事實上，美國公開表示，台灣應該武裝成「刺蝟」、「豪豬」，即銅牆鐵壁的軍事堡壘。

值得注意的是，美軍 EP-3E 偵察機一直在台灣西南方空域巡弋，並且逼近中國沿海地區，甚至北上浙江或上海，而 B-1B 超音速戰略轟炸機也進逼中國「東海防空識別區」，最近距離廣東福建 92.95 公里，幾乎兵臨中國東南沿海。此外，美國擬定「南海戰略態勢感知計畫」（SCSPI），航母戰鬥群雷根號巡守南海，而美利堅號兩棲突擊艦也一同航行。至於「五眼聯盟」已邀日本參加，成爲「六眼」，美、加、英、印、澳、日六國，而印太安全聯盟更有

現在

213

紐澳印度及南海周邊共十三國聯合軍演，比當年八國聯軍的陣容還更可觀。因為美國高舉南海是國際公海，不許中國造礁為島，更以島築建軍事碉堡，國務卿龐佩奧公開指出：「南海不是中國的海洋帝國。」

面對美國鷹的來勢洶洶，中國在北戴河會議後決定「識時務者為英雄」，宣布「三軟三硬」，解放軍絕對不會開第一槍。一方面畏懼川普為勝選連任必不擇手段，另方面中國遍地成災，水患使半壁江山全毀，數千萬人民流離傷亡，隨後糧荒以及外國企業脫中、外資撤走⋯中國早已陷入空前的內憂外患中。

至於我國軍因應中國軍事挑釁，依照國防部修訂的《國軍經常戰備突發狀況細則》，從我十二海哩領空到台灣海峽中線是攔截區，如越過中線，至距台灣三十海哩、二十海哩、十二海哩，甚至領空，均有相應處置計畫。飛行員若未接到空軍作戰指揮部的命令，不得擅自開第一槍，以免擦槍走火。

國防部採取「防衛固守戰略」，國軍雖有「先發制人」能力，但絕不主動攻擊中國，要求國軍「不挑釁、不引發戰端，避免擦槍走火」，不對共軍先做「第一擊」。隨著情勢

圖 7-2：美軍台海軍演航線

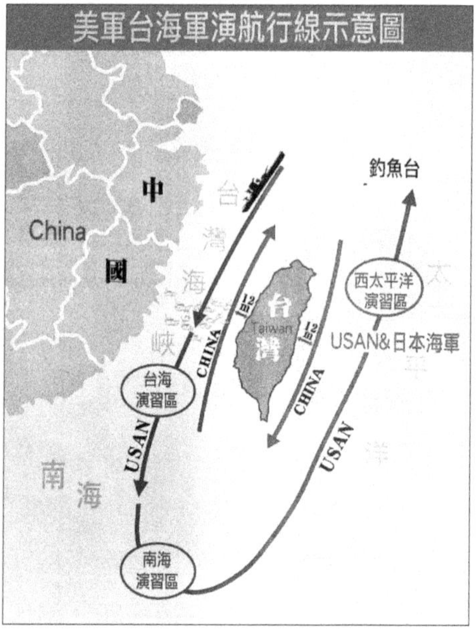

214

險峻，國防部於 9 月間修改《國軍經常戰備時期突發狀況處置規定》，仍律定我方不開第一槍，然而解放軍已進行攻台前準備，並對我戰機鎖定時，空軍作戰指揮官即可命令第一線的戰機飛行員對敵軍機執行「自衛反擊權」，代表「我不怕你，你攻擊，我一定反擊」。這「自衛反擊權」的「第一擊」下令權在國防部長。

二、「一中內海化」的危機

中國國慶前夕，國台辦透過發言人馬曉光重申九二共識是兩岸復談基礎，更明確重申：「大陸和台灣同屬一個中國，兩岸之間不存在海峽中線。」在重要的日子否認台灣海峽有中線的存在，絕對有其政治意涵。

按台灣與中國之間隔著台灣海峽，最遠處三百公里，最近只有一百三十公里（福建平潭到新竹）。1954 年美國與中華民國簽訂《共同防禦條約》，美國指揮官戴維斯建議以海峽中線為界，地理座標從北緯 27 度東經 120 度到北緯 23 度東經 117 度的直線，美國負有防禦安全的責任，但也限制我方戰機及艦艇不得跨越中線以西。這是一條抽象的心理防線，在 1999 年李登輝發表「兩國論」之前，國共均默認海峽中線的存在，表示雙方互不侵犯，有如「海上護國長城」。

1999 年中共對「兩國論」強烈反彈，共軍大舉逼近中線，美方為此介入。2015 年元月，中國劃設 M503 民用航路太靠近海峽中線，經馬英九政府密集溝通後，中國修正 M503 航路，西移 61 海浬，並暫緩啟用北向航路與三條連接線，表示對海峽中線的尊重。

海峽中線在國際法上有何效力？依 2018 年聯合國國際法委員會通過的「關於習慣國際法的識別」結論草案，特定實踐必須具備普

現在

遍性及一貫性等規定，但海峽中線難以認定具有國際法上的一貫性，僅具有政治及軍事意義。如今中國片面否認海峽中線的存在，等於將台灣海峽視為中國的內海，將台灣視為中國的領土，事態極為嚴重，應向國際控訴中國是片面改變現狀，破壞和平的 trouble maker。

但是，海峽中線並非位在領海十二海浬範圍內，中共軍機只要沒有飛越領海上空，並不違法，我軍只能加強偵蒐驅離，除非對方開第一槍，我方只能謹慎遵循「防衛反擊權」。別忘了解放軍在距台北八百公里以內有三十九座空軍基地，在東部及南部可以集結一千架戰機，而台灣的戰機總數約有三百架。共機從福建飛越台灣海峽，只需十分鐘，假設共軍一次調派三十至五十架戰機從不同方向齊飛中線，我們能否在十五分鐘左右出動同等架次的飛機加以驅離？

此外，數月來共機幾乎天天飛往海峽中線南端的西南海域，那是我空軍的訓練空域，位在台灣南部與東沙島之間。有時也在台灣西南外海操演，目的是在打造中國的「南海防空識別區」，監視各國航空器自由航行，並阻撓各國船艦任意出入巴士海峽、南海海域與台灣海峽，別具戰略意圖。

回顧 2012 年，日本將釣魚台國有化之後，北京立即發布「東海防空識別區」，派遣機艦巡弋釣魚台列嶼十二海浬海域，形成中日之間最敏感爭議的安全問題。今年以來，解放軍積極軍事演練，更先後在渤海、黃海、東海及南海進行實彈演習，使各個戰區進行聯合作戰，也使不同戰區之間跨戰區聯合作戰，不斷提升其「反介入／區域拒止」的能量。雖然迄今為止，共軍活動仍屬年度例行軍演，尚未進入針對性衝突的準備與驗證。但得寸必進尺，中共透過「常態化」軍演，突破海峽中線及防空識別區，進行「一中內海化」佈局。

圖 7-3：2020 年 9 月 18 日解放軍進入我西南空域圖

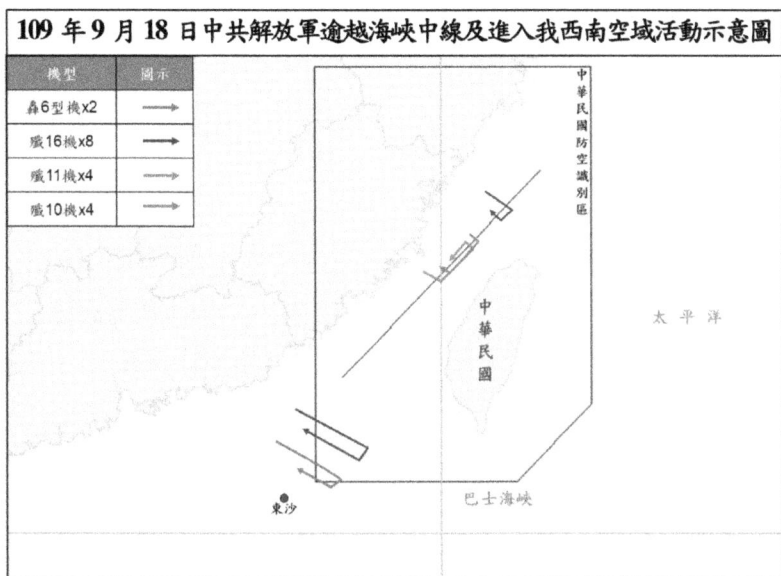

資料來源：國防部

灰色戰略地帶

在決定對台武統之前，中共採取的是「灰色地帶衝突」戰略，以漸進與局部方式挑戰現狀，將行動控制在戰鬥門檻之下。採取「灰色地帶衝突戰略」的攻擊方通常小心試探並施壓防守方，而防守方則需審慎因應，並明快決策以防衛既定底線。過去幾年，中國在南海填沙造島並加以軍事化，又利用海警與海上民兵騷擾周邊國家船隻，並探勘油氣、抽挖海砂等，就是以「灰色地帶衝突」策略衝撞既有國際現狀，藉以閃避國際法對侵略與征服擴張領土的禁制，可見中華人民共和國既挑戰中華民國，也挑戰萬國公法。

現在

217

所謂一葉落而知秋天到來。中國既已否定海峽中線的存在，將台灣海峽「內海化」，又日日侵擾我西南防空識別區，表示解放軍意在兵臨台灣，武統台灣。

三、兩岸軍力對比

就事論事，中國有十四億人口，土地面積又是台灣的 267 倍。中國隨著改革開放，致力富國強兵，每年編列的國防預算高居全球第二，僅次於美國。以 2018 年為計，我國法定國防預算 3278 億新台幣，而中國 1 兆 1069.51 億人民幣（約合台幣 5.1 兆），為台灣的十六倍之多，但中國的國防要應對全球各地，而台灣唯一威脅來自中國。

根據 2019 年國防部向立法院報告的《國防報告書》，中國人民解放軍陸續接裝陸軍輕型戰車、火箭軍新式彈種、海軍萬噸驅逐艦與航空母艦、空軍匿蹤戰機與防空飛彈等，提升戰略威懾、壓制打擊、反導及戰略投射能量，建構全域作戰能力，其軍事現代化已加劇台海軍力失衡，對我國防安全構成嚴重威脅。

報告指出，中共新一代主力戰、轟機已逾一千架，戰時搭配輔戰機種協同作戰，可獲取周邊局部空中優勢，並適時支援地面及海上作戰，其中殲 20 型機已列裝東部戰區，以強化應對東、黃海空中防禦戰力。轟 6 系列轟炸機作戰半徑三千公里，搭配鷹擊 100 空對面飛彈射程一千五百公里，打擊範圍已突穿第二島鏈，可有效突擊美軍關島基地及支援打擊美航母戰鬥群，以達區域拒止、抗擊外軍之目的。

此外，共軍通資電作戰能力，除可運用各主戰飛機攜掛精確導引武器對台突擊，也能輔以無人載具配合各型電戰機進行電子戰

圖 7-4：人民解放軍戰區

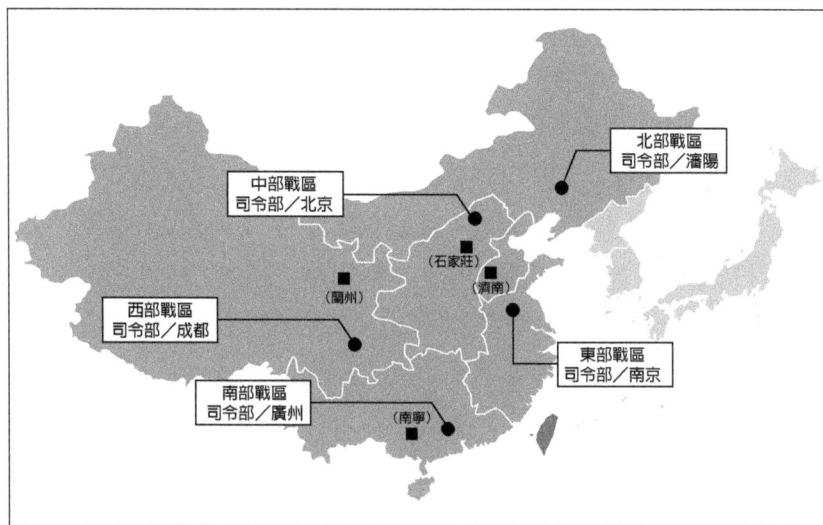

軟、硬殺，以提高中國東南沿海的實戰能力，現階段已初步具備癱瘓台灣防空、制海及反制作戰體系，有效奪取並保持戰場控制權、阻斷台海通道，對台威脅巨大。中國持續部署具影像偵照與電子偵蒐能力的衛星，並透過台灣周邊作戰艦、科研船、無人機、偵察機、情報船等陸海空手段擴大情蒐，完整掌握台灣軍事動態及完備戰場情報整備與經營。

　　美國國防部也認定我國的軍事優勢日漸下降。2019 年的《中國軍力報告書》指出，中國正研究發展的對台動武選項，包括封鎖、有限軍事行動、空中轟炸，或飛彈襲擊我軍事基地或防禦系統，以及全面入侵台灣等項。國防部長嚴德發於 2020 年 5 月 6 日立法院備詢時坦承，「台海與區域情勢越來越嚴峻」，「國軍會盡力預防戰爭，不輕啟戰端，不挑釁，也不怯戰，完成防衛作戰準備。」

　　美國國務院於 2020 年 10 月 21 日通過售台 M-142 高機動性多

現在

管火箭系統（HIMARS、海馬斯）、增程型距外陸攻飛彈（AGM-84H/K SLAM-ER）、F-16 戰機外部傳感器等武器。26 日再同意再銷售台灣 100 套「岸置型魚叉飛彈系統」，包括 400 枚 RGM-84L-4 魚叉 II 型地面發射飛彈、4 枚 RTM-84L-4 魚叉 II 型訓練飛彈、411 隻集裝箱、100 輛魚叉飛彈岸置防禦系統機動發射器運輸載具（發射車）、以及 25 輛雷達車等，總價 23.7 億美元，711 億台幣。11 月 3 日又宣布售台 4 架「海上衛士」無人機，總價 6 億美元。美國半個月之內宣布三批軍售，可見台海情勢的危急。12 月 7 日美國國防部又宣布售台總額 2.8 億美元的野戰資訊通信系統。

目前台灣擁有三型魚叉飛彈，分別是海軍「潛射型」UGM-84L、海軍「艦射型」RGM-84L、空軍「空射型」AGM-84L，加上這次對美採購的「岸置型」RGM-84L，台灣將擁有空、潛、陸、艦射四型魚叉飛彈。台灣的防衛能力獲得充實，也加速提升了不對稱戰力。美國售台的 400 枚 Block II 魚叉飛彈是改良型號，能打擊一些沿海目標，或港口內船艦的能力，不僅是防禦武器，還是一種進攻性武器，若部署在金門、東引等「前沿島嶼」，對中國大陸的威脅更大。

此外，日本近年在琉球群島多個島嶼部署 88 式或 12 式岸置飛彈，射程覆蓋宮古海峽等重要水道。最近幾項軍購案，可提升台灣與周邊盟國的連結，特別是與美軍新的「跳島制海」戰略結合，北可連結日本西南小島封鎖宮古海峽、南可扼控巴士海峽，成為「飛彈島鏈」，足以封鎖共軍擴張。

附錄

武漢肺炎大事紀

日期	事件
2019.09.18	武漢天河機場舉行的應急處置演練活動中，就曾模擬機場通道發現一例新型冠狀病毒感染的處置過程。
11.17	武漢爆發首例，患者是 55 歲的湖北人，到 11 月底已有 5 女 4 男確診。
11.27	湖北省中西醫結合醫院呼吸與危重科主任醫師張繼先將情況上報，成為「拉響警報第一人及醫院救治帶頭人」，當時已有 180 人感染。
12.18	武漢中山醫院收到首起病例報告。
12.24	病例樣本送到廣州「微遠基因科技公司」進行基因定序。
12.27	檢測結果是「一種新的冠狀病毒」。
12.29	湖北省武漢市衛健委通知省、市、區三級疾控中心啟動緊急處置工作流程，展開流行病學調查。
12.30	中國科學院武漢病毒研究所取得病毒樣本。 李文亮醫師透過微信上網發文警告疫情，後遭訓誡，於 2 月 7 日病亡。
12.31	中國官方向 WHO 正式通報武漢疫情。
2020.01.01	湖北省衛健委下令：1. 再有這類病例樣本「不能再驗」；2. 已有樣本「必須銷毀」；3.「不能對外透露相關訊息」。
01.02	武漢病毒研究所完成病毒基因定序。

現在

01.03	國家衛健委發布通知，未經批准不得對外提供生物樣本和相關訊息，已獲得樣本應「立即就地銷毀或送交國家指定保藏機構保管。」
01.05	武漢病毒研究所分離出病毒株。
01.10	上海復旦大學、中國疾病預防控制中心等中國研究機構公布新型冠狀病毒的基因序列。
01.11	中國宣布首起武漢肺炎死亡病例。
01.12	世衛將其正式命名為 2019 新型冠狀病毒（Novel coronavirus, 2019-nCoV）。
01.17	武漢通報出現第二名死亡病例。
01.18	習近平訪問緬甸，與翁山蘇姬發表聯合聲明。
01.20	習近平宣布武漢疫情。
01.23	武漢宣布封城。
01.25	習近平指示成立「中央應對新冠肺炎疫情工作領導小組」，指派李克強擔任組長。
01.26	派出中國工程院院士、軍事科學院研究員陳薇少將坐鎮武漢。
01.27	李克強視察武漢。
02.02	湖北省宣布對所有疑似病患進行集中隔離，開始建設方艙醫院。同日，火神山醫院交付使用。
02.23	習近平下令 3 月 10 日前必須扭轉局面，取得階段性中意成果，並於 3 月底全面復工復產。
03.09	衛健委公布，武漢外連續四天無新增病例。
03.10	習近平首次前往武漢視察疫情防控工作，方艙醫院休艙，當晚武漢台商包機返台。
04.08	武漢解除封城。

資料來源：相關新聞整理。

近年兩岸軍費對比

台灣（台幣）	年度	中國（人民幣）
3,192 億	2017	1 兆 444 億
3,231 億	2018	1 兆 1,069.51 億
3,404 億	2019	1 兆 1,898.76 億
3,512 億	2020	1 兆 2,680 億
3,668 億	2021	N/A

資料來源：相關資料整理。

註：台灣 2021 年度為行政院編列金額，其餘年度為立法院通過的法定預算數。

第一島鏈戰略區域圖

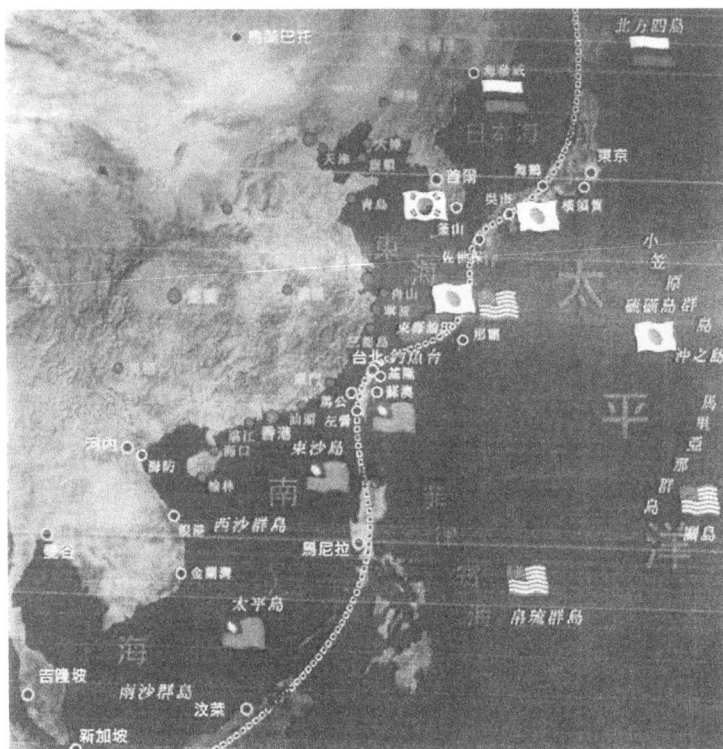

現在

2019 兩岸軍力對比

	中國總數	中國東部及南部戰區	台灣
地面軍隊	102 萬人	40.8 萬人	14 萬人
集團軍群	13	5	3
武裝旅	78	30	不知
空中攻擊 / 陸軍航空旅	15	5	4
砲兵旅	15	5	3
空降旅	6	6	0
海軍陸戰旅	6	4	2
各型坦克	5,800	不知	800
各型大砲	8,000	不知	1,000
驅逐艦	33	23	4
護衛艦	54	43	22
小型護衛艦	42	33	0
中型登陸艦	22	16	0
坦克登陸艦 / 兩棲運輸船塢艦	37	35	14
柴電潛艇	50	34	2
核動力攻擊潛艦	6	2	0
彈道飛彈潛艦	4	4	0
航空母艦	1	0	0
海巡飛彈快艇	86	68	44
海巡艦	248	不知	23
戰機	1,500	600	350
轟炸機	450	250	0
特殊任務飛機	150	90	30

資料來源：美國國防部《2019 年中國軍力報告》

川普任內對台軍售案（2017.06~2020.12）

宣布日期	軍售內容	金額（美金）
2017.06.29	HARM 反輻射飛彈、聯合距外武器（JSOW）空對地飛彈、MK48 魚雷、標準二型（SM-2）飛彈備份組段及技術支援等項。	14.2 億
2018.09.24	F-16 戰鬥機、C-130 運輸機、F-5 戰鬥機、經國號戰鬥機的 5 年份標準航材零附件及相關後勤支援系統。	3.3 億
2019.04.15	美國路克基地 F-16 戰機飛行員訓練及後勤維護續約。	5 億
2019.07.08	M1A2T 艾布蘭主力戰車、M88A2 裝甲救濟車、M1070A1 重裝備運輸車等。	22.24 億
2019.08.20	F-16 V 型戰機（Block 70 型）、奇異公司 F110 發動機及相關裝備與支援。	80 億
2020.05.20	MK48 魚雷（Mod 6 AT）及備料、支援與測試設備、運輸器、培訓與技術後勤支援。	1.8 億
2020.07.10	愛國者三型飛彈零組件相關。	6.2 億
2020.10.21	海馬斯多管火箭系統、F-16 新式偵照莢艙 (MS110)。	18.113 億
2020.10.26	魚叉海岸防禦系統（HCDS）。	23.7 億
2020.11.03	4 架 MQ-9B（可裝配武器）、2 座固定地面控制站等。	6 億
2020.12.07	戰地訊息通訊系統。	2.8 億
總計：約美金 183.8 億元，折合台幣約 5,500 億元。		

資料來源：相關新聞整理

現在

第八章

太平洋新世紀

東亞新情勢

　　21 世紀是「中國龍」挑戰「美國鷹」爭搶全球霸主的時代，而美、中權力對峙的狀態就是美國「海權」與中國「陸權」相互爭霸的對抗格局。美中兩強在東北亞相遇，東北亞有五個海：日本海、黃海、東海、台海及南海；五海連動的博弈，就是美中爭霸，海陸對抗的賽局。但在這五海當中，有中國、南北韓、日本、台灣及菲律賓六國，近年出現最重大的問題包括朝鮮半島無核化、香港「一國一制化」、南海國際化，以及台灣與中國的關係。

一、20 世紀海陸爭霸

　　過去 20 世紀美國海權與歐亞大陸陸權的爭霸論述可供 21 世紀未來海陸對抗的參考。20 世紀海權論者美國軍史學者馬漢（Alfred Thayer Mahan，1840~1914）認為戰爭的結果決定霸權的興亡，而影

響戰爭勝負的關鍵則是控制海洋。透過海洋尋求權力，較通過陸路更為明智。

但陸權論者英國地理學者麥欽德（Halford J. Mackinder，1861~1947）則將歐非亞大陸視為「世界島」，認為這個世界島如果被統一起來並開始尋求控制海洋，其龐大的資源不是海權國家所能企及。

另外，邊緣地帶論者美國國際政治學者史派克曼（Nicholas Spykman，1893~1943）認為世界將出現一個海、陸權相互對抗的局面，而海、陸權對抗的交界地帶稱之為「邊緣地帶」（rimland），將是世界權力的樞紐。因為陸權國家必須要有出海口，否則經濟將被窒息；而海權國家又必須擁有港口基地，才能確保海權。「誰能控制邊緣地帶，就能控制歐亞大陸；誰能控制歐亞大陸，就能控制全世界。」這邊緣地帶在亞洲的部分，就是朝鮮半島、日本、中國東南沿海、東南亞與南亞。

21 世紀時空已變為美國海權對抗中國陸權的時代，東亞地區也變成美國鷹與中國龍兩個霸權爭戰的中心。

二、五海連動

當今亞洲安全議題的核心，是美、中兩國之間展開的「五海連動」交鋒。「五海連動」意味著區域中發生的事件彼此有連動性，伴隨中國「一帶一路」的戰略發展，五海各具海洋戰略價值。

1. 日本海（南韓稱東海）

日本海內有兩個小島及三十二個小礁，南韓稱「獨島」，1905

現在

227

年時日本將之改名為「竹島」，劃入島根縣。但 1954 年起，韓國在該島立領土主權碑，實際控制該島。日本向國際法院訴訟，但南韓相應不理，也拒絕國際仲裁，兩國經常為此起紛爭。

2. 黃海（南韓稱黃海，北韓稱朝鮮西海）

位於中國與朝鮮之間，韓戰結束後，南北韓在陸地以北緯 38 度線為分界，海域則未約定。1953 年，美韓片面劃設「北方分界線」，1976 年北韓也自行劃定「南方警戒線」，南北韓經常在此海域起衝突。此外，南北韓在與中國的劃界亦各有盤算。

南韓於 2015 年元月 29 日與中國開始舉行海域劃界談判，中方主張按自然延伸原則劃分黃海與東海海域界線，韓方則主張以雙方公認的兩岸基線為端點，按中間線畫分兩國海上邊界，如此南韓將多劃出十八萬平方公里海域，中方無法接受。此外，北韓於 1977 年 8 月宣布設立「軍事警戒線」，與中方的經濟水域重疊，雙方在領海界線問題上未達成共識，還存有黃海大陸礁層劃界的爭議。

3. 東海

在東海，中國、日本和台灣都各自主張擁有釣魚台列嶼（日本稱為尖閣諸島，中國稱釣魚島）的主權。1968 年「聯合國遠東經濟委員會」預測釣魚台列嶼附近東海的大陸礁層可能蘊藏大量石油，日本遂於 1970 年 7 月向我國提出外交照會，否定我國對海域石油礦區之權利，負責託管釣魚台的美國於 1971 年將行政權返還琉球，爭端遂起。

2012 年 9 月 11 日日本宣布將釣魚台列嶼「國有化」，引起中國的激烈抗爭。2013 年 11 月 23 日，中國發布「東海防空識別區」，

由於與日本防空識別區大多重疊並涵蓋釣魚台，也與台灣的防空識別區部分重疊，日本對此表示抗議。美方表明釣魚台是日本行政權下的領域，適用《美日安全保障條約》第 5 條。

4. 台灣海峽

自從中華人民共和國成立以來，「解放台灣，實現祖國統一」是他們的國家目標。七十年來，兩岸關係始終在緊張對峙中渡過，尤其民進黨執政時期，兩岸由冷和而冷戰，這幾年更由冷戰而瀕臨熱戰。2020 年年初爆發新冠病毒後，人民解放軍的機艦更加緊在台海周邊騷擾威嚇台灣，台灣海峽幾乎成為國際矚目的火藥庫。

5. 南海

中華民國因對東沙群島及太平島與中洲礁有效管轄，堅持對南海島礁、海域的主權。但《聯合國海洋法公約》1984 年生效，美國認為中國主張以中華民國 1947 年公佈的 U 形「十一段線」做為其在南海的歷史性水域標誌違法，因而要求台灣修改，甚至放棄南海島礁的主權。

中國以「繼承」中華民國確立的「十一段線」區域為依據，主張全部南海權利，但願意依照公約精神與相關各國和平解決爭端。2002 年「東協十加一」高峰會簽署《南海各方行為宣言》（*Declaration on the Conduct of Parties in the South China Sea*）。2015 年 5 月，馬英九總統發表《南海和平倡議》，表明中華民國對南海問題的聲明，繼任的蔡英文總統亦指示有關單位將太平島建設成一個人道救援中心。

話雖如此，中國卻帶頭在南海興風作浪。為了擴大「反介入

現在

/ 區域拒阻」能力，中國必須改變南海島礁的領土、海洋、天空及網路空間，因而在南海七個島礁部署各式雷達，加上陸續完成的碼頭、機場跑道與空防設施，大為提高中共海空監控南海海域的能力。西沙與南沙除了完整島嶼，還包括數十個岩礁、環礁、沙洲與珊瑚礁。至於中國控有的黃岩島在菲律賓杜特蒂總統訪中後，已開放菲律賓漁民使用。

此外，越南已陸續佔有近四十八個島礁，南威島（越方稱長沙島）是目前最大島。越南政府修建一條長約 550 公尺跑道及直升機坪，也修建無線電發射塔，東南側更有兩個碼頭，基礎設施完整。

印尼於 2014 年發起兩年一度的「科莫多海上聯合軍演」（MNEK），以海上災害救援行動為演訓主軸，針對各項人道救援行動展開演練，提升維和任務的能量。首屆有十八個國家參與，2018 年規模擴大到三十七國。

台灣控有的太平島，目前擁有一條跑道、一個診所，以及相關住處，台灣海岸警衛隊和海軍更在太平島附近舉行搜救演習，也曾救助過遭遇風暴的越南水手。台灣努力塑造成南中國海爭端地區的和平締造者。

三、朝鮮半島問題

朝鮮半島是海權與陸權爭霸的交會點，周邊國家包括中國、俄羅斯與日本。另外，美國與朝鮮半島的關係既敏感，也脆弱。

朝鮮半島的核心問題在於：1. 北韓想統一南韓，必先將美軍趕出朝鮮半島，這符合中國利益，2. 美國利用南韓就近監測中國及北韓，因此不願離開朝鮮，也不願南北韓統一。

　　過去中國、北韓、南韓、美國、俄羅斯和日本等六國成立「六方會談」，旨在解決朝鮮核武問題。會談於 2003 年 8 月 27 日開始，到 2007 年 9 月 30 日為止，共舉行過六輪，2009 年北韓宣布退出，以後未再召開。

　　中國在朝鮮半島扮演特殊的多元角色，包括：1. 北韓的指導與支持者、2. 南韓經濟的合作者、3. 南北韓對立的平衡者、4. 六方會談的調和者、5. 兩韓防制日美聯盟的影響者。

　　因此，中國在半島上所採取的外交政策是「無核、無戰、無亂」，壓抑北韓在朝鮮半島動武，鼓勵南北韓和解對話，平衡美國對北韓的壓力。為維持朝鮮半島的和平與穩定，達成半島的無核化、中國以糧食與原油供應北韓克服民生困頓、並且和南韓推展政治經濟合作。但中國為了發展南海軍事化，並不希望徹底解決南北韓問題，以便讓美國無法全心應對南海問題。

　　至於美國，1994 年 6 月，柯林頓政府與北韓政府達成了《朝核問題框架協定》（*DPRK-U.S. Nuclear Agreed Framework*），美國承諾為北韓提供必要的能源，並幫助其建立輕水反應堆等電力設施。北韓則承諾將實現半島無核化，兩國關係因此升級為大使級外交，但 2002 年時，小布希總統把北韓列為「邪惡軸心」，作為核打擊對象，並停止能源供給，兩國交惡。

　　川普總統上台後強調「美國優先」，而北韓密集地進行導彈發射，並在製造技術及核彈頭縮小化取得可觀的進展與實力，逐漸成為亞洲的不穩定因素。因此川普積極建構新的亞太戰略，包括美日同盟的保證、在韓國積極部署薩德系統、與中國營造建設性關係，協商管控北韓導彈危機。

　　薩德飛彈部署在南韓，號稱要監督北韓，實際是美國要監督中

俄兩國。俄羅斯聲稱要在遠東部署第 107 戰術導彈旅以強硬回應，中國也對南韓施加壓力，因為朴槿惠配合美國加緊部署薩德飛彈，令中國不安也不滿。

川普與金正恩老少對罵，舉世不安，尤其日本及南韓身受池魚之殃。後來幸經南韓總統利用冬季奧運誠邀北韓參加，南北韓雙方領導人文在寅與金正恩因此互訪而使南北韓關係解凍，終於在新加坡上演川普與金正恩相見歡的和平秀，暫時化干戈為玉帛。川普對金正恩好話說盡，而金正恩也期待國際解除制裁，美國經援北韓成真。但和平秀落幕後，川普不再重視北韓，朝鮮半島非核化的目標仍舊遙遙無期。2020 年春天，金正恩與其胞妹金與正聯手演出「炸樓記」宣洩不滿，美國應該有所安撫。風波暫告平息，但根本問題並未解決。

太平洋與台灣

海洋覆蓋地球面積的 71%，地球上 80% 的生物蘊藏在海洋之中，海洋提供給人類的生物為陸地的一千倍。二次世界大戰結束之後，吹起全球化的氣息，而國際體系逐漸形成多元格局，各國對海洋利益的爭奪更甚於陸地，海洋因此成文人類文明的新高地（new highland）。

一、太平洋的重要性

太平洋是地球上最深最大的海洋，覆蓋地表三分之一以上面積，有三十個國家，一萬多個島嶼，世界 40% 的人口居住在其周

邊地區，而全球三分之二的漁獲量，百分之九十以上與海洋相關的產品皆來自太平洋地區。太平洋地區各國已擁有全球一半以上的經濟實力，成為人類最重要的生命磁場，21 世紀是「太平洋世紀」，其安危禍福維繫全世界。

太平洋在國際交通上具有重要意義，許多聯繫亞洲、大洋洲、北美洲和南美洲的重要海、空航線均經過太平洋；東部的巴拿馬運河與西南部的馬六甲海峽，是通往大西洋及印度洋的捷徑，對環太平洋國家的海上生命線具有關鍵性地位。

太平洋各種經濟、政治等活動所形成的緊密通訊網絡活動，對經濟的發展和戰略部署也具有重要的作用。此外，第三波新科技革命將人類文明推向新高科技的另一高峰，因此，太平洋已成為世界經濟的大磁場，為世界經濟注入強勁的推動力，支配世界的經濟活動，而重要的科技重鎮都位在亞太地區。

有些國家憑藉優勢的海上武力和先進科技，大量開採國際海域底層的礦產資源，擴大海洋資源的探勘範圍。因此，對海峽、島嶼以及海域轄區的爭奪，已形成後冷戰時期對全球和平最嚴峻的挑戰。海洋變成隨時可能爆發戰爭的火藥庫，尤其在資源蘊藏豐富的太平洋廣大海域。

二、美國擁有太平洋？

美國早期移民來自歐洲，原本重歐輕亞。冷戰結束後，歐洲逐漸區域統合成功，美國在歐洲難有用武之地，因此高喊重返亞洲，或者亞洲再平衡。一方面因為亞洲各國尚未完成區域統合，二因美國從 1867 年以一元美金向俄國買下阿拉斯加之後，因緣際會，領

現在

土伸展到亞太區域，而於 1893 年取得夏威夷，1899 年美西戰爭後，取得關島及菲律賓。

1941 年日本偷襲駐夏威夷珍珠港的美軍，原本宣布中立的美國被迫參戰，開啟了美國與太平洋的歷史。1945 年 8 月 15 日，日本天皇宣布投降，美國以戰勝國之姿與英、法、蘇、中等國推動聯合國組織，逐步躍登國際霸主，尤其接收太平洋諸多原被日本軍事佔領的島嶼後來紛紛獨立。美國與亞洲交往日益頻繁，亞裔移民也大量增加。不過，它雖成功處理日本的善後事宜，通過《舊金山和約》，並以「非武裝中立」設定日本戰後的國家定位，但美國在 1950 年的韓戰和 1970 年代的越戰並不風光，甚至挫敗，導致朝鮮和越南分裂成共產和非共產政權。

太平洋是冷戰結束後美國與中國兩大強權戰略力量交會的地區。對美國而言，太平洋是發展全球戰略的重要依託，而亞太地區更是美國維持全球秩序的主軸。

中國瀕臨太平洋，自實施改革開放以來，沿海城市和經濟特區已成為中國經濟戰略的核心地帶。太平洋是中國發展的最重要舞台，中國希望有效控制附近海域，以通往太平洋水域的重要海峽航道，掌握戰略主動權。因此中國高度重視對周邊海域的經營，也制約其他國家對該海域的滲透。

美國與中國在亞太地區或西太平洋海域的權力競逐，主要為了控制西太平洋重要海峽和海上通道的支撐點。美國近年為對抗中國的銳實力，與英國合力組成「五眼聯盟」，使加拿大及紐澳形成反中集團，原本彷如中國護城河的「五海」，無形中幾成美國的內海。中國曾說要與美國共管太平洋，但美國想獨攬太平洋，因此建構三個島鏈抵擋中國。

三、海洋台灣的戰略價值

　　台灣地理位置特殊，居於東亞島弧中央，北連日本群島、朝鮮半島，南接菲律賓群島、南海諸島，西臨中國大陸，東向太平洋。五海連動中，台灣掌握了東海、台海、南海等三個海域的重要戰略地位，台灣海峽向來成為大國和區域國家的角力場所，是全球最可能爆發衝突的「熱點」。此外，台灣周邊海域擁有豐富的海洋資源，對於海洋永續發展的海上生命線的維護，自然關係到台灣與鄰近國家的安危禍福。

　　1982 年通過，1984 年施行的《聯合國海洋法公約》（*United Nations Convention on the Law of the Sea*）對群島國的領海畫法和海上權利作了規範，但對 1982 年之前各國既有的歷史主權爭議依舊無解。台灣在東亞五個海域中的三個海域面臨挑戰：

1. **東海：台灣與日本均主張兩百海里專屬經濟海域，而中國亦主張有管轄權，使東海海域敏感複雜，而那些海域又是台灣漁民重要的傳統漁場。我國雖於 2003 年 11 月劃設暫訂巡漁執法線，但在執法線範圍內仍經常與日方發生衝突。**

2. **台海：中國對台主張擁有領土主權為我方所無法接受，造成兩岸長期緊張。為維護台海和平，我方設有多處防空基地，又有美方協助的許多防禦軍事設施，台灣自製的雄三飛彈與雄二 E 增程飛彈對中國航母構成重大威脅，台海戰雲密佈，日甚一日。**

3. **南海：我國雖宣稱擁有 U 型「十一段線」歷史性水域，但目前卻有中、越、菲、馬及汶萊聲索國實際控佔島礁，中國更不斷填海造島並加以軍事化，而美國為維護國際自由航行權更多方進出南海，挑戰中國，情勢十分緊張。**

　　近年來由於中國在南海海域快速填島造陸，建構軍事基地，並

現在

部署最新核武設施，致使東亞地區海域繁忙緊張不已。根據 2017年 3 月 6 日美國國防部公布《2016 自由航行報告》，從 2015 年 10月 1 日至 2016 年 9 月 30 日，美國為行使自由航行權，船艦已行經或飛機越過全球各地總共二十二個「過度主張海洋主權」國家的海域。日本亦增加南海巡航與訪問的頻率，中國則增加穿越日本群島海域與環繞台灣海峽，強化西太平洋的演訓。因而激發印澳等進入相關國際海域，實施自由航行的舉動。2019 年以來，中國人民解放軍更加緊在台海及南海的演訓和恫嚇，而中軍機艦所至，美國必隨之而來。「龍鷹」會師台海周遭，使戰雲密佈，危機重重。

具體而言，台灣對東北亞區域的政經及安全戰略具備重要的戰略地位：

1. 台灣是第一島鏈的中間點，是美國遏制中國海權，也是中國航向太平洋的戰略要地。

2. 台灣北往鄂霍次克海，南至麻六甲海峽，上有宮古海峽，下有巴士海峽，是西太平洋的海洋中心。

3. 台灣位於日本那霸與菲律賓蘇比克灣，及日本橫須賀港與越南金蘭灣港的中間，是海權重鎮。

4. 台灣位於中國長江三角洲與珠江三角洲的中間，是這個富庶的經濟精華區中心。

近數十年來台灣致力深化民主改革、經濟發展及人權保障等成就，備受世人肯定。台灣的發展與東亞地區安全繁榮息息相關，是東亞地區和平穩定的關鍵、兩岸發展的正向力量。只要台灣與中國關係能夠正常化，東亞地區便能安定和平。面對當今全球安全秩序重整與變動之際，台灣扮演著區域和平安定的關鍵角色。

東海之爭：釣魚台

一、 釣魚台的過去

中國主張釣魚台是中國的，大多根據明清時代皇帝冊封琉球國王的史料，記載特使團搭乘的船舶從大陸沿海先經過釣魚台，而後到達琉球。此外，明代為剿滅「倭寇」，將釣魚台列為海上防區。

不過，1895 年 1 月 14 日，日軍在甲午戰爭中攻下遼寧，日本天皇就在內閣會議通過決議，將釣魚台以「無主物」劃入日本國疆域圖中，但未公告，因此外人（包括清廷）無從抗議，在國際公法上算不算「無主物先佔」，實有問題。因此在稍後的 4 月 17 日簽訂《馬關條約》，日本因已將釣魚台劃入日本版圖，未再提及釣魚台，而中國也根本未關心到釣魚台。

《馬關條約》第 2 條第 2 款規定：

「中國將管理台灣全島及所有附屬各島嶼，永久割讓日本。」

事實上，大清律令在台灣的有效管轄權只佔全島三分之一，即西側的六個漢人屯墾區。對於位在台灣島北部外海，由大屯山大陸棚延伸過去的三個海上小島根本不在意，更談不上「主權」問題。

1943 年開羅會議期間，美國總統羅斯福私下與蔣介石會談，羅問蔣戰後要不要收回琉球群島，蔣因內有毛共，外有日本要對付，回說「希望未來與美國共管」。蔣介石在日記中寫道，事後憶及此事，他後悔不已。

1945 年 4 月 1 日，美軍發動沖繩戰役，登陸琉球，稱 L Day。日本政府當天頒布日本憲法，將台灣及澎湖正式編入日本領土。不

現在

過，在此之前，1937~1940 年間，台北州和沖繩縣之尖閣諸島漁場發生糾紛，東京裁判所於 1944 年判決：「尖閣群島歸台北州宜蘭郡管轄，與沖繩縣無關。」因此，1945 年日本憲法將台灣正式編入日本國土時，自然包括釣魚台在內，釣魚台被編入沖繩縣石垣市之「尖閣諸島」。

二、舊金山和約

《舊金山和約》第 3 條「信託統治」：

「日本同意美國對北緯 29 度以南之西南群島 (含琉球群島與大東群島、孀婦岩南方之南方各島 (含小笠原群島、西之與火山群島，和沖之鳥島以及南鳥島等地送交聯合國之信託統治制度提議。在此提案獲得通過之前，美國對上述地區所屬居民與所屬海域得擁有實施行政、立法、司法之權利。」

注意：《舊金山和約》第 2 條「領土放棄」規定：

（b.）日本放棄對台灣、澎湖群島的一切權利、權利名義與要求。

（f.）日本放棄對南沙群島與西沙群島的一切權利、權利名義與要求。

在 1951 年 9 月 8 日舊金山和會召開前，釣魚台是中日兩國的歷史問題，但當時中國國共雙方均未與會，導致《舊金山和約》中將台澎與釣魚台分開處理，使美國享有託管行政權，從此釣魚台由歷史問題變成國際問題，而且美國對釣魚台享有話語權。

三、美國與釣魚台

美國與釣魚台的淵源來自 1952 年 4 月 8 日生效的《舊金山和約》，1953 年年底美國即將釣魚台列嶼納入管轄，直到 1972 年 5 月將釣魚台之「行政權」併同琉球移交日本，但未包括主權。美國的立場是「主權問題應由當事國自行解決」。

釣魚台因長期無人居住，彷彿海上睡美人，若非 1968 年「聯合國遠東經濟委員會」勘探發現，廣大東南海域包括釣魚台海域蘊藏極豐富的海底石油資源，預估釣魚台海域石油儲藏量約達一百四十億噸，另外礦產如金銀錳的儲量可供日本使用一千年。尤其 1982 年聯合國《海洋法公約》規定，「專屬經濟區是領海以外並鄰接領海，自領海基線量起，寬度不超過兩百海哩的海洋區域。」依此規定，所有沿海國家對專屬經濟區享有：探勘和開發、養護和管理海床上覆水域和海床及其自然資源的主權權利。一時之間，美、中、日、台都對釣魚台群島刮目相待。

事實上，釣魚台列嶼包括釣魚台、北小島、南小島、黃尾嶼和赤尾嶼五個，最後兩小島提供給美國海軍作為射擊及轟炸訓練用靶場。因此 1953~1971 年間，美國海軍每年支付一萬一千美元給在尖閣群島墾殖的古賀家族，作為軍事訓練用地。2012 年東京都知事石原慎太郎宣布東京市政府擬購買，後來由日本中央政府收購前面三島。

1968 年 4 月 5 日，美日簽訂《關於日本與美國之間南方諸島及其他諸島的協定》（簡稱《小笠原返還協定》）。1971 年 6 月 17 日，美日發表《沖繩返還協定》，將琉球群島及大東島管理權歸還日本。

2020 年 7 月 19 日，日本《共同社》報導，由於日本和中國對釣魚台列嶼的主權爭議，日本防衛省已修改航空自衛隊戰鬥機緊急升空攔截的標準，大幅加強因應中國軍機在東海空域出沒的措施。

現在

例如，位於沖繩的那霸基地，將針對所有剛從中國福建省境內空軍基地起飛的中國空軍戰機，立即下令空中自衛隊戰機緊急升空緊戒，阻止中國軍機進入該釣魚台周邊空域。

中國政府透過外交管道，向日方表示日本漁船「入侵領海」，要求禁止駛入，並要求停止沖繩縣石垣市議會通過的 10 月起變更釣魚台名稱措施，遭日方拒絕。

空中自衛隊那霸基地距離釣魚台約四百一十公里，調派 F-15J 戰機需飛行約二十五分鐘。根據防衛省 4 月公布的戰機緊急升空攔截實施狀況，2019 年全年為九百四十七次，其中針對中國軍機者共六百七十五次，佔全年總次數約 71%。自衛隊近年增強島嶼防衛能力，尤其西南地區，2020 年 3 月在宮古島部署地對空誘導彈部隊及地對艦誘導彈部隊，在石垣島也部署可以最快出勤的警備部隊，也在熊本市部署電子戰專門部隊，以強化西南群島的離島防衛能力。

四、台灣與釣魚台

就地質構造言，釣魚台列嶼根本是台灣大屯山火山大陸棚的延伸，距基隆 186 公里，向來登記為宜蘭縣頭城鎮大溪里，也是自古以來宜蘭和基隆漁民世代捕魚、登島沖洗休息的小島嶼，上面還殘留幾樁遇難台籍漁民的簡陋墓碑。

然而從上述追溯的歷史演變，台灣扮演何種角色？有任何聲索的話語權？事實上，台灣本身就是「人為刀俎，我為魚肉」的島嶼，任人宰割。本身沒有主權的台灣，如泥菩薩自身難保，如何庇佑釣魚台？

不只台灣，1970 年代「中華民國」風雨飄搖，，當時中共積極要加入聯合國，而且美國醞釀與中國建交。蔣介石擔心中共入

會,聯合國安理會席位不保,既不敢得罪美國,日本也得拉攏,因此反對留學生搞保釣、反美日,釣魚台就這樣搞掉了,「中華民國」在聯大的代表權也被中華人民共和國排擠掉。

1971 年 6 月 11 日,我國外交部獲悉美日簽署《返還協定》時,曾發表宣言,「基於歷史、地理、使用及法理之理由,釣魚台為中華民國領土不容置疑,故應於美國結束管理時交還中華民國。」

中華民國歷任民選總統,面對釣魚台問題,無論藍綠,立論大體一致。1996 年 7 月,李登輝總統提出四大處理原則:

1. 堅決主張擁有釣魚台主權。
2. 以和平理性的方式解決問題。
3. 不與中國大陸共同處理。
4. 優先維護漁民權益。

2012 年 4 月 8 日,《台北和約》生效六十週年,馬英九總統發表《東海和平倡議》,堅持主權在我,但願擱置爭議,研擬《東海行為準則》,建立機制,合作開發東海資源。同年 9 月 7 日,馬英九視察彭佳嶼,瞭望釣魚台,重申《東海和平倡議》,以對話取代對抗,以協商擱置爭議。

五、釣魚台的戰略地位

釣魚台的軍事戰略地位更形重要。它位於西太平洋第一島鏈的中段,是中國突破第一島鏈的關鍵點,也是日本遏制中國向藍海發展的關鍵。日本如擁有釣魚台主權,釣魚台將成為日本進入台灣海峽,南下西太平洋與東南亞的戰略之路。

現在

241

　　2009 年 2 月美國與日本同意將釣魚台與琉球併入《美日安保條約》第 5 款規定的範圍，美軍會支援釣魚台，日本防衛省也在離台灣花蓮一百一十公里的與那國島派駐陸上自衛隊，與那國島上有兩座海拔 231.3 公尺及 188 公尺的山峰，架設雷達可以監控台灣東部及高雄海空軍基地。日本不排除在釣魚台設海空偵察設備，美國也希望日本同意支援能覆蓋東南亞地區的「戰區飛彈防禦系統」（TMD），用以攔截中短程導彈，以增強日本抗擊朝鮮和中國的導彈攻擊。

　　相對地，釣魚台對中國當然也具有重大的戰略價值。首先，中國如擁有釣魚台主權，就能打開第一島鏈的鎖封，自由進出宮古海峽和台灣海峽，甚至巴士海峽，台灣將徹底失去東部戰略縱深及屏障，讓台灣東西南北四面孤困，更可阻滯美軍馳援台海，甚至南海，強化中國的「反介入／區域拒止」戰略。

　　鑑於釣魚台的戰略及經濟價值，中、日、台三方無人輕言放棄，但中國從不接受國際機構的仲裁或判決，而台灣又非聯合國會員國，和平無解，但戰爭代價太高，萬不可輕啟戰端，因此出現「擱置主權，共同開發」的論調。可是一旦開發，各國無不利益擺最前，休言合作。不如大家效法《南極洲公約》的精神，為確保釣魚台的永續發展，所有聲索國均同意不武不核，而由國際監督，使釣魚台海域成為「國際海洋保護區」。

南海：龍鷹大戰場

一、誰的南海？

在東亞的五海中，以南海面積最大，船舶通行量是蘇伊士運河的三倍，巴拿馬運河的五倍，漁業資源估計佔全球漁獲量 80%，至於海底資源更難以估算。

二戰結束後，1946 年中華民國海軍在美國授權及援助下，派遣太平、中業、中建和永興四艘美援軍艦前往南海，依海圖前往接收二戰期間被日本佔領的東沙、西沙、中沙和南沙。當時，越南、菲律賓及馬來西亞仍分別在法國、美國及英國佔領之下，未獨立建國。事實上，戰後美軍曾登陸東沙島，並升上美國國旗，因此南海的九段線應該是盟軍委託軍事佔領的管轄線，中華民國政府遂以斷續線而非實線或虛線劃出。然而三年後，中華人民共和國推翻中華民國，從而主張「繼承」中華民國從盟軍所接收的各個群島。

圖 8-1：南海諸島位置圖

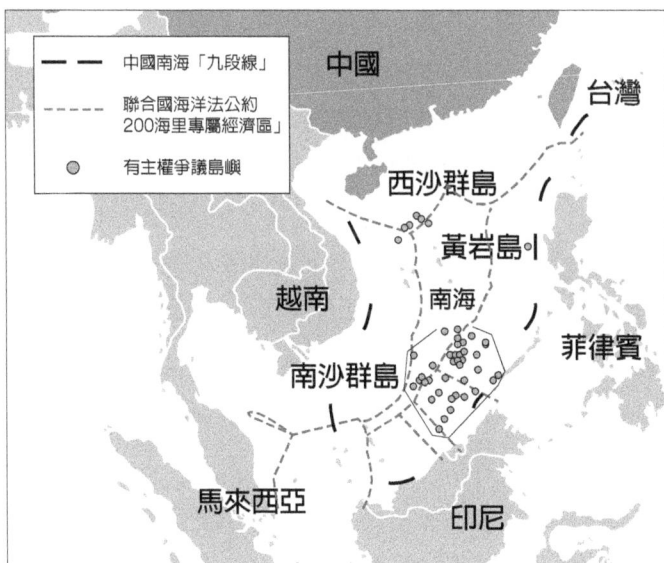

　　1948 年 2 月，中華民國行政區域圖附印《南海諸島位置圖》，共計有一百五十九個小島或礁嶼。但在此之前，1930 年中華民國政府便在南海水域中劃定一條 U 型線，U 型線內的水域，不是領海，也非鄰接區，但長久以來中國人都在此享有優先漁權，屬於歷史性水域。

　　內政部地政司的網站如此說明：「南海一直以來是福建、廣東、海南島及台灣漁民就近前往活動、捕撈、藉以維生的場所。至明清時期，可以實際行政或軍事作為宣示主權。因此，無論就歷史地理及國際法而言，南海諸島及其周遭水域係屬中華民國固有領土及水域，其主權屬於中華民國，不容置疑。」外交部更強調：「中華民國對上述島嶼及周遭水域、海床及底土享有國際法所賦予之所有權益，任何國家以任何理由或方式予以主張或佔據，在國際法上均屬無效。」

　　但是，中華人民共和國又是如何主張南海主權呢？

　　1958 年中國發表《領海聲明》，將中國大陸及沿海島嶼，包括台澎及東沙、西沙和中沙群島宣稱為「中華人民共和國領海，寬度十二海浬」。2011 年 9 月 19 日外交部發言人洪磊聲言：

　　「中國對南沙群島和附近海域擁有主權的歷史和法理依據在於，中國最早發現並命名南海諸島，最早並持續對南海諸島行使主權。⋯ 1949 年中華人民共和國成立後，繼續行使對南沙群島的主權。中國自古以來還對南海有關海域長期進行開發利用和管轄，中國在南海的主權、權利以及相關主張是在長期的歷史過程中形成和發展起來，一直為中國政府所堅持。」

　　中華人民共和國的「歷史海域說」跟中華民國政府的立場幾乎一樣，因為前者總以「繼承」後者自居，凡是中華民國所有的，全

都變成中華人民共和國所有，包括九段 U 型線。不同的是，《聯合國海洋法公約》公布後，中國簽署，但台灣沒有。根據該公約第 121 條，「島嶼必須在高潮位時，仍露出水面，且適合人類居住，又能維持經濟行為，才有專屬經濟區兩百海浬及大陸礁層擴界的權利。」否則只能擁有十二海浬的領海權。

二、南海問題國際仲裁

1995 年時，美國發表有關南海的四點聲明：1. 維持區域和平穩定、2. 保持區域自由通行、3. 主權問題不設立場、4. 解決方案符合海洋法規範。立場堪稱和平中立。

但因近來中國採取填沙造陸，圍海築島的工程，並在礁島之上興建機場及各種軍事碉堡，部署飛彈等軍事設施，違背先前所承諾的「和平」原則，致引起公憤，而美國更以「維護國際自由航行權」為理由，積極介入南海，並號召利害關係國家團結對抗中國。

2013 年，美國促使菲律賓向「常設仲裁法院」（Permanent Court of Arbitration）提起仲裁案，2016 年 7 月 7 日仲裁法院判斷認定，中國未清楚定義九段線，所稱「歷史性權利」因中國批准《海洋法公約》而歸於消滅。因此中國所佔有的「海洋地物」皆不屬於可主張兩百海浬專屬經濟海域的島嶼，並認定中國進行的大規模抽沙造陸，經營人工島嶼等行為，嚴重破壞海洋環境，違反《海洋法公約》，侵害菲律賓主權。

此項仲裁本與台灣無關，但仲裁法院卻宣告太平島屬於「不能維持人類居住或本身經濟生活，因而無權主張專屬經濟區與大陸架的岩礁（rocks）」對我國的權益損害甚大，因為台灣非仲裁當事人，也未

現在

245

簽署《海洋法公約》，對太平島『是礁不是島』的實質認定也有偏差。我們算是池魚之殃，但因此，台灣與美國關於太平島與東沙島問題，猶如釣魚台，立場恐難一致，至少《台灣關係法》並未包括金馬及南海諸島，萬一戰爭發生，澎湖以外的外島美國並不擔負防衛責任，值得國人關注。

三、戰雲密佈南海

2020 年的美國，雖然窮於應付 COVID-19 的疫情，傷病死亡慘重，卻大陣仗在南海施展海權大國的雄威，從 3 月開始，每月均有軍事演習，後因軍艦官兵染疫，經隔離治療後，6 月間開始活躍。尤其 7 月 4 日國慶當天，美國尼米茲號及雷根號航母戰鬥群在菲律賓海域和南海進行雙航母作戰演訓，而人民解放軍就在西沙群島海域軍演。美國空軍也派出 B-52 轟炸機與 F/A-18F 超級大黃蜂戰鬥機及 E-2「鷹眼」預警機在南海編隊共舞。之後幾天台灣推出歷年來規模最大的漢光演習，以因應日本共同社預告的 8 月中國奪取東沙島演習。戰雲密佈，掀開了南海海戰的序幕。

7 月 13 日，美國國務卿龐佩奧正式發表《南中國海海洋聲索的美國立場》（*U.S. Position in Maritime Claims in the South China Sea*），打破美國對南海主權爭議保持中立的一貫態度。重點如下：

1. 否認中國對南海主權的歷史主張 – 九段 U 型線。
2. 限定中國只能擁有十二海浬領海，不得擴充主張兩百海浬專屬經濟海域。
3. 中國在十二海浬以外干擾他國捕漁或油氣田探勘，違反國際法。
4. 認定 2016 年常設仲裁法院對南海主權的仲裁，表示中國對黃岩島、

美濟礁和仁愛暗沙周圍海域資源沒有任何有效權利，也不能合法主張擁有曾母暗沙、越南外海萬安灘（Vanguard Bank）、馬來西亞外海南北康暗沙（Luconia Shoals）、印尼外海大納土納島（Natuna Besar）周邊水域及汶萊專屬經濟海域的主權。

龐佩奧斥責中國利用威嚇手段，用「強權即是公理」（Might makes right）取代國際法，將整個南海當作「中國的海洋帝國」（maritime empire），各國在南海的共同利益已遭「空前威脅」。他警告：「21 世紀沒有中國的掠奪者世界觀容身之地。」（*The PRC's predatory world view has no place in the 21st century.*）

美國國務卿的南海聲明，為美國號召南海相關國家對中國採取軍事行動建立合法性。7 月 19 日到 23 日，美國出動兩艘核動力航空母艦，日本出動護衛艦，澳洲也派出兩棲突擊艦共九艘，浩浩蕩蕩從南海出發，通過菲律賓海域前往關島海空域，進行三國聯合軍演，展現美國劍及履及的鐵腕作風。

同一時間，遠在南半球的澳洲派遣由五艘軍艦組成的特遣隊通過南海，接近南沙群島與中共軍艦「互動」。19~23 日，在菲律賓海域與美日兩國海軍舉行聯合軍演，而後駛往夏威夷參加 8 月份年度大戲的環太平洋軍演。澳洲國防部聲明此舉是「在保存澳洲的存在，根據澳洲的國家利益，行使國際法下的權利。」接著，「印太四強」-- 美、日、澳、印又在東印度洋聯合軍演，展現「印太戰略」的實力，對中國秀肌肉示威抗議。

美國如此動員，意在強化南海是萬國公海，不是中國的海洋帝國。一旦美日澳印及相關各國聯合奪島，就可將中國已建好的各種設施予以摧毀。但保留必要的設施，改造成人道救援科學研究基

現在

地，並比照北約模式，各國可依協議派遣海軍及海警輪值巡弋，最好發揮《南極洲公約》的精神，將南海變成和平中立「非武、非核」的國際和平海域。

2020 年 7 月 15 日美國《富比世》雜誌網站指出，由 Airbus 公司拍攝的高解析度衛星影像顯示，西沙群島的最大島永興島已部署四架殲十一 B 戰機，及四架殲轟七飛豹戰鬥轟炸機，推斷中國已順勢在永興島進行永久性部署戰機。另據香港《南華早報》報導，中國第三艘航空母艦已開始最後的裝配程序，預計一年內下水。中國第一艘航母遼寧號購自烏克蘭，第二艘山東號是中國的國產第一艘；預期在 2035 年前，中國將完成至少六艘航艦戰鬥群，加速增強海軍。

7 月 15 日台灣進行漢光演習，美國雙航母雷根號及尼米茲號再度聯袂出現南海海域，而號稱「上帝之眼」的最先進 E-8C 電偵機竟然飛越廣東再往北飛越浙江，甚至接近上海。「上帝之眼」雷達可偵蒐五萬平方公里，並在兩百五十公里外同時跟蹤六百個目標，據稱近來已多次在中國廣東省周遭偵測，而海南島三亞灣內建設的榆林港，有九百五十米深的碼頭，是核彈潛艇及航空母艦的基地，被視爲中國的海軍重鎮。

8 月初起，中國解放軍頻頻軍演，活動範圍囊括黃海、南海、渤海海域，總估計下來將超過十場的演習活動。8 月 14 日，美國海軍宣布雷根號航空母艦打擊群進入南海，進行海上防空作戰訓練。中國則於 8 月 26 日上午朝南海發射飛彈，其中一枚東風 -26B（DF-26B）飛彈是從青海發射，另一枚東風 -21D（DF-21D）飛彈則是從浙江發射。

到了 9 月，駐守日本沖繩縣的第 31 海軍陸戰隊遠征分隊與美

利堅號兩棲攻擊艦等三艘軍艦，於 6 日在南海執行模擬的探視、登船、搜查和扣押等任務。解放軍則在 9 月 28 日上午 7 時至下午 3 時，於南海西沙群島永興島周圍進行軍事訓練，警告任何船艦於軍演期間禁止駛入。

10 月 6 日，美國海軍的「米利諾基特」號遠征快速運輸艦現身南海，與汶萊海軍的「達魯塔克瓦」號巡邏艦開展聯合演練。7 日，美國海軍的阿利伯克級導彈驅逐艦「麥凱恩」號出現在南海，並組織艦員進行重機槍武器操作訓練。

同一時間，美國海軍雷根號航母在南海開展了「大規模傷亡演習」，飛行甲板上擺著多具救援器具，扮演「病人」的航母艦員躺在擔架上，其他艦員為這些「病人」提供轉移和救助，似乎是為可能爆發的南海戰爭預作演練。

四、印太安全戰略

二戰結束後，美國與歐洲民主國家共組「北大西洋公約組織」以對抗蘇聯社會主義集團的「華沙公約組織」，兩者分庭抗禮長達半世紀。1990 年代隨著蘇共解體後，北約功能漸失，川普不再重視，而把重點挪到太平洋地區。

東亞國家經濟貿易蓬勃發展，各國間活躍的人才、資本、勞力、技術流動，成為全球最重要的市場。東亞各國大多採取政經分離的二元政策，經濟親中，安全依美。美國與東亞許多國家有安全合作，如分別與日本、韓國、菲律賓、泰國簽有雙邊軍事協防條約，也跟澳洲、紐西蘭簽訂《美澳紐安保條約》（ANZUS），以及與英國、新加坡、馬來西亞、澳洲、紐西蘭簽訂《五國防禦協定》（FPDA），

現在

還有「亞太安全合作會議」（Council for Security Cooperation in the Asia Pacific，CSCAP）。現有的安全機制多以雙邊、多邊協防條約、安全對話的方式交叉架構而成，但卻缺乏一個集體防衛或集體安全的機制。

早在 2006 年 11 月 30 日，外相麻生太郎即提出「自由與繁榮之弧」的主張，將印度與美、澳、歐盟等日本傳統友邦並列。隔年，首相安倍晉三更提出「印太安全戰略聯盟」的構想。此一構想源自印度海軍上校普里特（Gurpreet Khurana），範圍包括東非到西亞沿海地區，經過印度洋和西太平洋，直到東亞沿海地區。除原有四個戰略盟國作為基點，隨後拉攏越南、印尼、台灣、新加坡、法國和英國加入，從而形成一個具有影響力的地緣安全同盟（Quad+6）。

為了遏制中國不斷擴大的經濟和軍事影響力，美澳兩國海軍逐步完善達爾文島軍事基地，這是美澳海軍船艦經過龍目海峽（Lombok Strait）進入南中國海的戰略要塞。美印自 1992 年來就定期舉行海上聯合軍演，大多在孟加拉灣舉行，日本於 2015 年加入，澳洲在 2007 年參加過一次。最近幾個月中印關係惡化，爆發邊境衝突兩軍對峙，印度憤而邀請澳洲重返軍演行列。

在此之前，美國已多次邀約日、印、澳舉行四國聯合軍演及安全對話（Quad）。美國也在施壓韓國共同加入，但文在寅無意與中國為敵，因韓國與中國緊鄰，且經貿關係極為緊密。

至於美國，歐巴馬第二任期開始準備制止中國霸權，除宣布「重返亞洲」，更於 2011 年發表「亞太再平衡」構想。川普上任後，開始調整過去「以合作改變中國」的思維，將中國定位為戰略競爭者（strategic competitor）。2017 年 11 月，川普在「亞太經濟合作組織」（APEC）越南峴港經濟領袖會議上，正式提出「自由開放

的印度─太平洋區域」（promote a free and open Indo-Pacific region）（簡稱「自由印太」）倡議，展現美國對盟邦與印太主要夥伴國的承諾，並擴大美國在印太地區的影響力。

所謂「印太地區」包括印太海域附近的國家和政治實體，而印太海域包括印度洋的熱帶水域、太平洋的西部和中部，以及在印尼連接兩洋的水域，但不包括兩洋的溫帶和極地水域，或印度洋西岸的非洲國家，比傳統的亞太地區範圍更廣大。亞太地區包括東亞、東南亞、大洋洲以及太平洋上各島嶼。印太地區變成具地緣戰略意涵的名詞，美國甚至將「印太區域」界定為從印度沿岸至美國西岸之間的廣大區域。

2019 年 6 月，美國國防部公布《印太戰略報告》，指出美國當前貫徹印太戰略的四項原則，包括：1. 尊重各國主權與獨立、2. 和平解決爭端、3. 基於開放投資、協定透明與加強連結性的基礎，推動自由、公平與互惠的貿易，以及 4. 支持國際規範與原則，包括海上與空域自由航行權等。《印太戰略報告》將台灣、新加坡、紐西蘭與蒙古併列入印太戰略夥伴關係，確保美國在印太地區的力量與影響力。

至於東南亞國家向來不希望東南亞區域成為域外大國的權力競逐場域，因此始終強調「以東協為中心」的重要性。2019 年 6 月東協峰會通過《東協印太展望》（*ASEAN Indo-Pacific Outlook*），強調：1. 亞太與印度洋區域係緊密連結的區域，東協可在其中扮演中心與戰略角色、2. 應於印太地區鼓勵相互對話合作，避免對抗競爭、3. 應在印太地區推動共同發展與繁榮、4. 強調在區域機制下，建立海域觀點的重要性，等於接納美日倡議的印太戰略構想。

因應中國崛起，日本積極與擁有共同價值觀的同盟國、友好

現在

國家展開三方合作，從而構建在印太地區對抗大陸的框架組織，除美日韓、美日澳、美日印等框架之外，亦藉由日、澳、印彼此間的持續磋商將日本與各國的合作關係多層次化。2020 年「四方安全對話」由四國外交部長參加，日本外相茂木敏充強調，「建立一個自由和開放的印太地區在病毒大流行之後的世界越發顯得重要」，「四國共同擁有民主主義、法治等基本價值觀，以及加強基於規則的自由開放的國際秩序的目的。」

為了對抗中國，美國增加了給太平洋地區盟友的軍售，同時在南中國海主權糾紛中提出有關各方遵守國際海洋法，遏制中國的擴張主義行為。這些行動策略透露出在太平洋催生建立民主國家聯盟的曙光。

一直以來，都是某個國家在某一時刻，單獨面對中國威脅而怯於反抗。但 COVID-19 禍及全球，新仇加舊恨使各國產生「集體抗霸」的意識。美國受害最深，因此帶頭串聯反中聯盟，由於師出有名，幾乎一呼百應。國務卿龐佩奧在大選投票日前四處奔波，拜訪印度、巴基斯坦、馬爾地夫、印尼及越南等國，而新加坡也暗中靠攏。東南亞各國，除柬埔寨與緬甸親中之外，已紛紛倒向親美陣營，形成印太地區全面包圍中國的「微笑曲線」，動作之快，迴響之大，確使中國始料所不及。美國國防部長認為這就是美國掌握到的反中「不對稱優勢」，也反映出印太各國多麼渴望確保其國家主權與海事權利和經貿能力。

即連歐洲，也受到影響。法國早前亦宣佈新印太戰略、連同之前親中的德國政府也通過「印度太平洋準則」，凸顯德國有意擺脫美國和中國在亞太地區爭霸的兩極體系（bipolar system），塑造歐洲未來對亞洲的政策。甚至在地表極為強勢的武裝集團北約聯軍，

也宣布提升混合戰爭能力，制訂新戰略以因應科技發展、恐怖主義以及中國崛起。

東亞北約

最近鑑於中國對台軍事威嚇日漸囂張，美國卸任印太司令部布萊爾上將（Adm. Dennis Blair）另外提出一個「東亞北約」（East Asian NATO）的構想。

2020 年 2 月 20 日，美國國會所屬的「美中經濟與安全審查委員會」（USCC）召開「中國軍力與美國利益」聽證會，布萊爾上將在回答「為何中國至今沒有對台灣採取軍事行動？」時說，「仔細審視中國軍隊的組建和訓練後可以看出，他們的設計似乎較多的是以阻止台灣走向獨立為主，而不是以武力奪取和佔領它。」換言之，因為中國仍然希望以非武力方式實現統一，軍力是要用來震懾台獨，把它的焦點放在如何以經濟和民間往來等做法實現它的統一目標，而美國要防範中國對台動武，就要讓中國知道動武的風險有多大。「要中方不知道我們可能怎麼做。你要他們害怕那些他們不知道是否能夠承受得起的打擊能力。要他們擔憂近期雖然成功，但卻無法強化的第二重、第三重效果。」

布萊爾提出一項「絕招」：中國對台動武還可能導致一個東亞北約（East Asian NATO）的組成，所有其他國家實際上都加入美國，形成一個強大的軍事同盟以對抗未來可能的行動。美國要做的是讓中國對這些風險存有高度疑慮，如此它才會繼續選擇以和平方式來達到他們的目標。

現在

第九章

天下分合，東西映照

東西方歷史映照

　　《三國演義》第一回開頭：話說天下大勢，分久必合，合久必分。

　　古代中國與歐洲約在同一時期從部落制進化到城邦制，春秋戰國時期與古希臘同期；公元前 156 到前 81 年，漢武帝完成中央集權，西方的凱撒大帝也以帝制取代共和，公元 184 年東漢內亂，開啟近四百年的魏晉南北朝分裂時期，而羅馬帝國也分崩瓦解。

　　古羅馬歷經羅馬王政時代、羅馬共和國，於 1 世紀前後擴張成為橫跨歐洲、亞洲、非洲的龐大羅馬帝國。公元 395 年，羅馬帝國分裂為東西兩部：西羅馬帝國亡於 476 年，而東羅馬帝國變為封建制國家，於 1453 年為鄂圖曼帝國所滅。

　　西羅馬帝國滅亡 113 年之後，中國的隋滅陳，結束南北朝，中國重新統一。有趣的是，隋朝之後的中國大致維持統一的局面，但西羅馬帝國滅亡後，西方進入中世紀封建時期，最後分裂成許多國家，再也沒有統一過。而中國經歷過分分合合最終形成各個省份的

雛形。

15 世紀後期西歐開始發展一種由最高政治權力和既定領土所組成的權力架構，逐漸形成現代國家。到了 17 和 18 世紀，現代國家制度的基本特徵已經形成，包括常備軍的制度、中央的稅賦制度、外交關係和常駐的大使館，以及重商主義的國家經濟政策。

表 9-1：東西方歷史對照

東方	西方
春秋戰國	古希臘
漢武帝完成中央集權	凱撒大帝以帝制取代共和
589 年隋滅陳，結束南北朝，中國重新統一，之後大致維持統一的局面。	476 年西羅馬帝國滅亡，西方進入中世紀封建時期，再也沒有統一過。

1. 歷史上的中國統一

「中國統一」泛指「將中國人居住地區構成一個統一國家」的概念，中國歷史上曾有多次統一，現今的統一指的是將中華人民共和國（中國、香港、澳門）與中華民國（台灣、澎湖、金門、馬祖）統合成一個單一的主權國家。

秦朝

戰國末期，秦始皇於西元前 230 年到前 221 年的十年間先後消滅韓、趙、魏、楚、燕、齊六國，結束中國自春秋以來長達五百多年的諸侯紛爭，建立中國歷史上第一個中央集權的專制國家大秦王國。

現在

漢朝

　　秦朝滅亡後，項羽和劉邦為爭奪統治權力發動楚漢戰爭（西元前 206 年～前 202 年），劉邦打敗項羽，中國再度統一。西漢末年，權臣王莽篡位稱帝，建立新朝，但局勢混亂，只有十四年的光景，地方群雄割據，劉秀發動統一戰爭，擊敗各地勢力，統一天下建立東漢，史稱漢光武帝。

晉朝

　　東漢滅亡後，魏蜀吳三國鼎立，最後晉滅吳，東吳守軍陸續向晉國歸降，280 年西晉成功統一全國，結束自東漢末年近百年群雄割據的分裂局面。

隋朝

　　公元 589 年隋朝打敗陳後主陳叔寶，並陸續招降三吳、嶺南等地區。隋朝統一中原，成功結束紛亂近四百年的魏晉南北朝時期。

唐朝

　　618 年唐朝建立後，秦王李世民對隋朝末年在中國各地建立的割據政權進行統一戰爭，公元 624 年統一中國本部。

宋朝

　　宋朝在 962 至 979 年間陸續發動戰爭，結束五代十國群雄割據分裂，但與遼及西夏近乎三國鼎立，宋朝實際控制中國本部約五分之四的地區。

元朝

1235 年起，蒙古帝國陸續對南宋發動三次戰爭，1279 年元世祖忽必烈滅南宋，中國首次被非漢族統治。

明朝

1368 年朱元璋稱帝後，展開二十二年的統一戰爭，陸續消滅各地的元朝地方割據勢力，除漠北草原跟西域，中國基本上已被明朝統治。

清朝

1644 年清軍入關，1661 年攻取雲南，自此中國本部歸清朝統治，1683 年攻取台灣，消滅南明最後一支勢力。18 世紀清軍陸續平定蒙古、新疆、青藏高原等地，形成今日中國大致的版圖。

中華民國時期

1912 年中華民國建立後，1916~1928 年中國陷入北洋軍閥混戰的局面。1926 年廣州國民政府發動北伐，結束後表面上國民政府正式統治全中國，但內外仍有不同派系勢力內鬥衝突。1928 年 12 月，張學良宣布東北獨立，1931 年日本入侵東北，建立滿洲國，另外還有未控制的新疆與藏區，日本統治下的台灣，外蒙古的事實獨立，英國統治下的香港等領土都不是「中華民國」政府有效統治的領土，中國實際上仍處於分裂狀態。1949 年中華人民共和國建政，至今中國與台灣分立且對立。

綜上所述，自秦始皇（公元前 210 年）到今日，前後長達 2239 年，中國大陸呈現大一統的時間約有 1780 年，另外 459 年其

現在

257

實是分裂多元統治。

圖 9-1：大中國：「普天之下，莫非王土；率土之濱，皆為王民」

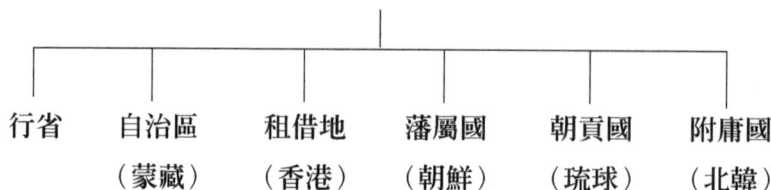

| 行省 | 自治區
（蒙藏） | 租借地
（香港） | 藩屬國
（朝鮮） | 朝貢國
（琉球） | 附庸國
（北韓） |

國家的分與合

一、分離／獨立

　　將一片土地或一群具有不同國家認同者分離開，或如殖民地自宗主國獨立，實現「民族自決」，都是人類歷史上經常發生過的事，因此形塑國際政治版圖。

　　美國南方在 1861~1865 曾分裂出「美利堅邦聯國」（Confederate States of America），後來南北戰爭戰敗，美國重新統一。鄂圖曼帝國解體後形成土耳其與其他阿拉伯國家，奧匈帝國解體後，分離出奧地利、匈牙利、南斯拉夫、捷克斯洛伐克等國。冷戰結束，南斯拉夫又裂解成塞爾維亞、克羅埃西亞、馬其頓等國，捷克斯洛伐克也分裂成捷克與斯洛伐克兩個國家，蘇聯解體後各加盟共和國也紛紛獨立。

　　1924 年蒙古脫離中國，建立蒙古人民共和國，1931 年中國東北也成立滿洲國。二戰結束後，英屬印度陸續形成印度、巴基斯坦、孟加拉、緬甸等國，新加坡從馬來西亞分離成為獨立國家，而納粹德國、朝鮮、葉門、越南、中國都成為分裂國家。

1993 年厄立垂亞用公投的方式從衣索比亞獨立，2002 年東帝汶脫離印尼，2011 年南蘇丹公投脫離蘇丹，並獲得聯合國與大多數國家承認。

喬治亞、烏克蘭（克里米亞）、索馬利亞（索馬利蘭）、塞浦路斯（北塞浦路斯）、俄羅斯（車臣）等國內部均有宣稱實際獨立的國家，但普遍未獲國際社會承認。

目前世界各地仍有分離運動在進行，包括加拿大的魁北克、西班牙的加泰隆尼亞及蘇格蘭先後都舉行過獨立公投，尚未成功。台灣與中國的未來發展，也備受世界關注。

二、統一／統合

國家之間的關聯有多種方式，包括統一或分離／獨立。統一通常指兩個或以上國家統一於一個政治實體之下，包括政治統一、民族統一、國家統一，端視不同情況而定。然而統一的方式有合併或吞併，或者共組聯邦或邦聯，另外還有國協組織，稱作「統合」。統一是上管下，大吃小的垂直關係；統合是無關大小，不分上下，不同政治單元平行包容，互補有無，共存共榮。

合併是指現有的兩個或多個政權完全融合成一個新的政權，如英國是在 1801 年由大不列顛王國（英格蘭加蘇格蘭）與愛爾蘭王國合併所組成。吞併是指一個或多個政權被融入到現有的政權之中。歷史上許多帝國或王國，往往用武力征服的方式吞併其他國家，如 1940 年蘇聯吞併立陶宛、拉脫維亞、愛沙尼亞。

國家組成後，其結構形式大致可分為單一制與複合制。單一制國家指單一政治實體組成中央政府，設置地方行政區與地方政府，

現在

協助中央管理各地區事務。單一制國家屬中央集權國家，為目前世界上大多數國家所採用。

複合制國家是由兩個或兩個以上政治實體組成，主要權力交給整體政府，這個整體政府可能是原來政府的一個單元，也可能是新成立的政府。依照各單元聯合程度的不同，而分為聯邦制與邦聯制。

1. 聯邦制

聯邦制（Federation）國家由各個聯邦成員組成，聯邦的權力來自各成員體的參與，成員體有多種形式，如邦、加盟共和國、州、省、特別行政區等，可陸續加入，如美國從一開始的十三州，慢慢加入其它各州，形成現在的五十州。成員體加入聯邦之後，本身不再有完全獨立的主權和外交權，聯邦政府統一行使的權力及各成員體所保留的權力，由聯邦憲法界定。

聯邦成員國得享有如下具體權利：1. 制憲修法、2. 維持區域完整、3. 成員有各自的國籍、4. 加入和退出的權利。美國是世界上第一個建立現代聯邦制的國家，而澳大利亞、德國、印度、巴西、墨西哥等國也實行聯邦制。

2. 邦聯制

邦聯（Confederation）是幾個相對平等獨立的主權國，為謀求建立對外共同的交往或防禦戰線而組成國家統合體，主權仍在各成員國。邦聯沒有統一的中央政權機關，也沒有統一的立法和財政預算；各成員國公民只有本國國籍，而沒有邦聯的共同國籍。邦聯「中央」對外統一行事，成員國彼此間之協議在未經國內法認可前，不能直接適用於人民，邦聯的法律和政策對各成員國也無強制性。

邦聯各成員國的加入或退出相對自由，結構鬆散故容易因利

害關係解組，但如果雙方合意，即可進一步結合爲聯邦。

根據施正鋒教授的研究，邦聯及聯邦在歐美各國的演進過程中，其實並非涇渭分明。瑞士國名爲邦聯，其實是聯邦國家；加拿大雖稱邦聯，其實也是聯邦。歐盟形式上是國際組織，實質上是「邦聯」，近年因爲成員國的局部主權讓渡，可以視爲「聯邦式的邦聯」。

瑞士在轉化爲聯邦之前，有很長的時間採取防衛性的邦聯（1291~1848）。美國先根據《邦聯條款》（*Articles of Confederation*）成爲邦聯國家（1781~89），後來深化爲聯邦。

20 世紀後阿拉伯國家前後嘗試過阿拉伯聯邦（1958，伊拉克與約旦）、聯合阿拉伯共和國（1958~61，埃及與敘利亞）、聯合阿拉伯國（1958~61，聯合阿拉伯共和國與北葉門）、阿拉伯共和國聯邦（1972~77，利比亞、埃及與敘利亞）。不管名稱如何，實質上就是泛阿拉伯主義的邦聯。

邦聯也往往被拿來當勉強維持關係的最後手段，如新加坡與馬來西亞分手、南斯拉夫聯邦崩盤、或是蘇聯解體之前，立陶宛也倡議合組黑海波海邦聯（波海三國、烏克蘭、及白俄羅斯），用以防範俄羅斯。

3. 國協

國協（Commonwealth）比較像是國際組織，成員往往因文化感情或歷史因素組成國協，比邦聯更無拘束性。一般熟知的大英國協（British Commonwealth of Nations）是由英國及前英國殖民地所組成的組織，於 1946 年改名爲國協 (Commonwealth of Nations)，至於獨立國家國協（Commonwealth of Independent States）簡稱獨立國協（CIS），是由前蘇聯加盟共和國於蘇聯解體後組成的組織。此外，東南亞國協（Association of Southeast Asian Nations）也是名爲國協的國際組織。

現在

表 9-2：合 ◄────國家統合模式────► 分

模式	單一國家	複合國家聯邦	國家統合邦聯		國協	
中日英法	美加澳德	歐盟－聯邦式邦聯	塞內甘比亞	獨立國協	大英國協

表 9-3：全球國家統合模式

	聯邦	邦聯	國協
性質	國家的一種形式	國與國之間的鬆散結合，沒有中央政府，成員隨時可退出。	比較像國際組織，缺乏拘束力。
目前的國家	美、加、澳、德、瑞士、馬來西亞（新加坡 1965 退出）		1. 大英國協 2. 獨立國協 3. 東南亞國協
變種	波士尼亞與赫賽哥維納（邦聯的聯邦）	歐盟（聯邦式的邦聯）	歐洲聯盟
歷史上的聯邦邦聯	南斯拉夫（1945~92）	1. 瑞士邦聯（1291~1848） 2. 美國（1776~89） 3. 日耳曼邦聯（1815~66） 4. 北日耳曼邦聯（1867~71） 5. 阿拉伯聯邦（1958，伊拉克 / 約旦） 6. 聯合阿拉伯共和國（1958-61，埃及 / 敘利亞） 7. 聯合阿拉伯國（1958-61，聯合阿拉伯國 / 北葉門） 8. 阿拉伯共和國聯邦（1972-77，利比亞 / 埃及 / 敘利亞） 9. 塞內甘比亞邦聯（1982-89，塞內加爾 / 甘比亞） 10. 俄羅斯 / 白俄羅斯聯盟國（1996） 11. 黑海波海邦聯（波海三國 / 烏克蘭 / 白俄羅斯） 12. 高加索邦聯	
未來		1. 東非共同體（肯亞、烏干達、坦尚尼亞、蒲隆地、盧安達和南蘇丹）？	

資料來源：施正鋒教授。

全球國家統合模式

國家統合（integration）是指兩個以上主權單位自願、自由的結合，主要精神在「求同存異」，爲共存共榮而對統轄的範圍、方式或權限作特定安排與整合，是國與國自願與他國協商政治或經濟的合作交流，彼此平等、互信、互惠、互利。

「統合」或「整合」具有如下特質：

1. 各成員國間有共同利益。

2. 統合體有權力中心，其決策對成員具約束力。

3. 統合通過各方政治、經濟及社會等各方面的互動互信與互賴推展。

當代全球的國家統合模式，包括歐盟（European Union）、國協（Commonwealth），及獨聯體（Commonwealth of Independent States）等主導 20~21 世紀的人類歷史。

一、歐洲統合

1. 歐洲理事會（Council of Europe）

1945 年 2 月羅斯福、邱吉爾及史達林三巨頭簽訂《雅爾達密約》，開啟共產與非共產東西兩大陣營的對峙。1946 年邱吉爾呼籲歐洲應建構一個「歐洲合眾國」（United States of Europe），之後有人主張成立「歐洲聯邦」。1948 年 5 月，來自二十四國七百七十五位歐洲各界代表出席荷蘭海牙召開的「歐洲會議」，通過系列決議，促進歐洲各國的政治與經濟整合。1949 年 5 月歐洲理事會在法德邊界的史特拉斯堡成立，以保護人權及多元民主體制，依法治理及發展歐洲多元文化及永續發展爲宗旨。

現在

2. 歐洲共同體 → 歐洲聯盟

　　近代國族國家（Nation-state，或稱民族國家）的擴展與資本全球暢通及科技突破疆界的進展有必然關係，經濟發展強化國力，因此經濟整合往往優先於政治整合。在歐洲，德、法兩國的歷史宿怨激發歐洲人對和平的渴望，而經濟整合足以彌平各國的歷史恩怨。

　　20 世紀的兩次世界大戰之間，各國採取閉關自守的貿易保護主義，導致經濟大蕭條。二戰結束以後，自由貿易主義開始盛行，促成世界經濟大繁榮。由區域進而全球化經濟整合乃成為 20 世紀的歷史趨勢。

　　經濟的整合發展以六個階段循序漸進：

1. **最惠國待遇**（**Most-favored-nation treatment，MFNT**）：只限於特定兩國之間關稅減免互惠，不及於第三國。

2. **自由貿易區**（**Free trade zone**）：區域內國家消除關稅及限額，以利貿易，但對第三國貿易則隨意自主。

3. **關稅同盟**（**Custom Union**）：不只同盟區域內國家免除關稅及限額，對第三國亦採取共同一致的關稅稅率。

4. **共同市場**（**Common market**）：共同市場內的產品貨物、勞務及生產要素（資金及勞動力）自由流動，對第三國的生產要素的流動亦採取一致規範。

5. **經濟聯盟**（**Economic union**）：會員國同屬一個共同市場，財政、貨幣、工業、地方區域、運輸或其他經濟政策亦採調和運作（harmonization）。

6. **完整經濟聯盟**（**Full economic union**）：各國經濟統合成為單一經濟體，由超國家的組織統籌實行單一的經濟政策。

二次世界大戰後，國際情勢漸成共產與非共產東西對立的陣勢，歐洲既要化解法德兩國夙怨，又要在美蘇之間選邊共存。法國率先發起「**歐洲煤鋼共同體**」運動，於 1951 年簽署《**歐洲煤鋼共同體條約**》（《**巴黎條約**》），並於翌年正式實施，成為歐洲歷史上具體整合的劃時代創舉。

接著，法國又推動「**歐洲防衛共同體**」，立即獲得西德、荷蘭、比利時和盧森堡四國國會批准認同，卻遭法國國會否決而胎死腹中。1957 年，比利時推動的「**歐洲經濟共同體**」（European Economic Community）在羅馬簽署創立，即通稱的「歐洲共同市場」（European Common Market），從 1958 年開始運作，並不順遂，法國總統戴高樂主政期間，由於農業糾葛幾乎使共同體無法運作。1969 年海牙會議確認「**經濟暨貨幣同盟**」（Economic and Monetary Union）的目標，但直到 1979 年才開始運作「**歐洲貨幣制度**」（European Monetary System），終於孕育出「**歐洲聯盟**」（European Union）的架構。

1993 年 11 月 1 日，歐洲共同體正式更名為「歐洲聯盟」，先後共有二十八個會員國，而於 1973 年加入的英國，因全國脫歐公投成功，隨後進入脫歐程序，而於 2020 年元月 31 日正式脫離歐盟。

二、大英國協（The British Commonwealth of Nations）

英格蘭與其宗主國和自治領土、殖民地與附屬國原本就有「大英帝國」的組織，但其內部關係是從屬的上下關係。1931 年，大英帝國及原來屬地的澳、紐、加三國組成大英國協（The British Commonwealth of Nations）。二戰後殖民地紛紛獨立，英國調整原來

現在

的從屬關係為平等關係，將大英帝國改為大英國協，於 1964 年在倫敦成立秘書處，保留英國政經體制，無形中使大英國協打造出語文相同，體制雷同的「英語帝國」，目前共有大小五十四個會員國。因承受的憲政體制及市場經濟，對國協中的開發國家助益頗大。

英國女王是大英國協的元首，也是英國及其他十五個會員國的國家元首，具有高度團結、協調及合作的象徵意義。二次大戰前，會員國之間享有帝國優惠的貿易政策，1947 年改為國協優惠，擴及新興獨立的成員國。戰後英國承認所有大英國協公民享有英國國籍，得自由出入英國，但 1962 年實施「大英國協移民條例」，廢止共同國籍，限制自由進出的權利。

三、東南亞國協（ASEAN）

東南亞國協於 1967 年創立，當時只有五國加入，五十年來先後已有十個會員國，他們之間在民族、文化、語言等各方面差異極大，客觀環境並不利於整合，但基於各個成員國的主觀意願與意志，終於成就了「東南亞國協」。

其間歷經美蘇集團的冷戰低盪（Détente）階段、中共的興起、蘇聯的瓦解、東歐民主變革而後冷戰結束，東南亞國協算是美蘇冷戰的產物。東協整合東南亞區域各國，發揮如下幾項功能：

1. 化解彼此衝突，強化互助合作。
2. 促進安全利益及互信共識。
3. 透過經濟合作持續推展整合。

東南亞國協五十多年來，基於《東南亞友好合作條約》（*Treaty*

of Amity and Cooperation）的精神，相互不干涉內政，以和平方式化解歧見和爭端，互不進行威脅或使用武力，相互進行合作發展。在國協運作上，包括以下各種機構：

1. 領袖高峰會。
2. 部長級會議。
3. 各種功能合作委員會。

其實東協國家長期以來仍存有歷史情結，領土、移民及社群認同諸多爭議，尤其後冷戰時期的區域真空憂慮及全球區域經濟發展衝激，幸有 ASEAN 組織以「合作一體，互信互助」原則邁向「2020年願景」。金融風暴後，東協各國體認到經濟與政治的整合有利於區域發展，透過「東協區域論壇」的運作，東協國家逐漸將合作由經濟擴展至政治及安全各方面，甚至進行聯合軍事演習及情報交換，構成今日東南亞欣欣向榮的大板塊。

四、蘇聯和東歐統合

1917 年俄羅斯蘇維埃社會主義聯邦共和國成立，並於 1922 年邀請烏克蘭、白俄羅斯、南高加索聯邦為創始會員國，共同成立「蘇維埃社會主義共和國聯盟」（Union of Socialist Soviet Republic，USSR），逐漸擴延到中亞地區，並於 1940 年 8 月強行併吞波羅的海三國，使聯盟共和國增至十五國。此一統合模式，屬於擴張性、強制性的「蘇維埃化」統合。

二次大戰使歐洲成為廢墟，美國國務卿馬歇爾提出「歐洲復興計畫」（European Recovery Plan），於 1948 年開始運作。蘇聯唯恐

現在

美國勢力入侵歐洲，決定反制馬歇爾計畫，乃於 1949 年邀請東歐的保加利亞、波蘭和捷克、匈牙利及羅馬尼亞六國共同成立「經濟互助委員會」，比煤鋼共同體早兩年，卻遲至 1959 年勉強成立，較歐洲經濟共同體慢了兩年。

德國在二次大戰時曾揮軍蘇聯，使俄國對敵心生恐懼。二戰結束後，列強瓜分德國，德東由蘇聯及波蘭統治，積極扶植東德共黨政權。1954 年西德獲准加入「**北大西洋公約組織**」，促使蘇聯成立以社會主義國家為主的「**華沙公約組織**」。

為有效控制東歐各個社會主義國家，蘇聯推動如下各種「一體化」：

1. **透過「經互會」實現社會主義「經濟一體化」。**
2. **透過華沙公約組織實現「軍事一體化」。**
3. **在經互會與華沙公約組織的交互運作下，促成共產世界的「政治一體化」。**
4. **透過上述全面與多邊交流，實現「蘇維埃化」的「文化一體化」。**

東歐各國奉行馬列主義一黨專制，完全聽命共產黨以黨領政、領軍，並由莫斯科主導，各成員國向心力不足。共產主義體制下的計畫經濟缺乏對人民的體恤，與當代盛行的自由經濟資本主義背道而馳。在 1950~1980 年代，東歐各國每五至十年必有一次反共反蘇的自由化抗暴運動，從 1953 年的東德、1956 年的波蘭、1968 年的捷克反共抗暴風潮，終於促成 1989 年柏林圍牆的倒塌及東歐社會主義集團的崩解。

五、拉丁美洲統合

1492 年西班牙航海家哥倫布發現新大陸，登陸多明尼加，在瓜地馬拉設立總督府，開始統治中美洲。1821 年中美洲脫離西班牙，加入墨西哥帝國。兩年之後，墨西哥帝國瓦解，中美洲各省包括宏都拉斯、瓜地馬拉、薩爾瓦多、尼加拉瓜及哥斯大黎加同時於 1824 年宣告獨立，並組成「中美洲共和國聯邦」，但西班牙仍保有相當的影響力，並與葡萄牙聯手推動「伊比利共同體」計畫，1990 年第一次國家元首及總理高峰會議在墨西哥舉行，古巴總統卡斯楚也參加。

1963 年，中美洲五國成立「中美洲共同市場」，但因宏、瓜、薩、尼及哥斯大黎加這五國面積小，人口不多，經濟規模小，雖致力於區域經濟整合，但效果欠佳。因各國重視主權，民主化及經濟水平不一，加上疆界領土紛爭與外交政策差異等因素，統合運動並不理想。

1960 年 2 月阿根廷、巴拉圭、巴西、秘魯、墨西哥、烏拉圭、智利等七國組成「拉丁美洲自由貿易協會」。1980 年墨西哥、委內瑞拉、哥倫比亞、厄瓜多、阿根廷、巴西、巴拉圭、智利、烏拉圭、玻利維亞及秘魯等十一個國家簽署《蒙特維多協定》，隨後「**拉丁美洲統合協會**」（ALADI）在烏拉圭首都蒙特維多成立，古巴於 1998 年加入。該區域經濟組織體涵蓋兩千萬平方公里的土地，人口達五億人，2013 年時有十四個會員國。其成立宗旨在於促進和協調成員國相互間的貿易，擴大出口市場和經濟合作，在雙邊和多邊合作的基礎上，實現地區經濟一體化，最終建立拉美共同市場。

中美洲統合體（Sistema de la Integración Centroamericana，縮寫為 SICA）於 1991 年 12 月 13 日成立，是一個中美洲國家政府間的

組織。該組織以觀察員身份受邀參與聯合國大會，並且在聯合國總部設有常駐代表團。其總部設於薩爾瓦多。

前身為 1951 年成立之中美洲國家組織（ODECA），後更名成立 SICA，秘書總處設於薩爾瓦多首都聖薩爾瓦多市，宗旨在強化統合體組織之功能及運作，確立中美洲地區朝和平、自由、民主及發展之願景，邁向統合之路。主要組織架構，包括元首峰會、外交部長會議、中美洲議會、中美洲法院及秘書總處等，現有八個會員國及包括我國在內三十三個觀察員。我國於 2002 年加入成為觀察員。

表 9-4：全球國家統合

名稱	創建年代	成員國
歐洲聯盟	1958/1993	27 國
大英國協	1949	54 國
東南亞國協	1967	10 國
獨立國協	1991	9 國
拉丁美洲統合	1963 年成立「中美洲共同市場」	5 國、
拉丁美洲統合協會	1980	14 國
中美洲統合體	1991	8 國

近代獨立國家簡史

在漫長的人類歷史進化中，民族與民族之間的分合構成大小不一的國家版圖，寫下悲歡離合的故事。大體而言，民族主義運動前後有四波，出現四種獨立的模式：

表 9-5：各種獨立模式

歐洲模式	美洲模式	亞非模式	太平洋模式
具有強烈「民族國家」意涵	「移民國家模式」	「反殖民模式」	缺乏強有力的民族觀念（各國民族眾多）
中古世紀末期～19 世紀	18、19 世紀	20 世紀下半葉	移民因素並非特別突出
	移民構成獨立的主體	民族自決	非反殖民主義
		反殖民鬥爭	可視爲「太平洋島嶼的智慧」
			強權角色固然舉足輕重，弱勢國家仍可在與外界的交往中因勢利導，選擇自己要走的路。

資料來源：楊聰榮教授。

一、古巴（1902）

古巴位於美國東南方，一如台灣位於中國東南方。古巴原屬西班牙屬地，1898 年 4 月 22 日美西戰爭爆發，7 月 17 日西班牙軍隊戰敗投降，同年 12 月 10 日美西在巴黎簽訂和平條約，和約第 1 條明定：「西班牙放棄古巴主權」，美國即以戰勝國身份，對古巴進行「交戰國佔領」，同時以兩千萬美元的代價從西班牙手中買下呂宋（菲律賓）。美國派 Dr. Leonard Wood 擔任總督並設立「美國軍事政府」（USMG），古巴成爲「美國未合併領土」。美籍總督協助古巴重建，並舉行制憲大會，公布古巴憲法，民選總統，成立政府。1902 年 5 月 20 日，美國宣布結束佔領，古巴共和國正式成立。1903

現在

年 2 月，美古簽訂互惠條約。1959 年古巴革命，卡斯楚當權，與美敵對，直到 2015 年教宗方濟各出面協調下，美國與古巴才宣布復交。

二、菲律賓（1946）

1898 年美西戰爭，12 月簽訂《巴黎和約》，美國以兩千萬美元買下菲律賓主權，成為美國殖民地。1899 年革命政府建立菲律賓共和國，與美爆發武裝衝突，美方獲勝，進行軍事佔領。1901 年，美國結束菲律賓軍事政府，任命首任菲律賓民政總督。1935 年，菲律賓制憲、選總統，成立菲律賓國協。1942~45 年，日本佔領，建立魁儡政權（第二共和）。1945 年美軍奪回菲律賓，太平洋戰爭結束。1946 年總統選舉，7 月 4 日美國宣布菲律賓完全獨立，仍保留軍事基地。

三、戰後獨立國家

第二次世界大戰，原本宣布中立的美國在珍珠港事件後轉為積極參戰，並且主導全球戰局。戰後更因成立聯合國，又根據《聯合國憲章》的規定，陸續扶持太平洋島嶼舉行公民投票，獨立建國，使美利堅合眾國在全球各地佈下安全戰略的天羅地網，成就美國的「民主和平」霸業。

盟軍戰後佔領日本（1945.09.02~1952.04.28）

二戰日本戰敗，同盟國對日本實施軍事佔領。佔領期間設置「遠東委員會」為最高決策機構，主要的統治機關為「盟軍最高司

令官總司令部」（GHQ）。由十一國組成的「遠東委員會」爲盟軍最高統帥之上的決策機構，由四名代表組成的「盟軍管制日本委員會」爲諮詢機構，實際上一切事務都由「盟軍最高統帥總司令部」和麥克阿瑟將軍決定。美國認爲盟軍佔領時期的優先項目之一是另外起草一部新的憲法，並藉此解散過去日本自 1868 年 1 月 3 日明治維新所確立的天皇「統治」架構。1946 年 11 月 3 日，以《波茨坦公告》爲主要構架而成的《日本國憲法》正式公布，並依此憲法架構新的日本國政府，取代統治七十七年的大日本帝國。

1952 年同盟國結束對日本軍事佔領，日本恢復國家權力與主權獨立地位。1951 年美日簽訂《安保條約》，1960 簽訂新的《安保條約》。

太平洋島國

太平洋幅員遼闊，除澳洲與紐西蘭，共有二十七個國家與地區，這些島嶼國家由一萬多個島嶼組成，分屬美拉尼西亞、密克羅尼西亞、波里尼西亞三大群島，原本是歐洲列強殖民地，於二次世界大戰後獨立。

1. 薩摩亞（1962）

薩摩亞原爲德國殖民地，一次大戰後成爲國聯託管地，二次大戰後聯合國請紐西蘭代爲託管，1962 年獨立。

2. 諾魯（1968）

諾魯於 19 世紀末成爲德國殖民地，一戰後成爲國聯託管地，由澳洲、紐西蘭與英國共管。二戰時諾魯被日本佔領，戰後再次被

現在

273

聯合國託管。1951 年英國設自治性地方政府，逐漸由島民管理，1968 年獨立並參加大英國協，到了 1970 年英、澳、紐將磷酸鹽的控制權交還給諾魯磷酸鹽公司，才算完整控制國家的資源，成為實質獨立狀態。

3. 斐濟（1970）

斐濟於 1874 年成為英國殖民地，1876 年成立大酋長理事會。1882 年將首都從萊武卡遷往蘇瓦。1904 年，斐濟立法院成為部分選舉機構，由白人男子和當地酋長選舉而出。1970 脫離英國獨立，採英式國會制度。

4. 東加王國（1970）

1845 年至 1893 年，東加為統一且獨立的國家，1900 年成為英國的保護國，為防德國入侵，東加同意一切外交事務由英國領事處理，該領事對東加的外交政策和財政問題有否決權。二戰期間，東加曾成為美國和紐西蘭軍隊的補給基地，1970 年獨立且加入大英國協。

5. 巴布亞新幾內亞（1973）

1884 年英國與德國相繼瓜分新幾內亞島東半部及附近島嶼，兩國以中部的中央山系為分界線。1906 年英屬新幾內亞交澳洲管理，改稱澳屬巴布亞領地。一戰結束後，澳軍佔領德屬新幾內亞，1920 年國聯委託澳洲管理。二戰後聯合國委託澳洲繼續管理德屬部分，到了 1949 年澳洲將原英屬和德屬兩部分合併，稱「巴布亞紐幾內亞領地」。1973 年 12 月 1 日實行內部自治，1975 年脫離澳洲獨立，也加入大英國協。

6. 吐瓦魯（1978）

吐瓦魯群島在 1892 年成爲英國的保護地，1915 年成爲英國殖民地。1974 年，基於種族紛爭，屬於波里尼西亞人的埃里斯群島，和密克羅尼西亞人爲主的吉爾伯特群島經公投後分離，吉爾伯特群島宣告獨立，並將國號改稱吉里巴斯；埃里斯群島改稱吐瓦魯，並於 1978 年獲英國准許獨立。

7. 索羅門群島（1978）

1885 年德國占領索羅門群島北部，成爲德國「保護地」；1893 年英國占領索羅門群島餘下的島嶼，成立「英屬索羅門群島保護地」。1900 年，英德達成協議，英國放棄在薩摩亞的權利，以換取除布干維爾島之外的全部索羅門群島。二戰期間爲美軍基地，1975 年 6 月 22 日，英屬索羅門群島更名爲索羅門群島。1978 年 7 月 7 日獲得獨立，成爲大英國協成員國。

8. 吉里巴斯（1980）

1916 年成爲英國殖民地，二戰期間曾被日軍佔領。1971 年成爲自治區，1975 年屬於波里尼西亞人的埃里斯群島與密克羅尼西亞人爲主的吉爾伯特群島分開。1978 年埃里斯群島獨立成爲吐瓦魯，1979 年 7 月 12 日吉爾伯特群島宣告獨立，並改國號爲吉里巴斯。

9. 萬那杜（1980）

原名新赫布里底群島，1906 年由英法兩國共同管治，成立新赫布里底群島共管地。二戰期間曾爲盟軍軍事基地，1960 年代開始向聯合國請願，主張領土主權，1980 年獨立，並加入大英國協。

現在

10. 馬紹爾群島（1986）

1885 年德國佔領馬紹爾群島，一戰時被日本佔領，後由日本託管。二戰後聯合國委託美國託管。1979 年，馬紹爾群島否決由聯合國與美國合辦的《密克羅尼西亞聯邦憲法》公投，自行成立自治政府，1986 年與美國簽訂《自由聯合條約》，同年 10 月 21 日宣布獨立。

11. 密克羅尼西亞聯邦（1990）

西班牙於 1885 年佔領密克羅尼西亞群島，1899 年轉讓給德國。一戰後德國在太平洋的殖民地被安排給予日本託管，二戰後由美國佔領。1979 年聯合國和美國籌劃《密克羅尼西亞憲法》公投在託管地六區舉行，但帛琉和馬紹爾群島兩區未通過，其餘四區便組織成為「密克羅尼西亞聯邦」。

1986 年密克羅尼西亞聯邦與美國簽訂的《自由聯合國家條約》，聯邦獲得內政、外交自主權，但國防仍由美國負責。1990 年 12 月，聯合國安理會通過終止託管決議，正式結束密克羅尼西亞聯邦的託管地位，並於 1991 年 9 月 17 日成為聯合國正式會員國。

12. 帛琉

帛琉 1574 年成為西屬東印度群島的一部分。1899 年根據《德國－西班牙條約》，群島被出售予德國。一戰期間被日本占領，二戰期間美軍與日軍在此進行過多次小規模戰鬥。1947 年，帛琉與其它太平洋群島一起成為「美屬太平洋群島託管地」的一部分。1979 年，帛琉公投反對加入密克羅尼西亞聯邦，1981 選出總統，組成政府。根據與美國之間的《自由聯合協定》，於 1994 年完全獨立。

依《聯合國憲章》獨立

美國之外，歐洲的義大利也在《聯合國憲章》的運作之下，放棄非洲的屬地，協助其獨立建國。依《聯合國憲章》第 77 條 b 款規定，義大利宣布放棄非洲的利比亞及索馬利亞兩個殖民地。1947年 2 月 10 日義大利在《巴黎和約》簽字放棄利比亞與義屬索馬利亞。再依 1949 年 11 月 21 日聯合國第 289 號決議，利比亞於 1952年元旦直接獨立，索馬利亞由義大利託管十年後再獨立。

四、波羅的海三國獨立運動

1990 年 3 月，立陶宛最高議會通過決議，重新確立立陶宛的獨立主權，美國總統老布希也公開說明美國支持立陶宛的民族自決權，並敦促立陶宛政府與蘇聯進行談判解決僵局。蘇聯於 4 月底開始對立陶宛實施爲期十週的經濟制裁。5 月中愛沙尼亞與拉脫維亞也由國會正式宣布恢復獨立主權。

同年 12 月蘇聯派兵進駐立陶宛首都維拉紐斯，1991 年元月攻打立陶宛電視台與廣播電台，造成十四名平民死亡。2 月 9 日立陶宛進行公民投票，90.47% 贊成獨立，冰島於 11 日率先承認立陶宛獨立。8 月蘇聯發生政變，三國重申其獨立地位，美國等西方國家正式承認三國，9 月 6 日蘇聯也正式承認三國獨立，16 日三國同時加入聯合國。

在獨立過程中，和平與非暴力的策略扮演最主要的角色，也獲得國際媒體的注意。立陶宛了解他們唯一的武器就是人民的支持及海外民主團體的援助，呼籲民眾堅持非暴力與不合作的「甘地之道」，不跟蘇聯軍隊發生衝突，也才能改變世界的輿論，有利三國

現在

的獨立。蘇聯的做法也惹怒大多數的西方國家與民間社會，紛紛向蘇聯表達抗議。

戰後分裂國家的統合

二次大戰後，德國、朝鮮與越南都被硬生生分裂成兩半。東德、北韓和北越，由蘇聯扶植的共產黨領政，而西德、南韓及南越，則在美國支持下走上民主自由。南北越於 1975 年因美軍撤離而由北越統一南越，東西德則於 1989 年柏林圍牆倒塌後，統一為民主國家。

一、越南

西元 10 世紀越南擺脫中國統治正式建國，15 世紀時被明朝統治二十多年。19 世紀中葉後，法國入侵越南，成立殖民政府；清朝為確保對越南的宗主權，與法國爆發中法戰爭，雙方簽訂中法新約，使越南正式成為法國殖民地。

二戰時日本佔領越南，1941 年胡志明等人創辦「越南獨立同盟會」（簡稱越盟），確定反對法國和日本殖民統治，通過以武裝鬥爭來建立新民主主義的越南民主共和國。1945 年二戰結束後，越盟隨即起義，奪取越南政權，9 月 2 日胡志明發表《越南獨立宣言》，宣告「越南民主共和國」成立，但法國仍想維持在法屬印度支那的殖民統治，最終與越盟爆發武裝衝突，演變成第一次印度支那戰爭。1949 年，反共勢力在越南南方成立「越南國」，與北方的「越南民主共和國」對峙。

1954 年奠邊府戰役，越南民主共和國大敗法軍，雙方在日內

瓦會議簽訂法軍撤出法屬印度支那的協議，規定「越南民主共和國」控制北緯 17 度線以北的越南，後稱「北越」，而反共的「越南國」（後來的「越南共和國」，即南越）則控制北緯 17 度線以南的越南。1960 年起，北越支持的越共在南越發動游擊戰，爆發越戰。1973 年美國、北越、南越和越南南方民族解放陣線簽署《巴黎和平協約》，不久後美軍撤離越南。1975 年，越南人民軍發動春季攻勢、攻佔首都西貢，越南共和國滅亡。越共之後建立「越南南方共和國臨時革命政府」，並改西貢爲胡志明市。1976 年，在越南民主共和國的領導下，越南南方共和國與之合併，統一爲現今的「越南社會主義共和國」。

北越與中共和蘇共之間的關係十分微妙複雜。蘇聯爲防止中共勢力擴大，積極拉攏越共。1978 年越南加入蘇聯領導的「經濟互助委員會」，又簽訂「蘇越友好合作條約」，成爲蘇聯在東南亞的代言人。當年年底，越南還出兵柬埔寨，推翻中國扶植的殺人魔王波布（Pol Pot）政權，迫使中國緊急出兵，逼退越共主力軍。

中越邊界及北部灣劃界以及西沙、南沙群島的主權歸屬長久以來一直存有爭議。1975 年南北越統一之前，南越佔有西沙及南沙部分島嶼，北越爲討好中國，予以承認。但南北越統一後，越南改口宣稱該二群島應歸越南所有，迄今仍爭議不休。在此期間，越南採取排華政策，強制在越華僑同化越南，否則予以驅逐出境，並將華人擁有之企業予以國營化，估計有四十萬華人不得已離開越南。

1971 年中華人民共和國加入聯合國並成爲安理會常任理事國，1979 年元月更與美國正式建交。1979 年 2 月 17 日，鄧小平突然發動十萬大軍入侵越南北部邊界，但卻在越軍抵抗之下，於 3 月 17 日鎩羽而歸，草草結束一個月的「懲越戰爭」。2019 年 2 月 15 日

現在

越南政府高調舉辦「越中邊界戰爭四十週年紀念研討會」，顯見越中雖同屬共產政權，歷史的恩怨情仇仍難一筆勾銷。

二、德國

二戰結束後，德國全境被西方盟軍和蘇軍分別佔領，根據「波茨坦會議」英、美、法、蘇四國的協議，決定在德國戰敗後將其一分為四，分別由四個戰勝國佔領，並且合組一個最高管理單位「盟國管制理事會」來治理德國事務。1948 年 2 月至 6 月，美國、英國、法國、比利時、荷蘭、盧森堡六國召開倫敦外長會議，提出「倫敦建議」，內容為法佔德區與英美佔德區協調經濟政策，共同管制對外貿易，並共同制憲，成立西德，以西德為中心復興歐洲。

蘇聯得知後，於 6 月 19 日抗議英美法三國欲分解德國。1948 年中開始，蘇聯對西柏林地區進行封鎖，為期十一個月，但西方國家持續以空運方式支援柏林。1949 年 5 月 12 日，柏林封鎖解除，5 月 23 日，西德（德意志聯邦共和國）正式成立。而東德方面也在同年 10 月 7 日成立以德意志設或主義統一黨一黨執政的「社會主義共和制」。德國正式分裂成兩部分，但當時雙方皆非主權國家，1952 年西德與英美法簽署協定後，才具有國家主權。

1989 年開始，東歐共黨政權相繼垮台，1989 年柏林圍牆倒塌，1990 年 3 月 18 日東德舉行史上第一次民主選舉之後，東西德立即展開統一談判，最後兩德與第二次世界大戰後佔德國的四國（美、英、法、蘇）達成《最終解決德國問題條約》，允許統一之後的德國成為完全獨立自主的國家，四個佔領國的特權全部取消。10 月 2 日，東德政府機關停止運作，西德接收了東德的駐外使領館，

10 月 3 日，兩德統一慶典在柏林舉行，德國正式宣布統一。

三、南北韓

至於朝鮮，它於 1910 年被日本併吞，1919 年發動「三一獨立運動」，並將流亡政府設於上海。1943 年《開羅宣言》，與會美英中三巨頭都同意讓朝鮮自日本殖民獨立。然而 1945 年日本戰敗投降，朝鮮雖獨立，卻被美蘇兩強佔領，經聯合國決議南北韓應分別選舉產生領導人。1948 年，南北韓同意以北緯 38 度線為界，南北分治，北朝鮮由金日成，南韓由李承晚領導，兩人均主張國家統一，在國際上廣泛被承認為兩個國家。

1950 年 6 月 11 日，三名北韓代表越過 38 度線，向南韓遞交《和平統一國家聲明》，遭南韓逮捕。兩週之後，韓戰爆發。中國在以莫斯科為首的社會主義陣營支持之下發起「抗美援朝」，派遣志願軍加入韓戰，聯合國也派兵參戰，戰況慘烈，終於 1953 年簽訂《朝鮮停戰協定》。

1960 年，金日成提出成立「聯邦制國家」方案，南北韓保留各自現存社會制度，各自獨立活動，但由兩方政府代表合組「最高民族委員會」。翌年，朴正熙發動政變推翻李承晚。1972 年 7 月 4 日，朴正熙與金日成發表《南北聯合聲明》。1980 年，全斗煥上任，提出《民族和諧民主統一方案》，組成「民族統一協議會」，以自由民主方式成立統一的政府和國會，南北韓在「自主、和平、團結」三大原則上形成共識。金日成則重申建立「高麗民主聯邦共和國」的主張，國家統一、政府統一，實施享有同等權利義務的北南雙方地方自治。他還特別主張南北韓統一後宣布「和平中立」，不與他

現在

國結盟。

1987 年，金日成更透過蘇聯最高領導人戈巴契夫向美國總統雷根轉交密函，內容重點包括：

1. 裁減兵力，南北組成民族軍。
2. 核武及外國軍隊撤離朝鮮半島。
3. 發表朝鮮互不侵犯宣言。
4. 朝鮮結成聯邦共和國。
5. 宣布和平中立，使朝鮮半島成為緩衝帶。

1992 年，南北韓簽署《朝鮮南北和解，互不侵犯的交流合作協議書》，雙方共同努力實現南北韓和平統一。

1995 年金大中就任大統領，發表《三步走統一方案》，由朝鮮邦聯到聯邦，最後終局統一。2000 年 6 月 15 日，金正日與金大中在板門店會面，南韓提「邦聯制」，北韓提「初級聯邦制」。2013 年金正恩主張「一個民族、一個國家、兩個政府、兩種制度」，統一後保持和平中立，真正「一國兩制」。

2014 年朴槿惠提《2040 統一願景報告》，主張雙方在 2030 年和平統一，朝鮮半島將於 2040~50 年成為世界第七大經濟體。

2018 年文在寅提出《統一三步方案》：第一階段南北韓恢復正常關係（2017~2019）；第二階段簽署自由貿易協定，建立單一市場（2020~2030）；第三階段制定統 一憲法，舉行大選，建立單一國家，實現民族共同體統一。

第十章

兩岸恩怨情仇

「一個中國」緊箍咒

一、「一個中國」的意涵

話說「中國」

　　「中國」兩字並非自古有之的名詞，第一個主張以「中國」為國號的是梁啟超（1873~1929），在他之前並無所謂「國號」。1901年梁啟超著作的《中國史敘論》對「中國史之命名」有如下說法：

　　「吾人所最慚愧者，莫如我國無國名一事。尋常通稱，或曰諸夏，或曰唐人，皆朝名也。外人所稱，或曰震旦，或曰支那，皆非我所自命之名也。以夏、漢、唐等名吾史，則戾尊重國民之宗旨。以震旦、支那等名吾史，則失名從主人之公理。曰中國，曰中華，又未免自尊自大，貽譏旁觀。」

　　梁啟超指出，歷史上用唐、漢、夏為名，而外國則用震旦或支

現在

283

那稱中國，以朝代之名爲國名，違背了對國民的尊重，或以外國人之稱爲國名，則有主從顚倒的悖理，但稱中國或中華，梁啟超直指「未免自尊自大，貽譏旁觀。」

與梁啟超同時代的日本學者那珂通世（Naka Michiyo，1851~1908）於 1888 年發表的《支那通史》五冊，在其首篇總論中明言：

「支那帝國，又名大清國⋯．其地屢經朝家之興亡，國號隨便，無一定之稱。國人自稱曰中國，蓋以爲居天下之中也。又曰華、或曰華夏，猶言文明之邦也。此皆對夷狄之稱而非國名也。⋯ 昔秦皇帝威震四夷，故西北諸國遂呼其地曰秦，後轉爲支那也。」

梁啟超於 1998 年赴日留學，應該承受那珂氏的觀點，而在回國後推動「新史學」的「史學革命」運動。梁啟超體認到中國歷史是「一人一家之譜牒」，「知有朝廷而不知有國家」，亦即歷史只是「帝王的家譜」，因此梁啟超提倡以「中國」爲國號，他如此解說：

「雖然，以一姓之朝代而汙我國民，不可也。以外人之假定而誣我國民，猶之不可也。於三者俱失之中，萬無得已，仍用吾人口頭所習慣者，稱之曰中國史。雖稍驕泰，然民族之各自尊其國，今世界之通義耳。」

梁啟超的主張，於 1912 年元旦「中華民國」在南京成立時實現，然而這個中華民國於 1949 年 10 月 1 日被「中華人民共和國」推翻，維持中國正統三十八年不到。兩個月後，中華民國隨著蔣介石於同年 12 月 7 日撤退來台，1950 年 3 月 10 日「復行視事」而移植台灣，直到 1971 年聯合國大會通過第 2758 號決議，國際上仍然承認「中華民國」的正統。但是，1971 年 10 月 25 日之後，許多國家轉向認同「中華人民共和國」才是「中國唯一合法的代表」，

中華民國不再代表中國。目前跟中華民國台灣維持邦交的國家,也只承認中華民國代表台灣而已。因此,在台灣的「中華民國」,本質上與 1912 年在南京成立的「中華民國」是兩個時、空背景全然不同的政權。

孫中山當年領導革命,推翻滿清,建立民國,從「驅逐韃虜」到「五族共和」。百年過後,如今中國人口突破十四億,共有五十六個少數民族。根據國際知名中國問題專家哈佛大學譚若思(Ross Terrill)教授的觀察,一個中國的說法並無歷史或文化根據。毛澤東在 1931 年成立「中華蘇維埃共和國」時,就宣稱「中國疆域內有二國」:中華民國與中華蘇維埃共和國。1920 年毛澤東甚至還主張「將中國分裂成二十七國」。從公元前 210 年秦始皇統一天下迄今,在長達 2230 年之間,中國呈現「大一統」的時間約有 1780 年,另外 450 年呈現分裂、多元統治。

譚若思在《一中帝國大夢》(The New Chinese Empire)一書指出,一個中國概念有如大英帝國,「在某些時期,中國包括由帝王和其官僚統治的中土,以及許多非中土地區,與中國朝廷維持疏遠關係的附庸國。」換句話說,「任何被中國碰過的土地就屬於中國」,「其歷史也就成為中國歷史」,「中國的地圖繪製者描述的世界不是現實世界,而是他們希望看到的世界」是「帝國的幻想」。

中國經常引用明清史料記載有關中國朝廷派遣的特使參加琉球慶典時,船舶必先航經釣魚台三小島,而後看到台灣北部,因而宣稱釣魚台及台灣是「中國神聖不可分割的領土」。那麼,明朝鄭和下西洋,船舶所經之處,不都也該屬於中國的領域?

事實上,在 1624 年荷蘭佔領台灣之前,台灣幾乎沒有漢人。當時的中國被滿清入關統治,1683 年越海攻台,1697 年進軍蒙

現在

古，1720 年入侵西藏，1758 年佔領新疆，大清全盛時期版圖達一千三百萬平方公里。之後，國運日衰，前後與俄國及日本交戰，均戰敗而割讓土地，烏蘇里江以東／黑龍江以北割讓給俄國，而台灣給日本。

1912 年中華民國成立，中華民國繼承清版圖的西藏、新疆和蒙古，但不包括台灣。1945 年二戰結束，日本戰敗投降時，清已滅亡。及至 1951 年舊金山和會，毛澤東及蔣介石兩人未被邀請出席，翌年日本來台與中華民國簽《台北和約》，並未到北京與中華人民共和國另訂協議。

北京對台灣主權的主張如下：

「1949 年 10 月 1 日，中華人民共和國中央人民政府宣告成立，取代中華民國政府成為全中國的唯一合法政府和在國際上的唯一合法代表，中華民國從此結束了它的歷史地位。」

北京用「繼承論」來詮釋「中華人民共和國」與「中華民國」的關係，主張「中國的主權和固有領土並未改變，只是新政權「取代」舊政權而已；**但他們能繼承的只限於當時中華民國所有的，至於發生在 1949 年 10 月 1 日以後的，根本無所謂繼承的問題。當時的「中華民國」領土不包括台灣，台灣仍屬於日本，而蔣介石也還沒到台灣，因此中華人民共和國根本無從「繼承」台灣。**

一個中國三段論

直到 1954 年，台灣與中國同屬「一個中國」的論調才首先出現於《人民日報》社論：「世界上只有一個中國，台灣是中國的一部份，中華人民共和國是代表中國的唯一合法政府。」所謂「一個中國三段論述」，從此成為中國對台政策的基調，牢牢套住台灣，

成爲台灣的緊箍咒，讓台灣在國際上動彈不得，幾乎淪爲國際孤兒。

中共「一個中國」的意義就是：海峽兩岸的台灣與大陸都屬於中國，北京是中央政府，台北只是地方政府，兩岸各自實施不同的政經制度，亦即「一國兩制」。

1983 年 6 月 26 日，鄧小平發表《中國大陸和台灣和平統一的設想》，表示：「台灣還可以有自己的軍隊，大陸不派人駐台，不僅軍隊不去，行政人員也不去，黨政軍等系統，都由台灣自己來管。中央政府還要給台灣留出名額。」歷經幾代中國領導人，迄今「一國兩制」口號未變，但內容早有更迭，比起鄧小平的說法似乎又緊縮了不少。2019 年夏開始的香港「反送中」運動，徹徹底底地展現香港人爲維護「兩制」，不惜反中 – 反對「一國」，甚至想爭取獨立。看在台灣人民眼底，無論藍綠，對「一國兩制」一致反對到底。

習近平深知台灣問題與香港問題不可同日而語，因此在 2019 年元月 2 日特別提出《一國兩制台灣方案》，公開表示：「我們願意同台灣各黨派、團體和人士就兩岸政治問題和推進祖國和平統一進程的有關問題開展對話溝通，廣泛交換意見，尋求社會共識，推進政治談判。」

習的說法立即遭到蔡英文嚴詞駁斥：

「我要重申，台灣絕不會接受『一國兩制』，絕大多數台灣民意也堅決反對『一國兩制』，而這也是『台灣共識』。」

值得注意的是，1972 年 2 月 28 日，美國總統尼克森與中國總理周恩來在上海發表聯合公報，美國的聲明有兩段特別表明：

1. 美國認知到（**acknowledge**）「**在台灣海峽兩邊的所有中國人都認爲**

現在

287

只有一個中國，台灣是中國的一部份。」美國政府對此一立場不提出異議。

2. 美國重申它對由中國人自己和平解決台灣問題的關心。

《上海公報》有提台灣，但未提台灣人，卻用「海峽兩岸的中國人」。更麻煩的是台灣問題要由「中國人自己」和平解決，而非「台灣人」。理由何在？因為當時蔣經國主政，「台灣人」是被隱藏在「中國人」之內，甚至根本不允許有「台灣人」認同。美國也只能附和國民黨當局以「中國人」取代「台灣人」。然而如果台灣問題真由海峽兩岸的中國人「共同解決」，豈非要讓十四億中國人民來決定台灣的前途？台灣豈不完蛋？

一個中國的「三段論述」，其中兩段：1. 世界上只有一個中國，3. 中華人民共和國是中國唯一合法代表，無人異議。唯一不合邏輯的是，世界上當然只有一個中國，也只有一個美國、一個日本、…但為什麼台灣就是中國的一部份，而不是美國或日本或…的一部份？原來中國藉「一中原則」認定「台灣無主權，而中華民國無合法代表性。」因此接受「一個中國」，不只要否定台灣主權，也要否定中華民國政權。藍營過去試圖用「一中各表」自圓其說，但遭北京斷然表示，只有「一中共表」，沒有「一中各表」後，藍營若還要維護中華民國，就必須跟綠營一起反對「一個中國」。認同台灣的叫「台獨」，那麼，認同「中華民國」的應該稱「華獨」，而華獨與台獨都不願接受「中華人民共和國」，因此華獨、台獨應該一家親！藍綠何須對立？

統獨是台灣與中國「零和對抗」的賽局，中國不放棄武力，因為台灣要獨立；反之，因為中國要武統台灣，所以台灣必反抗到底。既然華獨台獨都不接受中華人民共和國，那麼，台灣內部兩

千三百六十萬台灣人又何必再作統獨爭議？別忘了 1996 年 3 月 23 日，年滿二十歲以上的中華民國國民，行使台灣歷史上第一次的總統直選，無論你投票給當時五組候選人當中的何組，大家共同選出第一位民選總統李登輝，副總統連戰，共同實踐「國民主權」，。此後每四年，台灣人民就有機會再選出國家領導人，如今已經舉行六次總統大選，也已歷經三次政權輪替，無論台獨或華獨，我們共同屬行民主憲制，落實國民主權，實現絕大多數台灣人的共同願望。

瘟疫前兩岸交流實況

1979 年是中美建交、美台斷交的關鍵年度，鄧小平採行改革開放的經濟政策，兩岸經貿總額只有七千七百萬美元，在此之前國共如寇讎，兩岸也不許往來。1987 年，蔣經國宣布在大陸有三等親的台灣居民－意即隨蔣氏政權撤退來台的所謂外省人，可以「回去」中國「探親」，正式開啟兩岸交流的小門。爾後逐漸開放經貿、文化、觀光等多元社會交流。

根據陸委會 2019 年底官網資料，兩岸交流實況如下，但不久新冠肺炎疫情爆發，台灣很快阻斷兩岸旅行，雙方人員及經貿往來完全凍結，以後情況勢必大為改觀。

一、文教交流

1. **學術教育交流**：2011 年開放中國學生來台就讀，至 2019 年計招收 1 萬 8,646 名陸生來台就讀大專院校。
2. **藝文交流**：鼓勵兩岸藝術界進行交流、合作創作、聯展聯演及辦

現在

理座談研討等活動。

3. **出版交流**：2003 年開放中國大專專業學術簡體字版圖書來台銷售，並開放四類中國雜誌在台發行正體字版。

4. **影視交流**：2009 年開展兩岸影視交流。

5. **新聞交流**：2000 年底開放中國媒體申請來台駐點採訪。

二、社會交流

1. 中國人士來台探親、探病、團聚等，2005 年至 2011 年為 4~7 萬餘人次間，2019 年為 6.6 萬餘人次。

2. 兩岸婚姻登記數至 2019 年 12 月底 34 萬 9 千對，每年均維持在 1 萬 2 千對左右，2013、2014 年逐年降低。

三、重要兩岸政策及措施推動成果

1. **開放中生來台及落實中國高等教育學歷採認**：我方採認中國 155 所大學校院、高等教育機構及 191 所專科學校學歷。

2. **開放中國人民來台觀光**：2008 年 7 月開放中國團體旅客來台觀光，迄 2019 年底來台觀光達 1,431 萬人次。

3. **推動兩岸海空運直航**：自 2008 年 7 月至 2019 年底，兩岸客運航點合計為 71 個航點，客運班次為每週 890 個往返航班；貨運則為每週 84 個往返航班；我方開放 13 個港口，中國開放 72 個港口。

4. **金馬澎「小三通」常態化**：2001 年元旦開始試辦金馬「小三通」，截至 2019 年底，經「小三通」往返兩岸人員已逾 2,192 萬人次。

5. **兩岸金融開放措施**：自 2008 年 6 月起，開放人民幣在台兌換；

2011 年 7 月，開放國內銀行國際金融業務分行（OBU）辦理人民幣業務。

6. **中國投資上限鬆綁及審查便捷化**：2008 年 7 月，大幅放寬廠商赴中國投資上限，並簡化審查方式。

7. **開放中資來台投資**：2009 年 6 月底正式開放陸資來台投資，至 2019 年底，已核准 1,371 家中國公司，投資金額共約 22.8 億美元。

8. **簽署《海峽兩岸經濟合作架構協議》，促成兩岸經貿制度化**：累計 2011 年元月至 2019 年 11 月，我方獲減免關稅約 61.19 億美元。

9. **強化台商投資權益保障和服務工作**：為配合兩岸投保協議之簽署，陸委會、經濟部及海基會獲准在中國成立「台商服務中心」。

10. **落實兩岸司法互助協議執行，加強打擊跨境電信詐騙犯罪**：雙方相互提出之司法文書數，2019 年底超過 12 萬件。兩岸治安機關交換犯罪情資，合作破獲 230 案，逮捕嫌犯 9,444 人。

四、兩岸交流概況

綜觀台灣與中國的兩岸交流，在新冠肺炎爆發前的實質狀況如下：

1. **自 1987 年至 2019 年底，中國大陸來台人次累計 3,151.5 萬人次。1987 年至 2018 年底台灣赴中人次 1 億 0541.6 萬人次。**

2. **目前在中國工作的台灣人約有四十萬人，每年約有兩千多名台灣學生赴中國留學。**

3. **大陸在台灣獲居留許可人數 11,283 人，定居許可人數 4,399 人。**

4. **兩岸通婚 34 萬 9 千對，子女數不詳。**

5. **台商赴中投資核准額 1,865 億美元，佔台商海外投資 56%。**

現在

6. 台灣上市／櫃 1,608 家公司中，74.5% 赴大陸投資（赴大陸以外 79.4%）。

7. 台灣出口陸港貿易佔台灣總出口 40.2%。

8. 台灣外銷訂單海外生產佔 44.8%，，其中 90% 以上在中國。

9. 1991~2019 年台灣對陸港貿易順差 1 兆 4,043.7 億美元，而台灣對全球貿易順差 6,874.4 億美元，平均每年台灣自大陸及香港賺取 484.3 億美元。

10. 2019 年兩岸貿易總額為 1,492.8 億美元，我對中國出口 919 億美元，進口 573.8 億美元，出超 345.2 億美元；兩岸貿易占我對外貿易 24.2%，我對中國出口占我出口總額 27.9%。

　　值得注意的是，台灣與中國的經貿關係和台灣的經濟成長呈現高度「負相關」；即兩國的經貿關係愈密切，台灣的經濟成長率就愈低！在 1960 至 1980 年代，台灣採取「出口擴張」的外向型經濟發展政策，走向「國際化」的發展大道。台灣與美國、日本等已開發國家發展密切的經貿關係時，經濟發展被這些大經濟體往上拉升（平均每年經濟成長率達 8% 以上）。但自 2001 年台灣逐漸「脫美入中」，與中國經貿關係愈緊密結合後，經濟成長就愈緩慢（平均每年經濟成長率在 4.5% 以下），甚至被開發中的大經濟體中國拉下來而向下沉淪。

　　自 1990 年代開始與中國經貿交流以來，對中國的「出口依存度」逐年上升，目前已高達 40% 以上。加上投資中國占台灣對外投資總額八成以上，台灣實已步入經濟「中國化」的陷阱。台灣經濟「脫美入中」的結果，對 GDP 的貢獻如下：

表 10-1：台灣與中國及美國貿易對台灣 GDP 之貢獻

年	貿易對台灣 GDP 之貢獻 [（出口 – 進口）/GDP]*100	
	與中國貿易	與美國貿易
2009	14.75	1.37
2010	17.22	1.35
2011	16.11	2.15
2012	15.07	1.87
2013	14.94	1.42
2014/1~11	14.20	1.41

2016 年 3 月 5 日，中國國務院公布「十三五」規劃綱要草案，包括一條 122 公里長的海底隧道，連接福建平潭和台灣新竹。民間估計，隧道預計造價將高達人民幣四千億至五千億元。（新台幣 1 兆 8000 億元）。

但由於兩岸現實政治對立，且事涉台灣安全、國家主權等因素，在台灣政府內部或主流學界與媒體等拒絕中國單方面的喊話。

圖 10-1：北京台海海底隧道構想圖

北京
天津
河北
濟南
山東
安徽
合肥
上海
浙江
京福台高鐵路線
福建
福州
預計興建海底隧道穿過台灣海峽
新竹
台北
台灣

現在

一國兩制，Bye Bye!

　　在過去農村社會，貧窮人家的女兒往往送養出門，歹命的飽受凌虐，也不乏烏鴉變鳳凰的傳奇。但命運撥弄香港，使香港烏鴉變鳳凰，似乎還會由鳳凰再變回烏鴉？

一、香港與中英關係簡史

1839	中英鴉片戰爭。
1842.08.29	《中英南京條約》，割讓香港給英國。
1860	《中英北京條約》，九龍半島（不包括九龍寨城）被割讓（界限街以南）。
1898.07.01	租借九龍半島界限街以北深圳河以南及附近兩百多個離島租借給英國，為期九十九年。
1941.12.25	日本於耶誕節佔領香港，直到 1945 戰敗結束。
1945.10.25	聯合國成立，港澳與其他被日本佔領過的殖民地全部交由聯合國託管。
1972.03.08	中華人民共和國於進入聯合國後第二年，向聯合國申訴，撤銷聯合國「殖民地名單」中有關香港及澳門部分，聯合國大會，認定港澳為中國固有領土。
1984.12.19	簽署《中英聯合聲明》。
1985.06.12	向聯合國登記成為國際條約，附加中國承諾「維持香港現狀五十年不變」。
1990.04.04	《香港基本法》通過－特別行政區自治，但排除國防。

2019　　　　港府擬訂《逃犯送中條例》，引起全港長期抗爭。

2020.06.30　中國人大會通過《港版國安法》，宣告「一國兩制」結束，香港「二度」回歸中國。

二、1972 年聯合國確認港澳屬中國領土

　　二次大戰結束後，為處理被軸心國軍事統治過的土地，1960 年聯合國大會通過 1514 號決議《關於准許殖民地國家及民族獨立之宣言》（*Declaration on the granting of independence to colonial countries and peoples*），表示「有迅速無條件終止各種形式殖民主義之必要」，針對「非自治領土」但「已臻充分自治程度」者，可作如下一種選擇：1. 成為獨立自主國、2. 與一獨立國自由結合，或 3. 與一獨立國合併。

　　中華人民共和國於 1971 年 10 月 25 日成功排除中華民國，進入聯合國。隔年 3 月 8 日，中國常駐聯合國代表黃華致函特別委員會主席，要求將港澳從殖民地名單中刪去。函文如下：

　　「香港和澳門是被英國和葡萄牙當局佔領的中國領土的一部分，解決香港、澳門問題完全屬於中國主權範圍內的問題，根本不屬於通常的所謂殖民地範疇，因此不應列入反殖宣言中適用的殖民地地區的名單之內。… 中國代表團要求立即從反殖特委會的文件以及聯合國其他一切文件中取消關於香港、澳門是屬於所謂殖民地範疇的這一錯誤提法。」

　　1972 年 11 月 8 日，聯大以 99 票對 5 票通過《2908 號決議》，將港澳兩地從《關於准許殖民地國家及民族獨立之宣言》的名單中剔除，中國巧妙利用此一聯大決議剝奪港澳人民自決前途的權利，卻鮮少為外界注意。《2908 號決議》正式剝奪香港及澳門的獨立

現在

自治權利，因此港澳兩地在租約到期後，只能依《中英聯合聲明》及《中葡關於澳門問題的聯合聲明》處理，即香港回歸中國，而澳門仍由葡萄牙管理到 1999 年。中國為奪回港澳，早在加入聯合國當時就已處心積慮。

1984 年鄧小平與英國首相柴契爾夫人洽商 1997 回歸時，中國根據 1972 年的聯合國決議，提出「一國兩制」作為接收香港的模式，柴契爾招架無力，只得照單全收。在《中英聯合聲明》中，中國承諾「香港特別行政區成立後，不實行社會主義的制度和政策，香港以前的資本主義制度和生活方式，將保持五十年不變。」此即「一國兩制」。此一《中英聯合聲明》並曾登記於聯合國成為國際條約，具有國際法律效力。

一國兩制的期限是 2047 年，但近年來七百五十萬香港人卻生活在「一國兩制」的痛苦掙扎中。2019 年 2 月間香港保安局向立法會提出《2019 年逃犯及刑事事宜相互法律協助法例（修訂）條例草案》（簡稱《逃犯條例》），由於香港人對中國司法人權的高度不信任，因而掀起一波又一波的「反送中」全民運動，人數最多的是 6 月 16 日號稱兩百萬人空前大遊行，原本標榜的「和理非」（和平、理性、非暴力）逐漸因身分不明人士的打砸而變調，香港政府採取的「消耗戰」也變成「以暴制暴」的警民血腥衝突，國際航空公司一再取消航班。罷工罷課及罷市等風潮，使香港財經重挫，各項國際信用評比不斷下降。

香港在一百年前是個小漁村，租借英國九十九年逐漸成為國際金融中心。1997 年回歸中國，當時小小香港的生產毛額就佔了中國全國的 20%。但回歸二十二年後，一因中國經濟起飛，二因香港沒落，如今只佔中國的 3%，經濟地位一落千丈。

2014 年至 2016 年，香港允許海外投資者透過香港證券交易所在中國市場買賣股票，協助中國市場開放，也因此成為中國權貴資金外逃的中繼站。他們透過香港企業進行假交易，虛報香港進口產品價格，再將資金轉到香港。流入香港的資金一方面壓低銀行利率，另方面投資炒房，使香港房地產飛漲，資金外流，港幣走弱，香港本地人生計困難。

三、藤籠換鳥，慢性死亡

港府於 1990 年與楊尚昆簽署《香港基本法》，將國防排除於自治事項之外，人民解放軍在 1997 年 4 月 21 日就開始進駐香港。中國每天核准一百五十人移入香港，如今香港住滿七百四十多萬人，其中一百五十萬來自中國內地，另有十多萬各國人士，包括八萬多美國人。

小小的香港和九龍如今被七百五十萬華人及國際人士以及絡繹不絕的國際觀光客擠得有如沙丁魚，香港人原有的食衣住行生活水平全被打亂，英國統治時期培養的守法、清廉、效率和自由，逐漸變質、消失。他們的生活必需品被搶購一空，優雅的生活環境一去不復返，堪稱人滿為患。

為了消除「一國兩制」，中國積極開發「**廣深港大灣區經濟圈**」，展現珠三角的經濟發展新契機，卻讓香港邁向「慢性死亡」之路。香港早被掏空，而且中國更進行「藤籠換鳥」的計畫，把香港併入珠三角大灣區，再用「一國一制化」逼走富豪，騰出的籠子正好成為貪官污吏洗錢享受的天堂，而香港這顆閃亮的明珠，在回歸中國二十三年之後，已告殞落。

現在

四、香港《國安法》正式實施

中國於 2020 年 5 月 21 日召開因 COVID-19 而推延的「第十三屆全國人民代表大會」，於 5 月 28 日通過《關於建立健全香港特別行政區維護國家安全的法律制度和執行機制的決定》（簡稱《港版國安法》），法源根據是中國《憲法》第 31 及 62 條與《香港基本法》。

6 月 30 日，中國全國人大常委會全票通過《香港特別行政區維護國家安全法》，習近平立即簽署《主席令》，於當天晚上 11 點正式生效，作為香港九七回歸二十三年慶祝的「生日蛋糕」。隔天民眾遊行，三百七十位民眾當場被逮捕，全球各地透過媒體，見證到香港的黑色生日。

《香港國安法》內容最受矚目的包括：

1. 「反送中」主張「光復香港」涉及「分裂國家罪」；攻擊中聯辦、港府總部涉及「顛覆國家政權罪」；縱火、破壞交通工具設施等行為涉及「恐怖活動罪」；接受台灣等外國資助者，引發港人對中央或港府的「憎恨」，則屬「勾結外國或境外勢力危害國家安全罪」。
2. 煽動、宣揚、協助、教唆和資助上述罪行者，亦屬違法。
3. 在香港境內、在香港註冊的船舶和航空器內犯罪者，不論其國籍均適用《國安法》；香港居民若在香港以外犯罪，也屬管轄範圍。無論是否為香港居民，或是否在香港本地，均屬管轄範圍。
4. 任何人經判決危害國安罪行，即喪失參選或出任公職機會。現任法官、公務員等，立即喪失職務。

其中引發全球譁然的是第 38 條：「不具有香港特別行政區永久居民身份的人，在香港特別行政區以外，針對香港特別行政區實施本

法規定的犯罪，適用本法。」意即任何人在任何地方觸犯《香港國安法》規定的四種犯罪行為之一，都可根據該法規定處理。陸委會主委陳明通嘲諷該法為「宇宙帝國頒布的萬國律令」，充分反映中國帝王「普天之下，莫非王土，率土之濱，莫非王臣」的狂傲與無知。

顯然，北京的中國領導們完全忘掉今夕何夕，還以為時光倒回秦始皇朝代？中國既無視國家各有主權，包括司法管轄權，更不知人權是普世價值，包括言論及集會遊行的自由人權，國際社會也毫不客氣迎頭痛擊。英美宣布放寬港人移民規定，美國國會通過《香港自治法》，將針對侵犯香港人權的相關官員及銀行採取拒絕簽證、凍結國外資產等制裁。歐洲議會譴責該法猶如「國際恐怖主義」，一旦實施，歐盟及世界各國應向國際法院控訴違法。

東方明珠，徹底殞落；一國兩制，也走入歷史。

五、川普政府與香港

2019 年 11 月 27 日，川普總統簽署一項力挺香港反送中抗爭的《香港人權與民主法案》與《限制向香港出口催淚彈和人群控制技術法》（簡稱 *PROTECT Hong Kong Act*《保護香港法》），川普表示：「本人簽署這些法案是出於對習主席、中國和香港人民的尊重。這些法案是希望中國和香港的領導人和代表能夠友好地解決他們的分歧，為所有人帶來長期的和平與繁榮。」

2020 年 5 月 28 日中國人大通過《香港國安法》草案，29 日川普便宣布開始撤銷香港從美國享有的特殊地位，以回應港版《國安法》。川普說：「我正指示政府取消香港因為特殊地位所享有的政策豁免。」，包含「引渡條約，以及我們對出口和技術的控制。我們將採取行動，

現在

香港目前享有、有別於中國的海關與旅遊特殊待遇，都將撤銷。」

7月14日川普簽署《香港自治法》（*Hong Kong Autonomy Act*），也發布《香港正常化》行政命令，他表示：「香港現在將獲得與中國相同的待遇，沒有特權、沒有特殊經濟待遇，不允許從美國出口敏感技術到香港，且就如同大家知道，美國對中國施加關稅。」

根據法案內容，國務卿應在《香港自治法》生效九十天內，點名違反《中英聯合聲明》和《基本法》的外籍人士，並將報告提交國會；財政部長應在前述報告發布後三十天到六十天內，提出與被點名人士有大量資金往來的外國金融機構，提報國會。包括特首林鄭月娥在內的香港政府主官全被列為制裁對象，不准赴美，在美銀行帳戶全被凍結。

表 10-2：白宮《香港正常化》行政命令

簽證限制	● 取消給予香港護照持有者相對於中國護照持有者之特惠待遇。 ● 目前美國給予港人與中國公民相同的多次入境、效期十年之簽證，但香港記者可多次入境、效期五年，中國記者僅限單次入境、效期三個月。
凍結資產	● 禁止投資、轉移、出口、提領或交易在美資產或資產利益。 ● 對象包括直接、間接破壞香港民主、威脅香港安全、和平和穩定者。
禁止入境	● 上述相關人士及其配偶、子女，均禁止入境美國。
出口限制	● 美國現行對中國實施之懲罰性關稅，適用於香港出口貨品。
禁止防衛裝備出口	● 撤銷美國出口管制條例適用貨品出口、再出口到香港和在香港境內轉移之許可證豁免。
法務合作	● 停止美港逃犯及已遭判刑之囚犯引渡協議。

統獨民意走向

在國民黨戒嚴統治台灣期間，台灣民眾對統一或獨立的抉擇，缺乏充分資訊及理性思辨，更無言論自由，因此很難探測真實民意。隨著 1987 年解嚴之後，言論空間逐漸開放，約略可以看出民眾對統獨的立場，而一半以上的受訪者主張「維持現狀」，包括暫時性或永久性，但每個人對「維持現狀」的內涵了解不同，甚或不懂。

一、贊成台獨民意趨勢（1991~2018）

根據陸委會繪製的圖表，從 1991 年到 2000 年之間，受訪民眾敢於表態支持獨立的百分比偏低，從 1995 年「江八點」發表時的 9.8% 到 2000 年中國發表《一個中國》白皮書的 18.5%，均在政黨輪替之前。

圖 10-2：台灣人的統獨傾向（2018/9）

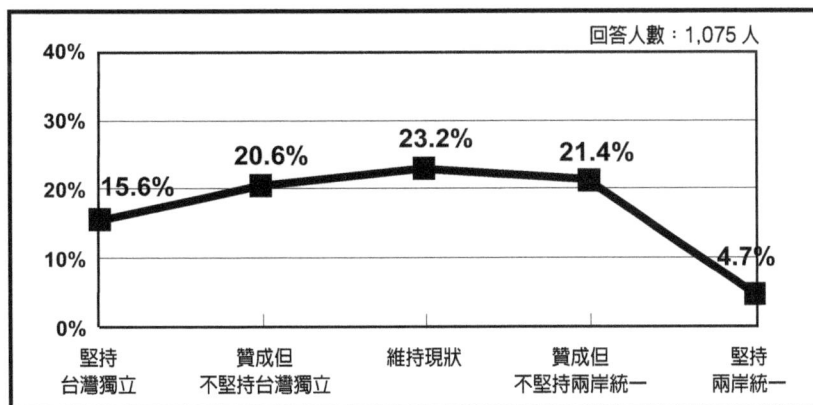

資料來源：台灣民意基金會。

現在

301

　　2000 年政黨輪替，陳水扁、呂秀蓮執政八年，致力於台灣主體意識的提昇，獨立傾向由 1991 年的 12.5% 逐年提昇，而於 2016 年 5 月蔡英文就職時，達到 51.2% 的高峰。期間馬英九執政八年，台獨傾向持續上揚，但蔡執政兩年半，2018 年 9 月時卻逐漸降落到 36.27%，反而贊成統一者攀升到 26.1% ！

二、贊成統一民意趨勢（1991~2018）

　　反觀贊成台灣跟中國統一的民眾，從 1991 到 2000 年之間，大約維持在 20~26% 之間，但 1991 年高達 45.3% 的人贊成統一，卻因 1996 年台海危機而陡降為 14%。2000 年政黨輪替後，統一的支持度在 20% 上下，馬英九主政期間也只有 17~19.1% 的人支持統一，而於蔡英文就職時降到 14.9%。然而隨著蔡執政，傾統比例卻逐漸上升，2018 年 9 月時竟高達 26.1%，首次高過主張維持現狀的 23.2% ！

圖 10-3：台灣人的統獨傾向（2018/9）

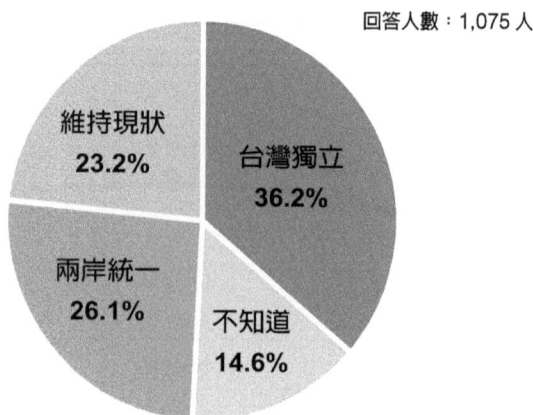

回答人數：1,075 人

維持現狀
23.2%

台灣獨立
36.2%

兩岸統一
26.1%

不知道
14.6%

資料來源：台灣民意基金會。

三、國族認同趨勢（1991~2020）

台灣歷經三次政黨輪替，在 2000 年陳水扁就任前的國族認同，大多為雙重承認，「既是中國人，也是台灣人」，或因情感上難分捨，或因理性認知不明確，屬於「不確定認同」。陳水扁主政八年後，自認台灣人的增加 23.9%，而雙重認同的減少 23.5%，亦即台灣認同明顯增加 23%~24%。馬英九主政八年，自認台灣人的繼續增到 80.8%，雙重認同的遞減到 8.1%，再經蔡英文主政四年，尤其武漢肺炎爆發一個月，根據「台灣民意基金會」2020 年 2 月中的民調，台灣認同更高達 83.2%，自認是中國人的只剩 5.3%，而雙重認同的也只剩下 6.7%。換句話說經過武漢肺炎種種遭遇，這兩種認同雙雙降下 50%。至此，台灣人不承認是中國人，事態至明。

表 10-3：台灣民眾國族認同民調（1991~2020）

年份	台灣人	中國人	都是
1991	13.5%	12.9%	73.1%
1996	39.6%	14.8%	43.1%
2006	60.2%	17.3%	17.8%
2008	60.8%	9.0%	20.6%
2011	73.7%	8.6%	11.0%
2016	80.8%	8.1%	7.6%
2020	83.2%	5.3%	6.7%

資料來源：台灣民意基金會。

統獨之別，或台灣人與中國人的認同差異，意味著台灣與中國的定位，亦即台灣的法律地位。台獨派認為台灣人與中國人是兩個民族，而台灣與中國是兩個國家。反之，統一派則宣稱「台灣是中國的一部分，台灣人就是中國人。」前者主張「一中一台」（即「兩

現在

兩岸恩怨如何了？

歷年台灣民眾統獨立場變化

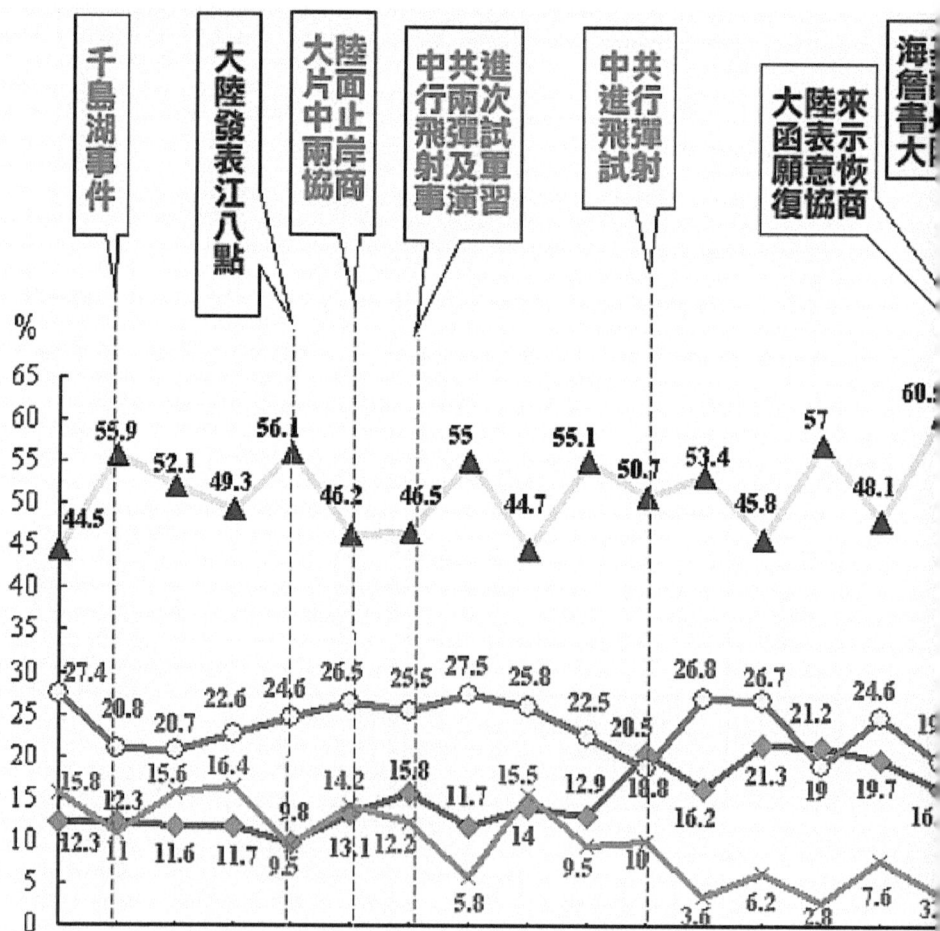

千島湖事件

大陸發表江八點

陸面止岸商
大片中兩協

進次試軍習
共兩彈及演
中行飛射事

中共進行彈射
試射

來示恢商
陸意協
大函願復

海詹書大

%

65
60
55
50
45
40
35
30
25
20
15
10
5
0

55.9 52.1 49.3 56.1 46.2 46.5 55 44.7 55.1 50.7 53.4 45.8 57 48.1 60.

44.5

27.4 20.8 20.7 22.6 24.6 26.5 25.5 27.5 25.8 22.5 20.5 26.8 26.7 21.2 24.6 19

15.8 12.3 15.6 16.4 9.8 14.2 15.8 11.7 15.5 12.9 18.8 16.2 21.3 19 19.7 16

12.3 11 11.6 11.7 9.5 13.1 12.2 5.8 14 9.5 10 3.6 6.2 2.8 7.6 3

林義雄三

林滴娟事件

陸意基許書赴大同海會秘長訪

辜汪會晤

大陸展開文攻武嚇（針對李總統提出兩國與國關係。）攻「特殊的國

九二一震災大我武緩

二二八後對陸文攻一一陸文嚇

發共表「一中國原則台灣中個的與問題」白皮書

維持現狀（含維持現狀以後再決定、永遠維持現狀）

58.9

2.6 ▲
50.7 ▲
45.8 ▲
50.4 ▲
53.1 ▲
54.5 ▲
51.8 ▲
52.2 ▲
54.5 ▲
51.3 ▲
58.9 ▲
54.2 ▲
53.6 ▲

傾向統一（含急統與緩統）

傾向獨立（含急獨與緩獨）

不知道

28.1

.1
18.4
20.3
19.5
19
17.3
18.7
21.6
21.4
18.9
23.2
24.4
20

.3 17.8
18.3
16.8
15.9
15.5
16.5
18.3
18.5
17
17.8
16.6

13.1
15.7
13.3
12
12.7
1.4
9.7
5.8
11.3
0.9
3.7
9.8

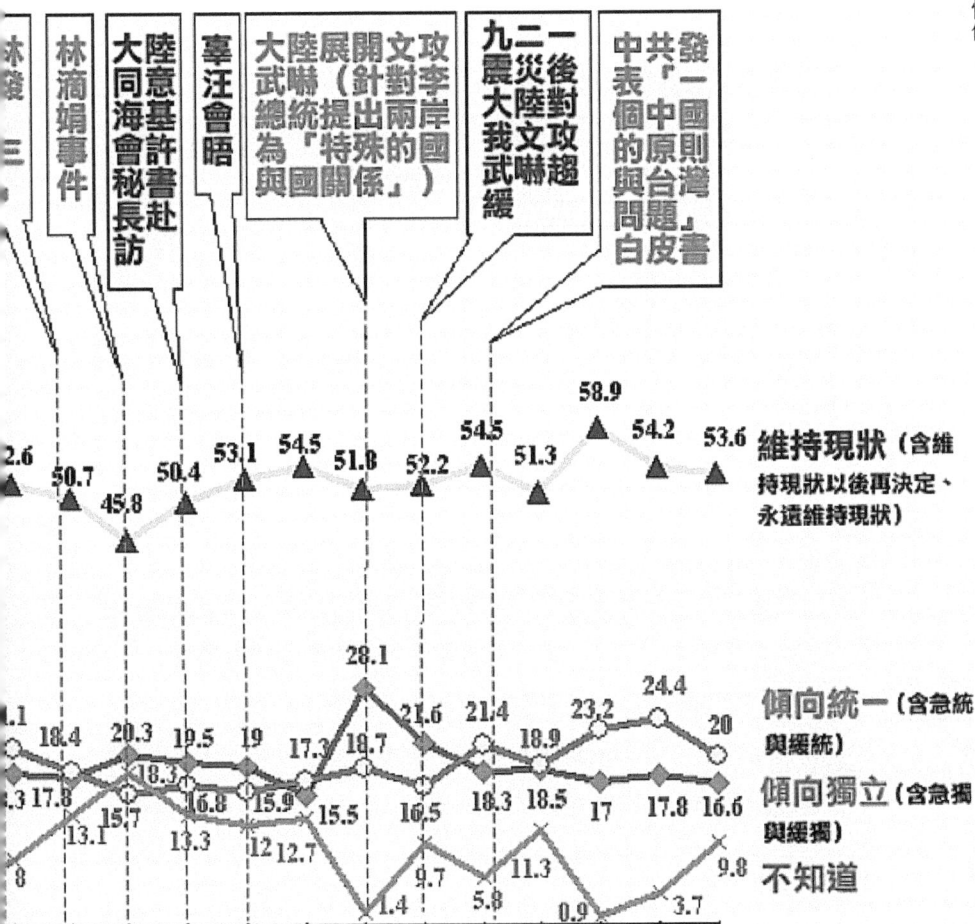

資料來源：行政院大陸委員會。

現在

305

國論」），後者堅持「一個中國」（一國兩制）。然而從上述民調的變化，我們很清楚地看到如下的民意趨勢：

1. 越來越多人自認是台灣人，不是中國人。
2. 越來越多人贊成台灣獨立，反對統一。

表 10-4：台灣民眾國族認同民調（1992~2020）

年份	台灣人	中國人	都是	無反應／拒答
1992	17.6%	25.5%	46.4%	10.5%
1996	24.1%	17.6%	49.3%	9.0%
2000	36.9%	12.5%	44.1%	6.5%
2004	41.1%	6.2%	47.7%	5.0%
2008	48.4%	4.5%	43.1%	4.0%
2012	54.3%	3.6%	38.5%	3.6%
2016	58.2%	3.4%	34.3%	4.1%
2019	58.5%	3.5%	34.7%	3.3%
2020	67%	2.4%	27.5%	3.1%

資料來源：政大選舉研究中心。

　　隨著世代交替，年輕新世代生在台灣，長在台灣，他們沒有中國經驗，更無中國感情，天然台甚至天然獨是天經地義必然的趨勢。

　　影響台灣民眾統獨傾向的因素，除了「新世代、天然台」的自然律之外，最主要來自中國的對台政策，而政策反映出北京領導的態度。另外就是涉及兩岸的偶發事件，包括 1994 年的千島湖事件，一群台灣旅客在千島湖遊玩時，被當地匪徒劫殺；1996 年台海危機，中共對台文攻武嚇，以及 2019 年上演的香港「反送中 → 反中 → 抗中」抗暴。更重要的變化，就是 2020 年武漢肺炎所突顯出的台灣與中國涇渭分明，截然不同的事實。

在毛澤東與蔣介石隔海主政時期，一方揚言「血洗台灣」，另方誓言「反攻大陸」，兩岸政策其實反映出毛蔣二人的恩怨情仇，台灣人在戒嚴統治下只能噤若寒蟬。1979 年元旦，中國與美國正式建交，並迫使美台斷交，北京當局開始以和平攻勢，採懷柔政策，但絕不放棄「一個中國」的原則。歷屆中國領導人的對台政策如下：

表 10-5：中國對台政策演進

時間	簡稱	主要內容
1979	《告台灣同胞書》	提出結束兩岸軍事對峙，開放「兩岸三通」。
1981	葉九條	首度具體談一國兩制，包括統一後台灣保有軍隊。
1983	鄧六條	建議舉行兩岸平等會談，不容外國插手。
1995	江八點	一個中國前提下，什麼問題都可以談，中國人不打中國人。
2008	胡六點	結束敵對狀態，達成和平協議。
2013	兩岸一家親	習近平見蕭萬長時提出。
2014	心靈契合	習近平稱兩岸統一是兩岸同胞心靈契合的統一。
2016	六個任何	習近平強調，絕不允許任何人，任何組織、任何政黨，在任何時候，以任何方式，把任何一塊中國領土從中國分裂出去。
2019	習五條	提出兩岸統一實踐方案，兩岸各黨各界協商和平統一及「新四通」。

2019 年「習五條」發表不及半年，香港反送中抗爭浪潮沖激台灣與中國的關係。台灣的年輕人原本不關心政治，但香港青年救香港的事蹟，帶動台灣新世代關心政治，也認識中國。2020 年元月 11 日總統與立委投票的結果，非常明確地向世界表達：台灣向中國大聲說 NO！

現在

表 10-6：2020 vs. 2016 總統大選

	2020	**2016**	增減
蔡英文	817 萬	689 萬	+128 萬
	57.13%	56.12%	+1.01%
朱立倫 / 韓國瑜	552 萬	381 萬	+171 萬
	38.61%	31.04%	+7.6%
宋楚瑜	60.8 萬	157 萬	-96.2 萬
	4.26%	12.83%	-8.57%
1.2020 年選民人數比 2016 年多 53 萬人，投票人數多 202 萬人。 2. 蔡英文得票多 128 萬，得票率增加 1.01%。 3. 韓國瑜比朱立倫多 171 萬票，得票率增加 7.6%。			

　　2020 年投票選民比上一屆 2016 年多出 202 萬人，許多年輕人第一次去投票。結果，蔡英文比四年前的自己多得 128 萬票，比對手韓國瑜更多出 265 萬票。韓國瑜落選的原因很多，普遍的認知是因為他太親中，2019 年熱烈支持他選高雄市長的年輕人，由於香港和習近平，大幅轉向支持親美護台的蔡英文。蔡英文得票數甚至比民進黨政黨票還多出 337 萬票。不過，如將投給韓國瑜的 552 萬票加上投給宋楚瑜的 60.8 萬票合計起來，有 612.8 萬選民仍然反對蔡英文。

中國武統台灣？

一、台海完美風暴

　　歷史指出，戰爭發生大抵有其脈絡可循的背景，但擦槍走火或

戰略突襲的事例所在多有。1941 年日本偷襲珍珠港，德國攻打蘇聯、1950 年中國參加韓戰、1968 年蘇聯入侵捷克，或 1973 年阿拉伯國家突襲以色列的「七日戰爭」，均令人措手不及，驚慌不已。

早在 2018 年我國國防部發表的《中共軍力報告書》就指出共軍**將於 2020 年前「完備對台全面用武作戰準備」，可能行動包含聯合軍事威懾、聯合封鎖作戰、聯合火力打擊、聯合登島作戰。**

更早之前，習近平於就任中國國家主席之前，2012 年 11 月間，據說就私下跟黨內同志發誓，「會在 2020 年前做好跨海攻台的準備。」因為 2021 年是中共建黨百年慶，解放軍規劃在 2020 年建置完成對台全面作戰能力。

2015 年 7 月 1 日，習近平公布《國家安全法》，以法律確立總體國家安全戰略，並明定維護祖國統一是台灣人民的共同義務。2016 年元月，中共展開大規模的軍事改革與重組計劃，習近平在短短數年內將超過百名高階將領革職下獄，甚至加以處決。習曾暗示，因為中國需要更致命的軍事機器，更有能力打贏未來戰爭的將領，他別無選擇。

比《國家安全法》更早通過的是胡錦濤時代 2005 年的**《反分裂國家法》，該法第 8 條明定在三種情況下，「國家得採取非和平方式及其他措施，捍衛國家主權和領土完整」：**

1. 台獨分裂勢力以任何名義、任何方式造成台灣從中國分裂出去的事實；

2. 發生將會導致台灣從中國分裂出去的重大事變；

3. 和平統一的可能性完全喪失。

根據美國國防部發表的《2018 年中國軍力報告》，可能引起中國對台動武有七種情勢：

現在

309

1. 正式宣布獨立。

2. 朝向獨立的不明確行動。

3. 內部動亂。

4. 台灣取得核武。

5. 無限期推遲統一談判。

6. 外國勢力介入台灣內部事務。

7. 外國軍隊駐紮台灣。

　　軍事專家認爲，當多種風險因素恰巧在同一時間點交匯結合，就會釀成重大危機，此稱「完美風暴」。2020 年以來，美中台三國先後出現的多項事實，對中國領導人而言，已經累積成爲中國犯台的「完美風暴」，形成台灣的重大風險：

1. 2020 年總統大選結果，蔡英文以 817 萬票歷史新高當選連任，等於台灣人民 say Yes to Taiwan。

2. 親中色彩濃厚的韓國瑜以 264 萬票之差未能當選總統，不到半年連高雄市長也遭罷免下台，等於台灣人民 say No to China。

3. 國民黨雖在 2018 年地方選舉敗部復活，但因香港問題加深台灣年輕世代對民主自由的體認，國民黨在台灣已欲振乏力，「國共聯手制台」的策略宣告失效。

4. 美中鬥爭越演越烈，而台灣戰略價值越來越高，「親美‧反中‧排華」的情緒不只遍及台灣，更蔓延全球。尤其中國因 COVID-19 飽受全球譴責，台灣因無疫情備受舉世肯定，兩相對照，中國情何以堪！

5. 中國領導人必須因應諸多空前的內外挑戰，包括：1. 疫情控制及疫苗研製、2. 民生經濟復甦與振興、3. 產業鏈崩解之後的重組、

4. 水患治理及家園重建、5. 蝗災之後的糧荒、6. 黨內政爭與民怨平息、7. 全球性反中排華浪潮。

以上種種已夠北京當局頭疼憂慮，偏偏屋漏又逢連夜雨，美國總統川普爲勝選連任，迭迭升高反中情緒，並高舉台灣刺激中南海。一時之間，華府與台北之間貴賓往來不以，美軍尾隨共軍在台海週遭神出鬼沒，尤其高調販售台灣十批防衛性武器，逼得北京當局劍拔弩張。如果川普如願連任，華府可能進一步與台北發展如下關係：

1. 美國高官如國務卿或國防部長訪問台灣。

2. 蔡英文總統訪問華府，在國會演講。

3. 美國軍艦停泊台灣港口，甚至駐守台澎金馬。

4. 美軍駐守台灣。

5. 宣布更改「一中政策」。

6. 承認台灣爲主權獨立國家。

7. 正式與台灣建交。

以上原屬正常國家可作、該作的事，但台灣數十年來受盡「一個中國」的委屈，未能以主權國家與他國平起平坐，如果美國採取以上任何一項措施，無異美國公然踩中國的紅線，中國將會如何反應？中國是否會援引《反分裂國家法》，宣稱中國武統台灣的合法正當性？

1995 年李登輝一心要回母校康乃爾演講，掀起長達半年的台海風雲，國人記憶猶新。轉眼二十五年來，中國人民解放軍的軍事實力確有長足的進步，當時飛彈只有五十至一百枚，現在已近三千枚。當時美中關係和諧，柯林頓總統三度派遣航空母艦巡弋，就將海峽風雲平息。但 2020 年的東亞情勢詭譎，中美劍拔弩張，美國拿台灣

現在

人的拳頭去敲擊中國石獅，首先挨痛流血的豈非就是我們的拳頭？

中國動武的「完美風暴」的形成，不是台灣的責任，而是歷史發展的必然趨勢，該負責的不是台灣，但台灣的政府及人民卻要承擔風暴的惡果，因此需要風險管控，以趨吉避凶。不要搶做別人的馬前卒，更不要在浪頭上搶個人風頭；不必要的紅線何必踩？不必要的敵意和仇恨千萬別煽風點火。戰爭無情，和平無價，預防戰爭與投資和平是您我大家刻不容緩的道義責任。

二、台海開戰，勝負難卜

一般而言，中國如果決定武力統一台灣，必已具備如下條件：
1. 橫渡台灣海峽無礙，也有能力鎮壓台灣的反抗。
2. 國際政治阻礙必須小於回收台灣的利益。
3. 政治手段無效，必須武力統一台灣。

英美兩國重要報刊推論一旦中國武統台灣，結果如何？ 2020年5月17日英國《泰唔士報》（*The Times*）刊出的「美國會在太平洋對中戰爭中失敗」（*U.S. Would Lose Pacific War with China*），根據一系列兵推結果顯示，美軍可能在海上被解放軍擊敗，要協助台灣抵抗共軍入侵也會遭受打擊。美國戰略與國際研究中心（CSIS）主任葛來儀（Bonnie Glaser）認為，所有對中國在2030年的威脅推演都指美國會被打敗，「台灣為最大不穩定因素，可觸發中國與美國開戰，甚至是核戰。」

另外，《富比世》（*Forbes*）雜誌刊出的「如果中國侵略台灣，艦隊將成何模樣？」（*If China Invades Taiwan, This Is What the Fleet*

Could Look Like），作者是潛艦專家 H I Sutton。根據他的分析，中共犯台最戲劇化的場景是大規模兩棲登陸台灣，可能讓台灣的海軍難以招架。但 Sutton 引述軍事分析家佛里曼（B.A. Friedman）的說法：「登陸台灣算得上史上最艱難兩棲行動之一。台灣已準備數十年，在每個登陸點都有準備，並有熟練的防禦計畫。」中國登台將面臨強硬抵抗。因為：「**中國人民解放軍鮮少戰鬥經驗，兩棲作戰經驗甚至更少。**」解放軍將必須在全世界眾目睽睽下登陸台灣，整個行動都會被轉播，登台行動拖得愈久，台灣愈有機會等到國際干預。

然而在台灣，有一些人的看法很悲觀。孫文學校北院院長林定芃表示，華府的霸權主義不是蔡英文政府的保護傘，台灣只是華盛頓當局遏制打壓中國大陸的「棋子」，兩岸一旦發生衝突，即使美國出兵助台，打贏了也是「輸」。因為這意味著美國要長期維持協防台灣、耗費巨資，對美國絕對是一個無底洞。

最引起爭議的是馬英九主政時的國安會秘書長蘇起，他引用美國參議員霍利（Josh Hawley）向參議院提出《台灣防衛法》草案，要求美國國防部確保美軍有能力阻止中共犯台。法案中用法文 fait accompli（既成事實）提示：「中共在美國有效反應前已奪取台灣，並讓美國覺得翻轉此一情勢太難，或成本太高，而不介入。」因此，《台灣防衛法》是要美國應積極提升介入能力，即翻轉中共「既成事實」的軍力，以免屆時不得不放棄台灣。

蘇起根據法案內容加以引申敘述，認為美國間接承認已沒能力在中共犯台時及時趕來救援台灣，因為：1. 中共擁有台海局部優勢，奇襲使美軍措手不及、2. 中共力求首戰即決戰，在極短時間內制服台灣。美國基地太遠，中共太近、3. 中共遠距作戰能力足以阻絕美航母於關島以東、4. 東亞國家無意伸援。

現在

蘇起意在指出，美國保衛台灣是心有餘而力不足，而中國則自恃軍力已強大到「首戰即終戰」，一天就可消滅台灣。這些言論令國內群情憤慨，認爲他長中共志氣，滅台灣威風，別有用心。不過，蘇起另外提醒中共動武有「大打」與「小打」，值得關注：

「國人的『動武』討論多集中於『大打』（即武統），忽略『小打』（即教訓）。…如美國當年炸南館，美國對伊朗聖城旅指揮官進行斬首行動。在當前美中格局下，其實『小打』的可能性不亞於『大打』。… 蔡政府不宜樂觀地相信因爲中共不至於『大打』，反而應該研擬可能的『小打』劇本，預做評估及防範，才能確保台灣安全。」

蘇起說，展望未來，不管「大打」、「小打」、或「不打」，如果美中鬥，蔡英文主政的兩岸也鬥，台灣經濟怎能好轉、台灣民眾如何安心？

三、美國可靠嗎？

萬一中國眞正啟動軍事力量，侵犯台灣，美國的態度會如何？

2000 年 5 月，台灣首度完成政黨輪替，新加坡總理李光耀接受《遠東經濟評論》（*Far Eastern Economic Review*）專訪時說到：

「如果美國能無限期讓台灣自立於中國之外，台灣人自應感激。不過，如果不能，卻讓台灣人相信可以，那就很殘忍了。」

美國在台協會前主席卜睿哲（Richard Bush）常被綠營說是台灣最好的美國朋友，他於2019年6月5日接受《中國時報》專訪時，語重心長地提醒親美派的台灣朋友，**若有人相信美國會百分之百、全然地支持台灣**，如同無條件的空白支票，「我建議他們要三思，

台灣必須要謹慎思考自己在美國和中國之間的利益。」

卜睿哲指出，川普獨特而搖擺不定的作風，也影響對台政策。例如川普當選後的「川蔡通話」，美台關係看似朝向正向發展，但「川普只想將台灣當成貿易及朝鮮問題上對中的談判籌碼。」**卜睿哲提醒，美中衝突並不止貿易層面，台灣可能成為友軍炮火下的犧牲者（Friendly Fire）。他特別強調，**「台灣有可能成為美中賭桌上的籌碼，在最壞情況下，美中代理人之戰，可能在台灣發生，台灣會是唯一的輸家。」

在推測美國可不可靠的時候，前白宮國家安全顧問，也是台灣的長期好友波頓（John Bolton）出了一本 *The Room Where It Happened: A White House Memoir*（《事發之室：白宮回憶錄》），透露當今美國總統川普對台灣的內心觀點。

波頓提到，川普聽信許多因投資中國而致富的華爾街金融家的意見，對台灣特別「消化不良」（意指特別反感）。川普經常在會議中拿起一支筆，指著筆尖表示「這是台灣」，然後指著橢圓辦公室中的總統書桌說那是中國，意指台灣僅是彈丸之地。

波頓說，習近平曾明確要求川普不要繼續對台軍售，也不要同意讓蔡英文總統訪美，習稱這兩件事是兩岸穩定的關鍵。

波頓離開白宮後，川普遺棄敘利亞的庫德族人，當時有人臆測川普接下來會遺棄哪個國家？台灣就排在川普名單上極前面的位置。如今美國由拜登總統領導，台灣會被拜登政府玩弄嗎？

現在

未
來

第十一章

和平中立新世界

認識「中立國」

　　「中立」（neutrality）一詞源自古拉丁文 Neuter，相當於英文的 neither，意思是不偏袒任何一方，既不支持也不反對。在國際政治上，一個中立的國家不與他國為敵也不與他國同盟，只以自力自保追求生存和發展，避免捲入強權間之戰爭，也禁止強權以武力爭奪領土。

　　中立是一種用來避免國際衝突、化解國際爭端的工具，也就是「預防性外交」（preventive diplomacy）的一種。現代國際法概念下的中立，有以下三類：

1. **戰時中立**：透過國際法規範戰時保持中立的權利與義務。
2. **永久中立**：一個國家透過條約、國際承認等程序而成立的特殊法律地位，除自衛之外，永遠維持中立、不參與任何戰爭，但採取武裝中立。
3. **準中立**：在國家與非國家實體之武裝衝突，或國家之間非傳統戰爭定義下的武裝衝突中，中立國採取不參與、不偏袒的立場。

未來

　　「中立」國際規範的法典化，包括 1856 年英、法等七國在巴黎所簽訂的《戰時海上國際法宣言》，1907 年第二次海牙和平會議中簽訂的第五號公約《有關陸上戰爭時中立國的權利與義務之規定》、第十三號公約《有關海上戰爭時中立國權利義務之規範》，與 1909 年在倫敦制訂的海戰宣言等國際協定。**綜合國際公約及國際慣例，中立國的權利與義務略述如下：**

1. 中立國不能發動戰爭，但需自我防衛。
2. 中立國不能參與交戰國之戰爭，但可提供人道救援。
3. 中立國的領土主權不容侵犯。
4. 禁止交戰國在中立國領土設置軍事基地，從事軍事行爲。
5. 中立國不得參與軍事同盟，但得參加非軍事組織。
6. 中立國應平等對待各交戰國。
7. 中立國應維護其所收容的戰俘的的自由。

　　基本上中立國必須負擔「不參與義務」及「無差別義務」，不參與義務是指不支持任何交戰之一方，而無差別義務是指禁止歧視，同等對待交戰之雙方。中立國與交戰國分別負有「不作爲」、「防止」和「容忍」三方面的義務。至於交戰國的義務則包括：尊重中立國不偏袒的態度及其領土完整（包括中立國之領海及領空）、不得阻止中立國在中立原則下與敵國維持正常往來。

　　最重要的是，中立國享有國家主權及領土的自我防衛權，必須具備充足的國防自我防衛能力，以保衛國家，堅持中立。此外，中立絕非孤立，除了不參加軍事結盟，其他非軍事的和平與人道活動，恰是中立國的強項，妥適運用柔性國力及巧實力 soft and smart power，中立國將發揮強大的良善能量 good power ！

圖 11-1：全球中立國地圖

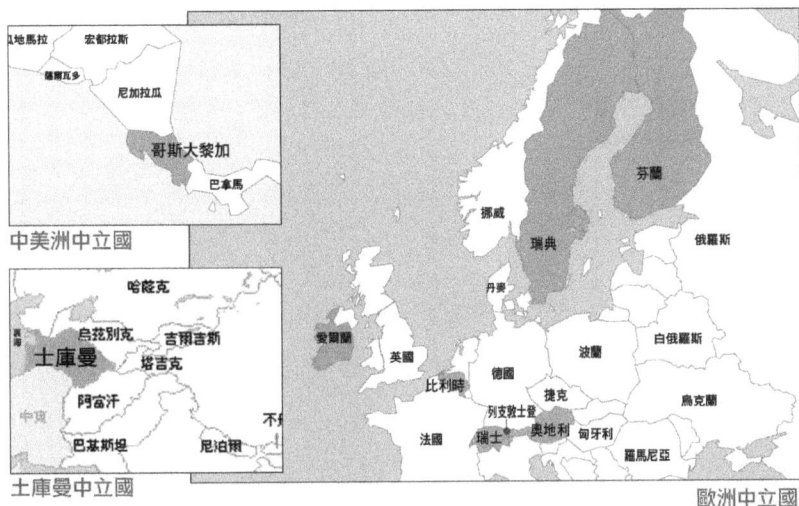

瓜地馬拉　宏都拉斯

德爾瓦多

尼加拉瓜

哥斯大黎加

巴拿馬

中美洲中立國

哈薩克

烏茲別克　吉爾吉斯

土庫曼　塔吉克

阿富汗

巴基斯坦　尼泊爾

中國

不丹

土庫曼中立國

挪威

瑞典

丹麥

愛爾蘭

英國

比利時　德國

列支敦士登

法國　瑞士　奧地利

芬蘭

俄羅斯

白俄羅斯

波蘭

捷克

烏克蘭

匈牙利

羅馬尼亞

歐洲中立國

　　兩百年前，人類歷史上第一個完成中立的國家是瑞典，第二個是瑞士，在 1815 年維也納會議上，周邊國家同意讓瑞士中立，以維護歐洲地區的穩定。

　　經過一百多年努力，瑞士於 1993 年宣布「中立六原則」，將中立由消極不作為轉化為「積極」作為：

1. 維持武裝中立，用武裝來自主防護；

2. 中立政策以提昇區域穩定與世界和平為考量，中立是道義性的；

3. 中立要用積極合作的參與，取代消極不作為的做法，中立國原則上放棄戰爭的權力，但若為自我防衛，區域穩定，或者制裁破壞和平者，是可訴諸武力；

4. 支持國際社會高度共識做成的制裁措施，聯合國憲章建立的安全體制，以義對抗不義；

5. 瑞士沒有加入軍事性的北約組織，但加入經濟性及其他非軍事性的

未來

319

組織，包括歐盟；

6. 瑞士開放參與國際合作，亦可與時俱進調整中立政策。

傳統中立國

一、美國（1793~1941）

美國於 1776 年獨立，建國後第一次的外交考驗在 1793 年英法戰爭。英國是美國移民的母國，但法國卻是支持美國移民對抗英國才能獨立成功的恩人。華盛頓總統發表《中立宣言》（*Proclamation of Neutrality*），宣布與英法兩國都保持中立關係，禁止美國公民參加任何海上戰鬥，也禁止將違禁品運往交戰國。

1820 年代，歐洲的「神聖同盟」（Holy Alliance）干涉拉丁美洲獨立運動並入侵。1823 年總統門羅（James Monroe）發表中立的國情咨文，史稱「門羅主義」：

1. 美洲是美洲人的美洲，不再對歐洲殖民主義者開放；
2. 任何歐洲國家試圖在拉美建立殖民地或對美洲國家實行政治控制的企圖都將被美國視為不友好行為；
3. 美國不介入歐洲國家的事務或他們已經在拉美建立的殖民地事務；
4. 歐洲絕不能以任何方式侵擾任何西半球獨立國家的政治狀況。

1914 年 8 月 4 日第一次世界大戰爆發，正在競選連任的美國威爾遜總統（Woodrow Wilson）立即宣布中立，呼籲美國公民不偏不倚，也呼籲勿對德國及匈牙利封鎖自由貿易。但 1917 年 2 月 3 日德國宣佈恢復和擴大無限制潛艇戰，對駛近英倫三島附近海域和

東部地中海的商船，包括美國多艘船隻，一律擊沉，德國企圖說服墨西哥對美國宣戰，迫使美國於 4 月 6 日向德國宣戰。

　　1939 年德國向英法兩國宣戰，美國宣布中立，直到 1941 年日本偷襲夏威夷美軍基地珍珠港，美國被迫參戰，中立政策就此結束。二次世界大戰在美國參戰後，戰局轉變，終於迫使軸心國向同盟國投降。戰後美國便由戰勝國的龍首之尊主導世界，稱霸全球。

　　冷戰時期美蘇競爭，美國在歐洲成立「北大西洋公約組織」對抗蘇俄組成的「華沙公約組織」，有些歐洲國家不想選邊站，就採取中立政策。美國基於本國國家利益的立場，對歐洲中立國施展不同的外交手段。

　　美國的中立政策，是美國建國以來的關鍵策略，建國之初百廢待舉，必須休養生息與培植國力，中立政策是明哲保身，確保國家平穩發展的理性抉擇（rational choice）。美國在執行中立政策時，也同時有參戰的準備，軍事力量是中立政策的靠山，中立政策則是美國厚植國力的必要手段。

二、瑞典（1814~）

　　13 世紀中葉瑞典形成統一的封建王國，至 17 世紀時瑞典領土為目前的兩倍，成為斯堪的納維亞半島的強權。

　　1814 年維也納會議後，瑞典決定放棄軍事攻擊本質，開始採取中立的外交戰略。1834 年中東危機造成英國和俄國軍事衝突一觸即發，瑞典國王卡爾十四世·約翰（Karl XIV Johan）約束北歐國家採取嚴格中立立場，從此奠立瑞典中立的傳統基礎。瑞典的中立並未載入憲法條文，算是一種傳統，一種立國的風範。

　　第一次及第二次世界大戰期間，瑞典均嚴守中立原則，保持與各國經貿往來，但絕不參戰。在戰爭期間，瑞典被納粹德國包圍，但它保持低調並作出若干妥協，避開被佔領的命運。**美蘇冷戰初期，瑞典既沒加入「北大西洋公約組織」，也未參加「華沙公約組織」。瑞典推動政治中立的嚴格立場，使其經濟成長顯著，且武裝力量僅次於美國、蘇聯和以色列。**

三、瑞士（1815~）

　　1798 年法國入侵瑞士，佔領大部分的瑞士聯邦領土，1815 年拿破崙於滑鐵盧戰役失利，歐洲列強召開「維也納會議」，發表《維也納宣言》，6 月 9 日維也納會議最後議定書確認瑞士「永久中立國」的身分。

　　瑞士在中立化的過程中，將消極不作為轉化為積極參與，使瑞士扮演世界和平與人道不可或缺的角色。**直到 2002 年 3 月，才透過公民投票加入聯合國，但在此之前，許多重要的國際組織，如「世界衛生組織」（WHO）、「世界貿易組織」（WTO）、「國際勞工組織」（ILO）和人權委員會等都設在瑞士。**

　　瑞士的中立是「積極的中立」，政府的外交政策依循中立法及中立政策雙重考量：

1. 瑞士自 1948 年起派遣常駐觀察員到聯合國，也協助聯合國進行人道任務或其他調停事宜。

2. 1991 年波灣戰爭時，瑞士決定對伊拉克經濟制裁，不過拒絕讓聯軍的軍機飛越領空，但允許人道救援目的的軍機借道瑞士。

3. 1999 年科索沃戰爭造成許多難民逃離，瑞士對難民提供人道救

援服務，也對南斯拉夫進行非軍事的制裁，但拒絕北約軍機飛越瑞士領空的要求。瑞士還派遣志願役軍人到科索沃擔任維和任務。

4. 2003 年伊拉克戰爭，瑞士政府只允許人道救援飛機飛越領空，並核准境內企業出口軍事裝備與服務給交戰國。

四、奧地利（1955~）

第一次世界大戰後，奧地利第一共和國成立（1920~1938），外交政策嚴守中立。1945 年 4 月奧地利被俄羅斯軍隊攻陷，國破家亡。奧地利領袖任納（Karl Renner，1870~1950）主辦國會選舉，但投票結果，共黨只得 5.42%，任納主動讓出內閣四分之一的席位給共產黨，同時邀請美英法蘇派代表成立督導辦公室，以爭取歐蘇各國都承認國會，再積極爭取各國支持成為中立國，奧地利因而保持民主制度和市場經濟，每年維持 5% 的經濟成長。

奧地利政府藉由與西方世界的共同價值，加上與東歐國家的歷史淵源及地緣關係，善用中立的策略促成蘇軍撤離奧國，恢復奧國國家主權，成為獨立自主的國家，展現小國外交在困境中採取中立的靈活智慧。

1955 年 4 月 15 日，奧地利及蘇聯簽署《莫斯科備忘錄》，重申奧地利未來不會加入任何軍事聯盟，也不同意於其境內設置他國軍事據點。奧國國會隨即在 10 月 26 日通過《有關奧國中立的憲法》，第 2 條規定永久中立政策，拒絕參與軍事聯盟及在奧國領土上建立外國的軍事設施。**自 1950 年代以來，奧國中立的地位所帶來外交與內部的發展，令大多數奧地利民眾滿意。**

未來

五、芬蘭（1935~1939、1956~1995）

歷史上芬蘭是俄羅斯與瑞典兩大強權爭奪的要地。19 世紀俄羅斯擊敗瑞典奪下芬蘭，芬蘭成爲俄羅斯帝國轄下具高度自治的大公國。1917 年 10 月蘇維埃政權成立，芬蘭議會於 12 月 6 日宣布獨立，反獨立者與與駐紮芬蘭的俄軍結合，出現激烈內戰。隨後第一次世界大戰結束，芬蘭與俄羅斯簽訂和約。但蘇聯於 1939 年 11 月 30 日入侵芬蘭，隔年芬、蘇雙方簽署《莫斯科和約》，芬蘭將其東南土地割讓給蘇聯。1947 年簽署《巴黎和約》，確認蘇聯於二戰前從芬蘭所取得的土地，並容許蘇聯於芬蘭首都三十英里外海港駐軍，還大幅限縮芬蘭的軍隊規模。

芬蘭礙於強鄰壓境，一直以來都依附蘇聯，只能在不牴觸蘇聯政策之下小心經營與歐洲陣營的關係。芬蘭並未加入二戰後的「馬歇爾計畫」，也未申請加入歐洲共同體，芬蘭對於北約的態度甚至是敵對的。

西歐國家認爲芬蘭化的中立政策，使芬蘭實質上成爲蘇聯的附庸國，不必付出太多對抗俄國的代價，因而在國際社會未受到太多的尊崇。直到蘇聯解體後，才逐漸邁出步伐加入歐洲民主社會。芬蘭的國際地位取決於芬蘭人的創新和努力。

現代中立國

一、日本：非武裝中立

二次大戰結束，盟軍總司令麥克阿瑟希望將日本建立爲「非武

裝的永久中立國」，讓日本徹底非武裝化。由美國草擬的現行《日本國憲法》第二章「放棄戰爭」第9條規定：「日本國民衷心謀求基於正義與秩序的國際和平，永遠放棄以國權發動的戰爭、武力威脅或武力行使作為解決國際爭端的手段。為達到前項目的，不保持陸海空軍及其他戰爭力量，不承認國家的交戰權。」

從此「**放棄戰爭、不維持武力、不擁有宣戰權**」三原則就成為日本憲法和平的核心理念，因此被稱為「和平憲法」。冷戰時期，日本社會黨為了發展「和平憲法」的理念，主張「非武裝中立」政策，嚴格遵守日本憲法，放棄所有武裝及武力手段，維持積極絕對的中立政策。這使日本從戰敗走入「和平中立」的碉堡休養生息，終於快速東山再起。

1991年蘇聯解體冷戰結束後，社會黨首相村山富市主張「自衛隊合憲」、「維持日美安全保障條約」及「終結非武裝中立論」，代之以「日美安保同盟」。

1995~1996年，中國向台灣海峽發射飛彈，美國派遣兩艘航空母艦到台灣海域牽制中國威脅。台海風雲促使日本將1960年制定的日美同盟內容逐年修訂其適用範圍，甚至在阿富汗、伊拉克戰爭發生後，日本最精銳的神盾艦通過麻六甲海峽，在印度洋參與後方支援工作。**中國的武力威脅，是催促日本終結「非武裝中立」的驅動力。**安倍首相近年來推動修憲，廢除和平憲法，使日本回歸「**正常化**」，但日本民眾不支持，仍希望維持中立，**修憲未完成。**

二、朝鮮中立夢

未來

朝鮮自從1875年被日本軍艦砲轟江華島，簽訂《江華條約》

以來，一直面對周邊國家中國、俄國、日本，以及歐美外國勢力的入侵。

1904 年朝鮮末代皇帝高宗曾宣布《大韓帝國中立化宣言》，但不久即因《韓日議定書》之簽訂而破局。朝鮮半島於二戰結束雖然宣布獨立，卻立即被美、蘇兩強在北緯 38 度線分界為二。**1947 年 7 月，美國魏德邁（Albert Coady Wedemeyer）將軍曾提出美蘇同時撤軍，讓朝鮮成為永久軍事中立國的提議。1961 年韓國第二共和期間所作民調指出，有 32.1% 的民眾支持南韓成為永久中立國，1980 年北韓亦提出《中立化統一案》。**

1980 年，全斗煥上任南韓總統，提出「民族和諧民主統一方案」，組成「民族統一協議會」，南北韓在「自主、和平、團結」三大原則上形成共識。北韓金日成重申建立「高麗民主聯邦共和國」，國家統一、政府統一，實施北南雙方地方自治。他特別主張南北韓統一後宣布「和平中立」，不與他國結盟。

1987 年，金日成更透過蘇聯最高領導人戈巴契夫向美國總統雷根轉交密函，內容重點包括：

1. 裁減兵力，南北組成民族軍。

2. 核武及外國軍隊撤離朝鮮半島。

3. 發表朝鮮互不侵犯宣言。

4. 朝鮮結成聯邦共和國。

5. 宣布和平中立，使朝鮮半島成為緩衝帶。

1995 年金大中就任大統領，發表「三步走統一方案」，由朝鮮邦聯到聯邦，最後終局統一。2000 年 6 月 15 日，金正日與金大中在板門店會面，南韓提「邦聯制」，北韓提「初級聯邦制」。2013 年金正

恩主張「一個民族、一個國家、兩個政府、兩種制度」，統一後保持和平中立，真正「一國兩制」。

近年來旅居海外的韓籍企業界組成「海外同胞支援事業團」，也在推動將南北韓中立化的議案向聯合國提出，爭取南北韓同時成為永久中立國，使朝鮮半島的核武器通通無效。

三、土庫曼

圖 11-2：土庫曼與中亞

未來

327

　　土庫曼地處中亞，連接南亞與西亞，自古即為絲路的要道，串連歐洲與亞洲，銜接東方與西方文明，地理位置特殊，有蘊藏豐富的石油和天然氣。

　　1991 年 10 月 26 日，土庫曼舉行獨立公投，翌日根據公投結果正式宣布獨立。1992 年開國元勳尼亞佐夫（Saparmurat Niyazov）在「歐洲安全合作理事會」高峰會宣布該國採取「積極中立原則」，防止來自周邊區域強權或組織的政治與經濟壓力。

　　1995 年 3 月，尼亞佐夫又在巴基斯坦舉行的「第三屆經濟合作組織高峰會」中，宣布土庫曼會接受永久中立國所應承擔的義務，並擔任區域的和平締造者之角色。同年 10 月 20 日，土庫曼在哥倫比亞的「不結盟運動高峰會」，再次宣布永久中立的訴求，12 月 12 日聯合國大會在「維持國際安全」的考量下，一致決議承認並支持土庫曼成為永久中立國，「尊重和支持土庫曼此項地位，並且尊重該國獨立、主權以及領土完整。」

　　在獲得國際認可和支持的同時，土庫曼還透過國內立法程序，將中立確定為國家的根本戰略。1995 年 12 月 27 日通過的《憲法》第 1 條規定，「土庫曼堅持獨立自主地執行對內、對外政策，永久中立是土庫曼國內外政策的基礎。」

　　透過區域成員的承認，以及聯合國類似集體承認的形式，加上憲法明文規定及中立法法制化，土庫曼的永久中立化最完備，也最堅實。土庫曼 2017 年 2 月 2 日向聯合國提出的報告：《中立政策：國際合作促進和平、安全與發展》，再度獲得大會的激賞。聯合國大會特別通過 71/275 號決議文，宣布每年 12 月 12 日土庫曼成為中立國的紀念日那天為「國際中立日」（International Day of Neutrality），呼籲各國重視中立政策對和平與安全的貢獻。

2017 年 2 月 2 日聯大決議
71/275. 國際中立日

　　大會重申必須維護各國主權平等、領土完整、自決、不干涉內政、以及通過不危及國際和平與安全和正義的方式和平解決國際爭端，著重指出，一些國家採取保持中立的國家政策可以有助於在有關區域和全球一級加強國際和平與安全，並可在發展世界各國之間的和平、友好和互利關係方面發揮重要作用，確認這種保持中立的國家政策旨在促進發展預防性外交，包括預防衝突、調解、斡旋、實況調查團、談判、特使、非正式協商、建設和平、針對性發展活動等方式，注意到預防性外交是聯合國的核心職能之一，而且在聯合國秘書長的職能中居於核心位置，為此確認聯合國特別政治任務和秘書長斡旋在建立和平、維持和平和建設和平方面發揮重要作用，決定宣布 12 月 12 日為國際中立日；

2017 年 2 月 2 日 第 69 次全體會議

四、蒙古「逐步中立化」

　　蒙古北鄰俄羅斯，東西南三面與中國為鄰，在亞歐大陸具有重要的地緣戰略價值，更由於該國諸多特大型礦藏如銅、金、煤及鈾礦的發現和開發，其戰略地位日益提升。

　　自 20 世紀獨立以來，蒙古受到蘇聯的影響極深，尤其冷戰時期成為蘇聯在東北亞的「衛星國」。蘇聯解體後，蒙古於 1994 年制定《蒙古國對外政策構想》，提出「和平、開放、自主、多支點」

等原則，宣示蒙古「同俄羅斯與中華人民共和國保持友好」，同時將發展與更多國家和地區的關係，採取「等距離外交」，不與其中任何一方結盟，不與任何一方對抗，積極開展「第三鄰國外交」。

2015 年 9 月 7 日，蒙古國總統額勒貝格道爾吉在聯合國大會宣布蒙古將逐步成為「永久中立國」。蒙古成為永久中立國，可以利用多種資源為自己謀求更大的政治及外交利益，也可強化蒙古與美日等第三國的聯繫，對中、俄兩大國形成制約。

多麼有趣！有史以來夾在中、俄兩強之間掙扎生存的蒙古共和國，已經準備透過永久中立國的機制，掙脫兩強的宰制和束縛，向美、日、韓各國含笑招手。

五、 中立國區域化

中立國其實並非歐洲的專利，美國開國一百五十年內，基本上就是立足中立，也對中立國家保持良好的互動關係。上個世紀以來，亞洲地區陸續出現中立國，而且為對抗強權，中立國有趨向區域化的趨勢，周邊國家如能形成中立集團，就更能形成區域穩定安全的力量，區域化的中立已被國際戰略專家視為一項最新的安全架構（a new security architecture）。中立國在地緣政治上可積極扮演安全維護及人道供應者的角色。

1. 東歐新安全架構

放眼世界，冷戰雖已結束，但大國地緣政治在中國崛起之後，又告復甦，俄羅斯也蠢蠢欲動，2014 年它併吞克里米亞，介入烏克蘭東部的武裝衝突，並干預敘利亞內戰。由於擔憂北約難以對抗

俄國對東歐前線國家的軍事野心，從歐洲東北到東南，許多前蘇聯成員國正在建構一條介於北大西洋公約組織與俄羅斯之間的中立陣營。

歐洲的安全架構以「北大西洋公約組織」為主，冷戰時期與共產陣營的「華沙公約組織」抗衡。冷戰結束後華沙公約組織瓦解，北約加入更多的成員國而逐漸擴張。1993 年 11 月 1 日，《歐洲聯盟條約》（*The Treaty on European Union*）生效，歐盟《共同外交暨安全政策》成為歐盟架構三大支柱之一。2017 年歐盟會員國在布魯塞爾簽署《永久性結構防衛合作》（*Permanent Structured Cooperation*，PESCO），同意共同整合軍事資源，創建一個防衛的機制。

美國智庫布魯金斯研究所研究員 Michael O'Hanlon 認為歐洲安全問題的癥結在於北約不斷擴張，讓俄羅斯覺得安全受到威脅。為了歐洲大陸的和平穩定，北約不應繼續擴張，而應該以「永久中立」的思維，從北歐的瑞典、芬蘭，往南延伸到烏克蘭、摩爾多瓦、白俄羅斯、喬治亞、亞美尼亞、亞塞拜然，直到塞浦路斯及附近的其他巴爾幹半島國家，讓這些國家結合成一個「中立陣營」，建立一個新的「東歐安全架構」（East European Security Architecture，EESA），成為俄羅斯與歐洲之間的緩衝區，以降低衝突的風險，維持東歐的穩定與安全。

O'Hanlon 的核心思維就是「永久中立」。上述國家要形成中立陣營，可以透過北約、俄羅斯，及這些國家間的議決，簽署國際條約並有監督機制，無需成立新的國際組織。在此新安全架構下，俄羅斯與北約應保證維護這些國家的和平與安全，並從此地區撤軍，而北約國家則對俄國解除制裁，也不許這些中立國加入北約。一旦俄羅斯接受這個提議，在歐盟與俄羅斯之間形成中立的緩衝地

未來

帶，對當前的緊張情勢將大有助益，而歐洲將更加安全。

2. 東亞新安全架構

歐洲安全基本上由北約與俄羅斯決定，而東亞安全則由美中關係所決定。如果美中關係和緩，東亞情勢相對穩定，但若兩國朝著衝突的方向走，則東亞情勢緊張，甚至爆發軍事衝突。朝鮮半島、東海、台海，以及南海，都是引發東亞區域衝突的不穩定因素。

1967 年「東南亞國協」（ASEAN）成立，**1971 年東協外長會議發表《和平、自由、中立區宣言》（*Zone of Peace, Freedom and Neutrality Declaration，ZOPFAN*），指出為確保東南亞地區之和平與穩定，尊重東南亞為一和平、自由、中立區，以免除外來強權任何形式或方式之干預。**

東南亞國協數十年來秉持「不結盟運動」精神，在歐、美、中各強間維持中立，因此奠下今日繁榮進步的基礎。北韓國父金日成曾經向美國表達南北韓合組「聯邦共和國」，並宣布和平中立，使朝鮮半島成為緩衝帶，維護東亞和平的構想。而日本，自二戰結束後實施和平憲法，不許發動戰爭，沒有正規國防軍，早已是中立國家。

面對中國龍與美國鷹的拼鬥，如果日本、韓國、台灣和菲律賓這四個東北亞的民主且又受到儒家思想影響（菲律賓除外）的芳鄰四國，仿照東歐模式，也朝著中立化前進，並形成一個「東亞中立聯盟」，那麼，北自蒙古，南至東南亞，大可形成一條堅韌的「東亞區域新安全架構」（East Asia Security Architecture，EASA），或「中立國鎖鏈」。若將範圍擴大，在印太地區及東海-南海區域形成一個中立國緩衝帶，必有助於降低強權間的緊張關係，維持區域穩定安全。

台灣中立的戰略意義

一、中立與台灣

由於特殊的戰略地位，歷史上只要東亞政治動盪，台灣中立化就會應運而出。早在 1894 年年底，日方眼見甲午戰爭勝利在望，樞密顧問井上毅曾向首相伊藤博文力陳領有台灣的重要性，指出日本如果失此良機，台灣有可能成為「中立之地」。

其後，在《馬關條約》簽訂之前，台灣巡撫唐景崧建議將台灣分段租給各國，使台灣「中立化」以排斥日本獨佔台灣的野心。

1895 年 4 月 17 日《馬關條約》簽訂，法國提出限制澎湖群島軍備及禁建要塞案，俄國率先贊同。日本被迫聲明台灣海峽為各國公共航路，並宣布澎湖群島維持中立，這是台灣第一次的中立化。

1950 年 6 月 25 日韓戰爆發，美國發表《台灣海峽中立化宣言》，下令美軍防衛台灣，也要求國民政府停止對中國本土的海空作戰，並派遣第七艦隊在台灣海峽巡弋，以確保台灣海峽的「中立」，1954 年更衍生成「台灣海峽中線」，這是台灣第二次中立化。

尤其 1958 年八二三砲戰，共產黨沒打敗國民黨，而國民黨也沒打敗共產黨，全是因為海峽中線阻隔毛、蔣越線對打所致。海峽中線是一條地理軸線，也是歷史軸線，一線之隔，確立了台灣海峽「和平中立」的特性。由於台灣海峽的中立性，所以井水不犯河水，而國際航空及航海均可自由通行。

一個韓國，兩次戰爭，看似和台灣沒有直接關係，但台灣卻被捲進去，且扭轉台灣命運。基於 21 世紀東亞形勢的詭譎多變，我們必須認真思考，我們要重蹈 1895 年台灣主權淪陷的覆轍？還是

未來

學習 1950 年以台灣海峽中立來確保台灣安全的戰略？這兩個選擇，是過去的歷史，更是我們的未來，是確保台灣安全幸福的活路。

表 11-1 ：中立化與台灣

年代	事件
1894	日本樞密顧問井上毅向伊藤博文陳述佔領台灣的重要性，如果失此良機，台灣有可能成爲「中立之地」。
1895	唐景崧曾建議將台灣中立化，將台灣分段租給各國。《馬關條約》簽訂後，法國提出限制澎湖群島軍備及禁建要塞案，俄國率先贊同。日本被迫聲明台灣海峽爲各國公共航路，宣布澎湖群島中立，保證不建設要塞。
1950	韓戰爆發，美國發表《台灣中立化宣言》，下令防衛台灣，也要求台灣停止對中國的海空作戰，並派遣第七艦隊確保台灣海峽「中立」。
1958	八二三砲戰，台灣海峽中線阻隔毛、蔣越線對打，確立台灣海峽「和平中立」的特性。

二、美國對「中立國」的態度

有些國家包括美國和芬蘭，在歷史上因應他國發生的戰爭，都曾衡度國際情勢與己身的國力和國家利益，而採取權宜的中立政策，制訂中立法案，或長或短，或緊或縮，雖不曾實現「中立國」，卻能巧妙運用中立策略，在強國之間進退有據，左右逢源。美國甚至在二次大戰結束後，以戰勝國姿態，有效安排日本制訂和平憲法，實踐「非武裝中立」長達七十年，使日本東山再起。

無疑地，中立政策不只是一國的理性選擇，更是智慧突破！大國尚且如此，何況小國？

台灣戰略地位重要，在中美「龍鷹」交鋒中，如果明顯倒向任

何一方，都將破壞此穩定現狀。這也意味著，台海和平中立將符合美、中的戰略利益。美中軍事衝突一旦升高，台灣極可能成爲馬前卒，甚至淪爲烽火戰場。

一旦東亞形勢惡化，台灣就無可避免捲入戰火，必有強國要求我們購買更多的武器，提供陸海空軍支援，甚至要借我們的港口做軍事基地。我們如何抗拒？除非我們宣布中立，才可以避免捲入戰爭。台灣的中立可以成爲區域安全架構的一部份，降低美中安全兩難困境，同時在沒有軍事同盟的情況下讓台灣人民獲得安全保障。

台灣中立不是解除武裝，或不再向美國購買武器，而是靠可靠的軍事實力來保證永久中立地位。台灣需要確保沒有任何國家可以在戰時使用其領海或領空作爲軍事用途，也不會成爲美國的「不沉的航母」或中共解放軍的軍事基地。

曾經中立建國的美國，如何透過中立主義建造成爲世界最強的國家？這個因採行中立主義而既富且強的美國，又如何看待世界上的中立國？

基本上，只要對美國國家利益有利，至少不要損及美國，美國對「中立國」不排斥，而且相當友善支持。

軍人出身的艾森豪總統認爲美國曾經有過一百五十年維持中立的歷史，沒理由反對別人中立。蘇聯總書記赫魯雪夫曾高唱「和平共存」，倡議由芬蘭、瑞典、德國、奧地利到南斯拉夫建立一條親蘇的「中立走廊」，美國未敢反對，而於 1955 年與蘇、英、法三國簽訂《奧地利國家條約》（*Austrian State Treaty*）。甘迺迪總統認爲歐洲的中立國相對穩定成熟，不容易被共產黨顛覆，認爲美國應順其自然發展。1961 年芬蘭總統訪問美國，甘迺迪公開支持其中立政策。1962 年，美、中、蘇、英、法等十二國簽署《寮國中立

未來

國際協定》（*International Agreement on the Neutrality of Laos*）。

全球第一個宣布中立的瑞士，強烈反共，熱愛民主人權，因此美國與瑞士關係良好。1960年古巴危機中，瑞士扮演美古之間的信使，後來許多國際爭端都有瑞士穿梭調解的功勞。瑞典更是一個自由民主的和平中立國家，對於美國出兵越南不以為然，但對北越與越共發動春節攻勢，瑞典即出面調停。

美國在冷戰期間秉持一個理性的假設：一個穩定的非共中立國家可以有效遏止共產主義的擴張，至少有緩衝效果。事實上在二次大戰結束後，美國的設計就是讓日本非武裝中立，成為「亞洲的瑞士」，而菲律賓也曾期待美日兩國共同保障獨立後的菲律賓成為中立國家。韓戰爆發，美國立即宣布「台海中立」。

美國也曾計畫號召中南半島的高棉、緬甸、馬來西亞與寮國共組「中立國家聯盟」（Neutral Nations Commission），甘迺迪也曾考慮讓越南中立，但他的繼任者詹森過於好戰，終於在越戰吃了大敗戰。

圖 11-3：中立國與美國關係

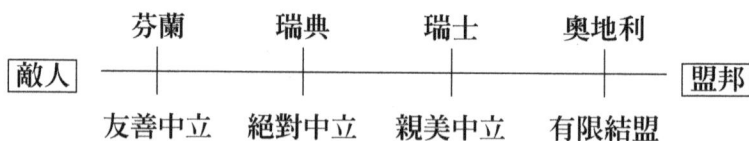

芬蘭	瑞典	瑞士	奧地利
友善中立	絕對中立	親美中立	有限結盟

敵人　　　　　　　　　　　　　　　　　　　　盟邦

三、龍鷹爭鬥的緩衝

在全球化時代，人類「相互依存」，也相互威脅，傳統與非傳統安全交相衝激，非典型瘟疫、恐怖攻擊主義、能源糧食問題以及地球危機等等，已經跨越國界，全球肆虐。國無分大小，行善最重

要。台灣在對抗 COVID-19 的戰役表現傑出，台灣的新高科技漸居引領世界的優勢，我們有信心，也有能力，在未來的區域和平及人類福祉上作出積極貢獻。台灣一旦成為和平中立的國家，不與人為敵，親美、友日、韓、菲並且和中，甚至親中，何樂而不為？

為爭取各方的信任，我們要說服中美兩個強權，台灣真正中立，對他們都有益。作為美國的長期盟友，一旦中立，台灣不會脫離美國影響力，而投向中國的懷抱，成為中國的一省。對中國而言，台灣保持中立，也不會成為美國的一州，美中或其他強權發生軍事衝突，台灣不會參戰，也不偏袒。

1. 台灣中立對美國的戰略意義

(1) **避免美中陷入「安全兩難」**：台灣中立有助紓緩中國與美國的「戰略困境」，共同促成海洋和平之實踐。台灣不參與雙方「爭議與分歧」，但有助於雙方「互利與共贏」，例如西太平洋海線交通安全、貨櫃安全議題、防止大規模毀滅性武器擴散、避免海上意外碰撞，以及緊急危難救助等事宜，台灣可以扮演積極角色。

(2) **避免亞太國家陷入「中國崛起」的焦慮感**：台灣位於海上絲綢之路的要衝，加上台灣與東協國家關係，可以擴大台灣、東協與中國的三方利基。

(3) **避免兩岸爭議衝擊亞太穩定**：透過協商機制與條約基礎，構築「人民對人民」、「社會對社會」、「政府對政府」的「三線戰略」，有效建立「兩岸治理」（cross-strait governance），處理兩岸面對的各項傳統與非傳統安全議題。

對美國來說，台灣永久中立可以減緩美國跟北京的緊張關係，節

省軍費開支，持續對台軍售，而不用改變地緣戰略平衡。台灣中立絕不會讓台灣與美國漸行漸遠。台灣仍是第一島鏈的一部份，不會成為解放軍太平洋艦隊的基地，也不會危害到美日安全同盟或美國與菲律賓的關係。至於美台基於民主、人權與和平等價值同盟關係，一旦台灣中立，雙方的良善力量更能相輔相成，經貿利益也必互惠互利。總之，與北京達成台灣中立的共識符合華府利益。

2. 台灣中立對中國的戰略意義

2017 年元月 11 日中共國務院對外發表《中國的亞太安全政策》白皮書，開宗明義指出，「促和平、求穩定、謀發展是多數國家的戰略取向和共同訴求。」、「地區國家應秉持相互尊重、求同存異、和平共處的傳統，通過直接談判與協商妥善處理、和平解決爭議問題。」依此，我們應該改變戰略思維，在「一個中華」的原則上，積極致力與中國和平共處，並爭取中國支持台灣「和平中立」。

(1) **2012 年台灣的中央銀行與中國人民銀行簽署協議，允許直接交易人民幣，台灣成為人民幣的第二大境外交易地點，一個中立的銀行交易地點及市場可增進交易的信用與穩定，有助於人民幣國際化。**

(2) 台灣是民主、自由、人權，及柔性國力。中國可以讓中立的台灣成為獨特的自由價值提供者。中國可透過中立的台灣向世界傳送中國的人道主義援助，以及和平維護任務。

(3) 台灣成為獨特的「東方瑞士」，有助於兩韓談判、斯里蘭卡憲政危機，以及緬甸種族緊張情勢。只要中國鼓勵台灣推動這些外交亮點，中國將可立即從這些正面形象中獲益。

(4) 台灣中立確保台灣與世界各國維持對等友好關係，不得發動戰爭或在戰爭中選邊參戰，而且不可以提供參戰國陸海空軍基地

或戰備物資及人員，充分降低美中兩強的安全風險。

四、海洋台灣中立化

從地緣政治來看，台灣有條件扮演區域和平秩序的維護者，因為在東海的五海連動中，台灣在三海有主權，具主導性戰略優勢。台灣扼控東海及南海交通孔道，台灣海峽及台灣東側我國防空識別區範圍內水域，屬國際海空航運重要航道區域。此區域之安全，由台灣基地之海空力量予以保障，要比自琉球、日本、菲律賓等處派出更符效益，海空力量覆蓋範圍也更完整。

不過，由於我們對日本海（朝鮮海）與黃海沒有主權，因此若有海域爭端，台灣可以採取不偏日、韓或中國的中立立場。但是，如果爭端發生在東海或南海，我們很難放棄主權聲索，因此絕對中立的政策行不通。但我們要堅持「和平」的原則，過去政府曾針對東海與南海發表兩個和平倡議，呼應 2002 年東協十國與中國簽署的《南海各方行為準則》（DOC），並尊重《聯合國海洋法公約》和平解決爭端的原則。

為達此目的，我們可採取下列策略，發揮台灣的柔性國力，落實和平中立目標：

1. 以非傳統安全合作突破困局

非傳統安全指的是傳統軍事安全以外，對人民與國家生存和福祉的維護。這些安全威脅不涉及軍事，有利我國與東亞國家進行非傳統安全維護之合作交流。

未來

2. 非戰爭性軍事行動的運用

突破以非傳統安全威脅之合作契機，並非不得使用軍事武力，所謂「非戰爭性軍事行動」（Military Operations Other Than War）。我國可與相關國家在周邊海域進行合作與演練，亦可將太平島建構成南海天然災害的人道救援與醫療中心，讓台灣發揮柔性的良善力量，成爲東亞和平中立的燈塔。

3. 東亞中立區域化

如果「民主太平洋國協」如願成立，我們應採近攻遠交的策略，爭取美加兩國支持台灣與日本、韓國及菲律賓三個近鄰，基於「命運共同體」，大家都選擇和平中立，各自成爲中立國家，而後形成「東亞中立聯盟」，再邀請南海相關各國共同簽署《太平洋和平公約》，確保海洋和平及永續發展。

五、南極洲公約

台灣是一個海洋國家，應該以海洋立國，強化海權，但也應該效法《南極洲公約》（Antarctica Treaty）的精神，倡議「海洋非軍事化」，讓爭議海域和平中立。南極在全球環境與氣候變遷、漁礦自然資源、科學研究以及地緣戰略上，具重要戰略地位，目前有四十餘國在此建立一百多個科學研究站。1908 年英國首先對南極提出領土要求，至二戰期間有七國對 83% 的南極大陸提出領土主張，但留下西經 90~150 度預留給美國。美、蘇並未提出主權要求，但不承認其他國家的領土主張，並聲稱保留主權聲索的權利。南極的戰略地位包括 1. 自然資源、2. 科學研究，及 3. 地緣戰略要地。

　　有十二個國家於 1959 年簽訂《南極洲公約》，確認南極洲屬於全世界所有，所有國家的主權主張應予凍結。南極洲應該非核化，不應進行核子試爆；也要非武，不可有任何軍事行動；南極洲只能做和平、科技發展的用途。國際社會普遍認同必須凍結國家主權和開發，南極洲才能保持原貌，不受太多的破壞，目前已有五十個國家簽署該公約。

　　我們應該倡議效法《南極洲公約》「凍結主權」及「非核、非武」的基本精神，將東亞地區爭議性海域非軍事化，並由國際共同開發成為「海洋保育區」，以維護東北亞區域的安定和繁榮，以及太平洋海域的永續發展。

1. 所有軍事力量退出爭議海域，以回復此地區的和平。

2. 不允許任何領土主權的主張，破壞此地區的現狀與穩定。

3. 不允許在此地區從事任何軍事或核子活動。

4. 透過聯合國、日本、中國，與台灣的共同合作，將釣魚台群島開發為國際海洋保育區。

六、金馬和平中立島

　　在台灣中立化的過程中，金門與馬祖二島應予妥善考慮。按金馬一直以來都是中國的領土，未受日本統治，由於 1958 年八二三炮戰，當時美國國務卿曾奉勸蔣介石放棄金門和馬祖，但蔣介石一心想反攻大陸，未同意。因美國自始認定金馬為中國領土，因此《中美共同防禦條約》表明，條約適用以台澎為限，效力不及金馬，《台灣關係法》似乎也未適用於金門和馬祖。

　　2001 年元月陳水扁宣布兩岸人民可透過金門與廈門的海運實

施小三通，突破國共對峙的僵局，金馬形同兩岸之間的和平實驗區。中國人民可以到金馬旅遊，金馬鄉親往返福建十分便捷，而金門模範街兩旁一度出現中華民國與中華人民共和國國旗左右對排的景象，吸引兩岸觀光客的眼光，恰正表示：「台灣中國，一邊一國；兩岸國旗，你飄我揚」。

近年來，金門縣政府公開主張，要與廈門市推動「新四通」：通水、通電、通航與通商。地理上金廈隔海對望，歷史上隸屬福建省，「新四通」的主張合情合理，更充分印證金廈「遠親近鄰」的關係。

如果兩岸進行和平談判，金馬二島應該成為和平中立區，而金門可以成為談判的場所。根據國際公法，中立區或緩衝區之內，所有作戰人員、武器、軍事器材及設施都禁止進入，且不准進行任何軍事行動或提供任何支持敵對的行為，

一旦台灣和平中立成功，金馬必成世界和平島，甚至成為自由貿易區及人民幣境外匯兌中心。

表 11-2：「和平中立新台灣」新策略

國內	國際
傳統親美反中策略	恐怖平衡的戰爭冒險，龍鷹相爭的祭品
↓	→ ↓
「和平中立」多贏新思維	「和平中立」的多贏的新利基

第十二章
雙兩岸關係

統獨爭辯，抽絲剝繭

話說七十年前兩大幫派火拼，老大被老二追殺，奪門狂奔河岸的另一邊，發現民風純樸，善良可欺，於是鳩佔鵲巢，宣布「戒嚴統治」。久而久之，百姓罹患「斯德哥爾摩症候群」，終與老大變成一家人，衣豐食足，年過一年。

這一切看在對岸老二眼中，豈不眼紅？

於是朝思暮想，「我愛台灣」！

這齣戲有三個主角：台灣及中華民國（ROC）與中華人民共和國（PRC）：

如果 1： 沒有 PRC，則 ROC 在大陸，台灣根據《聯合國憲章》，所有殖民地應透過住民自決獨立建國。

如果 2： PRC 推翻 ROC，但 ROC 沒有到台灣，台灣依上述應該已經獨立，但也可能被 PRC 跨海併吞。

未來

343

　　歷史不能重寫，但「推論」不妨從「假設」著手，以方便討論。依上述「如果」推論，如果中華民國沒有到台灣，台灣應該已獨立建國，但能否抵擋中華人民共和國的武力侵犯？是另一思索。或許毛澤東根本不會想拿台灣，因為他之前主張台灣應獨立，而毛蔣恩怨在中國已了結。

　　一路走來，事到如今，我們要共同面對的是：台灣何去何從？

表 12-1：各黨派對台灣前途的主張

	台獨	民進黨	國民黨	中國
主張	台灣事實獨立，但法理未獨立。	台灣事實獨立，國號「中華民國台灣」。	中華民國獨立，追求終極統一。	台灣屬於中國。

　　統與獨的核心差異為何？統派認定台灣是中國－中華人民共和國的一部份，「當然」要統一。獨派否認台灣是中國的，或者就算過去曾經隸屬於中國，但 1895 年已被清廷「永久割讓」，就不再屬於中國，因此要獨立。

　　另外一個主張是，中華人民共和國是共產專制的國家，與民主台灣的意識形態和政經人文截然不同，因此拒絕被中共統一。現代國際公法的原理是由人民決定土地主權，而不是土地宰制人民命運，這是「普世價值」。

　　簡單論述 PRC、ROC 與台灣這三者的關係。

一、PRC 與 ROC

1. PRC 推翻 ROC，怎會再承認或容許 ROC？頂多利用 ROC 反制

台獨。某些人口說愛 ROC，卻向推翻 ROC 的 PRC 投懷送抱，卻罵民進黨不愛 ROC。合理嗎？

2. 某些真愛 ROC 的人，反對 PRC，那不就是「兩個中國」嗎？PRC 已是世界強權，與全世界 170 餘國建交，但 ROC 只有十五個小邦交國。PRC 不可能消滅，ROC 也存在，為何吶喊「一個中國」？愛 ROC，就是主張 ROC 獨立於 PRC 之外，這不就是「華獨」？就是「兩個中國」？

3. 兩個中國‧兩個中華民國‧→ 一中一台

　1912.01.01　　中華民國成立 – 南京

　1949.10.01　　中華人民共和國成立 – 北京

　1949.12.07　　中華民國「到」台灣，反攻大陸

　1991.05.01　　《動員戡亂時期臨時條款》廢止，中華民國「在」台灣

　1996.03.23　　總統直選，中華民國「是」台灣，一邊一國

　2000.05.20　　政黨輪替

　結論是：

1. 中國有兩個：PRC 與 ROC

2. 中華民國也有兩個：在中國大陸的 ROC（1912~1949）及已台灣化的 ROC（1996~ ）

3. 愛 ROC 及愛台灣，其實是同一國；國號認同應該溝通協調。

二、PRC 與台灣

1. 台灣不是中國的固有領土，1887 年清朝才完成台灣建省，但

345

1895 年就將台灣「永久割讓」給日本，怎麼會是「中國神聖不可分割」呢？

2. PRC 於 1949 年 10 月 1 日推翻 ROC，PRC 能合法繼承 ROC 的只限於 1949 年 10 月 1 日以前在中國大陸的一切。凡是 1949 年 10 月 1 日以後，中國大陸以外的皆非「繼承」的標的。

3. 1971 年聯合國大會通過的《第 2758 號決議文》，只確認 PRC 是中國在聯合國的「唯一合法代表」，而排除蔣介石代表在聯合國的席次。《第 2758 號決議文》無一字提到中華民國或台灣，不得擴張解釋爲 PRC 擁有台灣或有權代表台灣。

三、ROC 與台灣

1. ROC 原本代表盟軍太平洋司令部「暫時接管台灣」，二戰末期的戰時文宣《開羅宣言》不具國際法效力，美國從未同意，更於韓戰爆發後公然否定。重提《開羅宣言》徒然給 PRC 用「繼承」主張併吞台灣的藉口。

2. ROC 於 1952 年 4 月 28 日與日本簽訂的《台北和約》，確認日本無條件放棄台澎主權，而日本與「中華民國」另訂《台北和約》，約定日本放棄台灣之後由中華民國接收處理的種種事宜。因此中華民國與台灣的關係應從 1952 年算起，由「到台灣」至「在台灣」。1996 年 3 月 23 日，台灣人民首度享有直選中華民國總統、副總統的權利，至此，中華民國「等同」台灣。

3. 1996 年經由台灣人民直選出的中華民國總統、副總統，代表中華民國，但這一個中華民國與 1912 年在南京建立的中華民國，並不相干，同名但性質不同。

4. 熱愛中華民國的人，應該努力設法讓中華民國重返聯合國，應該
   協助政府爭取較多的邦交國，應該找機會跟中國大陸的官員或人
   民談中華民國，但不應該只在台灣喊愛中華民國，卻大罵熱愛台
   灣的人！或者一遇中華人民共和國的人就把中華民國隱藏起來。

在台灣，中國意識強烈的人士主張台灣要跟中國統一，而台灣意識濃厚的朋友則主張台灣獨立。統獨之爭背後就是台灣意識與中國意識的對抗，兩者各循自身的歷史經驗和浪漫情懷論述統獨，又各自援引外力介入台灣事務。台灣意識者對於超越台灣住民利益之外的論述，缺乏興趣和信任，而中國意識者則一昧恃仗中國威勢來恫嚇台灣，並強迫灌輸中國情懷。反之，台灣意識者因厭惡中國（中國共產黨）而忽略了華族的歷史情感，又不自覺地反映美、日等強權利益而惹惱中國意識者。面對列強大國博弈，以及中國戰略的霸氣和實力，台灣必須用民主的手段，智慧的思維來形塑新的台灣意識，在內融合藍綠統獨，對外親美、友日、和中。

陳水扁主政時期，面對「一個中國」的緊箍咒，常常吃盡逃不出中國五指山的苦頭。他曾經提出「未來一中」和「政治統合」的戰略思維，也試圖用「大中華」的架構突破一中障礙，可惜沒有研議出較深入、具體可行的策略。

當時也有人提出「一中屋頂」、「觀念中國」種種理論，因而形成中華國協、中華邦聯或中華聯邦的主張，但均止於學者論述，並未蔚成風氣，形成全民共識。

為什麼台灣大多數人拒絕統一？因為中國大，台灣小，以大統小，台灣豈不被吃掉？尤其中國由共產黨一黨專政，而台灣曾花掉半百歲月終結國民黨的一黨獨裁，豈願走回頭路去吃共黨專制獨裁

未來

之苦？新世代的台 - 中關係，早已卸除國共過去的歷史恩怨，甚至早期的統獨思辯，面對的是活生生的雙方價值差異問題。

那麼，中國統一台灣是不能，還是不為？答案是因為不能，所以不為；如果動武，代價太高，難以收拾。1990 年我訪問中國，在北京跟社會科學院台灣研究所所長李家泉談論兩岸問題，他語重心長地告訴我，「越研究台灣，越發現要統一台灣的困難。」他說台灣是一隻大蟒蛇，中國是隻飢餓的大象，蛇無法吞大象，但中國如果硬要吞下台灣，「會終生得胃潰瘍！」

台灣獨立呢？是不為？還是不能？台獨運動從 1947 年二二八事件之後就開始，無論海內外，不少仁人志士出錢出力，甚至犧牲身家性命，2000 年實現了打敗專制獨裁的國民黨的目標，但獨立建國正名制憲的目標尚未達成，主要原因在於不只中國全力反對，而且美國也未支持，世界更離棄台灣。

1971 年 10 月 20 日美國國家安全顧問季辛吉（Henry Kissinger）訪問北京，當時聯合國在討論中國代表權問題，在美國的台獨聯盟到聯合國大廈示威，季辛吉就向周恩來保證，「中央情報局」（CIA）絕未支持台獨運動。不僅美國不支持，美國也反對日本在台灣建立軍事武力，反對日本支持台灣獨立。請問台獨基本教義派，你有什麼能耐具體完成台灣獨立建國？如果不接受「九六共識」的論述。

統獨之外的抉擇

一、航空母艦與台灣

常聽人說，台灣是艘不沉的航空母艦，意指在軍事價值上，台灣有如航空母艦般重要。但就地質言，台灣是島嶼，沿海周邊的陸地會因海平面上升而出現陸沉現象，科學家預估，若 2050 年升溫2℃，屆時台北松山機場、大直豪宅區都在淹水範圍內，松山機場可能已無法起降。而 21 世紀末的台北盆地，淹水高度恐達三公尺，大台北地區大概有三分之一土地遭淹沒，六都未來將只剩下兩都 -- 桃園和台中，更不用說，台灣東西兩邊沿海地區陸沉的範圍有多大。我們的下一代怕就需要覓地遷徙，而中國大陸應該是最近的選擇。

另一方面，根據美國智庫「國際評估與戰略中心」資深研究員費學禮發表在《自由時報》的專論《台灣與航空母艦》，不只過去，甚至將來，航空母艦都是主宰台灣命運的關鍵。茲引述其中精彩段落，奇文共賞。

「1944 年 9 月，由於從航空母艦或陸地起飛的機隊不足以掌握空中優勢，美國被迫放棄從日本手中奪取台灣的計畫。在北韓入侵南韓兩天後，美國總統杜魯門下令台灣海峽「中立化」，航空母艦「福吉谷號」（U.S.S. Valley Forge）於是在 6 月 29 日駛抵台海助陣，阻止毛澤東揮軍入侵台灣。

1955 年 2 月，美國出動七艘航空母艦提供空中掩護，協助台灣從大陳島撤離軍隊和平民，蔣介石也曾四度登上美國航空母艦。

1996 年 3 月第三次台海危機期間，美國核動力航空母艦「尼米茲號」（U.S.S. Nimitz），偕同傳統動力航艦「獨立號」（U.S.S. Independence），奉命通過台灣海峽，促使解放軍朝兩個方向努力：一是集結獨特且多樣化的能力擊沉美國航空母艦，二是野心勃勃地打造自己的航空母艦。

未來

　　經過長達三十年的努力，中國購入前蘇聯設計的航艦加以續建改裝，於 2012 年 9 月將航空母艦「遼寧號」交付中國海軍。接著，中國仿製的第一艘國造航艦「山東號」，也在 2019 年 12 月服役。

　　2026 年中國海軍將開始建造第一艘核動力航空母艦，2035 年可能擁有六艘航空母艦，到了 2050 年可能擁有十艘。屆時，中國海軍可能還會有核動力護衛艦和核動力大型補給船，組成全球第一支全核動力航空母艦戰鬥群。

　　為了確保核動力航空母艦戰鬥群能主宰亞洲，進而向全球投射中共的力量，征服台灣將是決定中國的野心能否得逞的關鍵。中國海軍的核動力航艦戰鬥群從台灣出發，不到一週即可抵達紐西蘭，迫使紐西蘭和澳洲縮減與美國的防務合作。美國也將不得不抽調海軍兵力，捍衛西半球的安全，甚至縮減對印度洋、波斯灣和歐洲的防衛承諾。」

　　費學禮提醒我們，台灣海峽的海域，基本上是淺水區，航空母艦無法停泊。台灣具有特殊的戰略地位，但東岸是深水海域，最適合航母及潛水艇停泊，是兵家必爭之地。中國為擴張海權，突破第一島鏈，絕對需要台灣，這是台灣的戰略優勢。我們與其長期生存在其文攻武嚇之下，不如建立遠親近鄰關係，與中國互助合作，讓子孫共榮，安居樂業。

　　前副總統連戰原本要在 2000 年競選總統時提出「中華邦聯」的構想，評估可能對選情不利而予保留。陳水扁當選之後，既已釋放「兩岸統合」的訊息，因此他立即出書加以詮釋。2001 年 7 月 7 日，國民黨智庫「國家政策研究基金會」特別公布《邦聯制政策》說帖，主張「**在兩岸分治的基礎上，建構共同的屋頂**」，「**兩岸在**

同一屋頂下，對等共存，和平共處」，稱之爲「屋頂論」。

　　事實上，台灣與中國共組「中華邦聯」的構想，在研究中國問題的國際學者間，早有多人倡議。英國倫敦大學亞非學院中國研究院院長曾銳生主張，以 Chinese Union 或 United States of China 爲名，統合台灣與中國，「海峽兩岸政府及人民基於共同的血統、文化，接受以中華邦聯作爲中國統一之後的國名。作爲平等的成員，同意在處理境內事務上互不隸屬。現存的國界雖非國界，但應受尊重且有邊防。」

　　美國學者沈大偉（David Shambaugh）在 2001 年 2 月的美國《外交事務》雙月刊上發文主張，「邦聯制是兩岸弭兵言和各取所需的最佳方案。」「北京要的最低標準是台灣承認一個中國，保證不獨立，並逐漸向最終統一靠攏。台灣要的最低標準是中國保證不武力侵台，台灣維持基本但實質的主權實體地位以及應有的尊嚴。」兩岸的目標本質上相互排斥，「中國要的是統獨攤牌，台灣要的是制度自主（民主）和主體性。」

　　至於日本經濟學者大前研一出版的《中華邦聯》（The Emergence of the United States of Chunghwa）一書，他用 The United States of Chung-Hwa，中文應譯爲「中華合眾國」。大前認爲中國已開始分爲六塊大型經濟區域，從而中國可以分成六個「區域性國家」，包括長江三角洲、珠江三角洲、北京、天津地區、山東半島、東北三省，以及福建與台灣。他把台灣視爲區域性國家，以北京爲盟主，進行國協式整合。因此大前的主張其實是「合眾國」的概念，與中譯書名「中華邦聯」顯有出入。

　　此外，美國研究中共的專家學者如李侃如（Kenneth Lieberthal）、何漢理（Harry Harding）及蘭普頓（David Lampton），先後提出「中

程（臨時）協議」的構想，即在台北接受「一個中國」的前提下，中共不對台動武，並在約略五十年的過渡期間，雙方逐漸經由和平談判解決完成統一前的各項問題。對於美方這種構想，中共並未接受。

至於台灣朝野各界歷年來試圖化解兩岸僵局，也先後提出各種主張，列舉五項如下：

1. 中華邦聯

早在 1950 年代，監察委員陶百川就提出「中華邦聯」的構想，之後王作榮及連戰及石齊平等藍營人士也提出過。「中華邦聯」兼顧兩岸政治現實，尊重雙方立場，也確認台灣擁有主權和尊嚴、兩岸對等，分享「一個中華」的主權，以「大中華」概念來取代中國，各自享有事實上的治權。

在維持現狀的基礎上，兩岸派出各黨各派代表組成「中華邦聯會議」，制定「中華邦聯憲法」，行政、司法、立法等權由兩岸各自享有，遇有爭議才由邦聯會議討論議決，在聯合國可採「一國兩席」解決代表權問題。

2. 中華國協

1982 年，旅美台灣學者張旭成（後回台擔任立法委員及國安會副秘書長）提出「中華國協」（Chinese Commonwealth）概念，主張兩岸彼此承認擁有主權，政權實體並存分立，在經濟及外交上可以建立關係，加入或退出國聯均依自由原則。

3. 大中國邦聯

1984 年 10 月 12 日，立法委員費希平提出「大中國邦聯（Confederation States of China）」模式，基本特徵有三：1. 各邦有其獨立的內政和外交、國防，在各邦之上沒有最高權力機構；2. 邦聯盟約的制定與修正，必須經各邦同意；3. 各邦有權退出邦聯。

4. 中華共和國

司法院長林洋港於 1996 年到上海會見海協會主席汪道涵時建議：台灣以自治邦（dominion or free state）的身分加入「**中華共和國**」。但鄧小平不同意，因為「中華共和國」（Republic of China）的英文縮寫是 ROC，形同在台灣的中華民國取代在大陸的中華人民共和國。此外，如果使用「台灣自治邦」這個名詞，西藏和新疆自治區等也會要求比照辦理，使地方自主權提高，削弱中央統一指揮的權力。

依林洋港主張，台灣將被視為一個獨立的國家，在聯合國及其他國際組織擁有獨立的國家代表，可以指派大使，締結條約。

5. 中華聯合共和國

前國防部次長林中斌於 2004 年提出 United Republic of China，出自北京大學國際關係學院國際政治系主任李義虎的主張，概念來自坦尚尼亞聯合共和國由大陸部份的坦葛尼喀和海島部分的桑給巴爾兩個共和國聯合為一個類聯邦國家，後者繼續保有政府、議會，民選總統。用此國號可以代表兩岸平等共組新國家。

以上各種主張，或者國名不同，或者兩岸統合的安排有別，均屬超越統獨之外的政治方案。事實上，統合除政治外，亦有經濟統合（如共同市場、自由貿易區）和安全共同體，彼此可保主權，也

以和平方式解決爭端，避免戰爭。

但甚麼叫「統合」？台大政治系教授張亞中認為統合可以是一種「過程」（往合的方向邁進，也可以是一種「狀態」（聯邦、邦聯）。兩岸如要統合，應創造一個除了兩岸以外的「第三主體」，或「兩岸共同體」：兩岸對對方主體尊重，但又展現共屬一體的雙重思維。「第三主體」的權利與義務，將隨統合程度的深化而加重，逐漸取代兩岸的主體性。

統合需有共同的誘因（incentive），包括共同認同（血緣、文化、歷史）、共同利益（政治、經濟），及共同目的：和平、反戰。兩個國家要進行統合之前，也須考量付出的代價，如國家主權及文化資產。

綜觀前述各項方案，就國號而言，以「中華」居多數，就兩岸統合的安排，則包含聯邦、邦聯及國協。依統獨政治光譜排列如下：

圖 12-1：統獨光譜

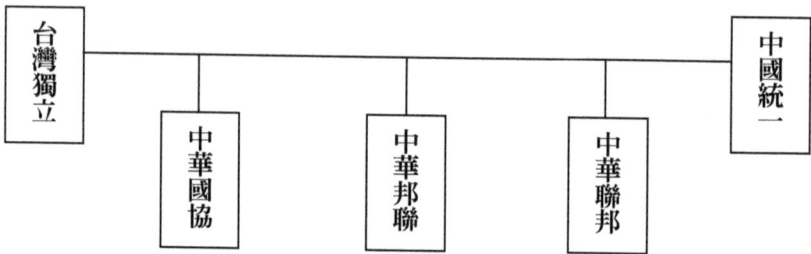

所謂邦聯，台大政治系權威教授薩孟武在其《政治學》書中，如此定義：

「邦聯乃是以條約為基礎形成的一種鬆散的主權國家聯合，其目的在於保障安全，維護和平，各分子國得經協議設立一政策協調機制，以實現共同利益。」

邦聯具有以下特徵：

表 12-2：聯邦‧邦聯，有何不同？

	聯邦	邦聯
基礎	聯邦憲法（國內法）	條約（國際法）
權力	聯邦政府的命令可直達各邦人民	邦聯政府的命令，只能及於邦聯國政府。
約束	各邦不得自由退出	邦聯國可自由退出
組織	有議事機關，並有完全的行政及司法組織。	只有中央議事機關
修正	聯邦憲法修正時，需較多數的邦批准。	邦聯條約如欲修正，則須邦聯國全體同意。
職權	聯邦政府在其範圍內有完全的主權	邦聯政府非經邦聯國同意，不能有所行動。
主權	由聯邦政府行使	各邦聯國有完全的主權
資格	各邦對外無國際法人資格	邦聯國對外有完全的國際法人資格

1. 邦聯本身並非「國家」，各分子國擁有完整的主權，保有獨立的國際法人格。

2. 邦聯的組成係依照彼此的協定，其權力必須透過分子國之間對等的談判決定。

3. 邦聯由主權國家組成，互派代表共同議事，協調政策。

因此邦聯只是鬆散的國家聯合，分子國各有主權，並擁有完整的國際法人格。其優點如下：

1. 邦聯尊重兩岸現存體制與各自生存的空間，展現「兩岸共榮、迎向世界」的心意，促進兩岸的和解與合作。

2. 邦聯可彰顯中華民國的主權，對抗北京的打壓。

3. 邦聯讓我方保有主權，保有自由民主，維持既有的社、經體系；保有外交權，可拓展國際空間，擁有自己的司法體系，保障人權；

未來

355

擁有自己的軍隊，確保台灣安全；擁有自主的財稅體系，維持台灣的繁榮。

4. 邦聯可在化解中共武力犯台動機的前提下，保持獨立國家的地位，有利現狀的維持。

5. 邦聯不但跨越統獨爭議，又可緩和中國對台灣的打壓，符合國人同胞的共同利益。

大體而言，藍營統派人士皆能接受「中華邦聯」，一因它順應「一中原則」，二因它有可能轉換成聯邦，再轉進統一。邦聯承認台灣主權，可在國際社會活躍，取得國際人格，加入邦聯後與中國對等協商，簽訂邦聯憲法，內部自主權受到保障。萬一日後情勢改變，台灣亦可自由退出，因此綠營方面也無需完全反對，何妨深度思考？

雙兩岸關係

最近七十年來，台灣就在小兩岸與大兩岸之間擺盪，如今尤甚。小兩岸關係使台灣面對中國吃盡「以小事大」之虧，然而大兩岸關係卻能讓台灣發揮柔性與智慧的國力，在浩瀚的太平洋發光發亮。

所有的島嶼都被海洋包圍，但島嶼的命運往往跟它所面對的陸地國家息息相關。台灣四面環海，但台灣的命運一直以來都是陸地大國在主宰：大清、日本、中國和美國；其間有以台灣海峽為界的「小兩岸關係」，更有以太平洋為領域的「大兩岸關係」。

一、大兩岸關係：太平洋兩岸

1. 美國 vs. 中國

美國原本重歐輕亞，它與中華人民共和國建交是毛澤東創建共產中國三十年之後的事。自 1979 年建交迄今，美國與中國的邦交關係大抵分作五個階段：

1. 1979~1991　「美中蜜月期」，美國聯中抗蘇。
2. 1991~2001　「美中磕碰期」，蘇聯解體，中國牌失去意義，美中不壞也非親密。
3. 2001~2009　「警惕提防期」，因九一一事件全力防恐。
4. 2009~2017　「遏制中國期」，中國GDP超過日本，美中產生「修昔底德陷阱」。
5. 2017~2020　「加碼遏制期」，美中全面爭霸。

快速崛起的中國對世界的威脅，自以亞太鄰國感受最深。2014年美日印澳召開「四方安全對話」，東道主日本首相安倍倡議合組「鑽石同盟」對抗中國。川普總統上任後，公開宣布中國和俄羅斯為美國的「戰略競爭對手」，不久又宣布將美國太平洋司令部改為「印太司令部」，積極推展「印太安全戰略」，跨越太平洋與印度洋全面對抗「中國夢」發展路徑。，堪稱「大兩岸戰略」。

2019 年元月，美國國防部向國會提交《中國全球擴張對美國防務影響評估》報告，指出中國在全球各地擴大軍事、經濟、科技等方面的影響力，包括謀求擴充海外軍事基地，推動「中國製造2025」、「一帶一路」及「數位絲路」計畫等，已對美軍在海外的部署和行動產生巨大影響。

為反制中國，五角大廈決定從四方面著手：1. 建立更具毀滅性的軍力，以獲致軍事優勢；2. 強化盟邦及夥伴的軍力，以佈建可推

未來

357

進共同利益的健全網絡；3. 進行內部改革，以實現更佳的執行和承擔能力；4. 拓展競爭領域，以創造美方優勢。

在推動軍事對抗之前，事實上美中兩國早已開展經貿、金融、科技戰及意識形態衍生的政治戰。今年爆發新冠肺炎後，美國成為全球最大重災戶，川普對中國更是恨之入骨。美中關係不只進入新冷戰，而且正在掀開軍事熱戰的序幕。

2. 美國 vs. 台灣

美國與台灣橫跨太平洋，二次大戰末期，美國海軍上將尼米茲一度建議以「X島計畫」轟炸台灣，消滅日本以結束二次大戰。後遭陸軍上將麥克阿瑟反對，改採佔領馬尼拉及琉球，使台灣倖免於戰火洗劫。1945年麥克阿瑟以戰勝國盟軍統帥指派蔣介石派員接收台灣，1947年與蔣介石簽訂《中美海軍協定》，取得台灣的基隆和高雄軍用港口使用權，1954年更簽訂《中美共同防禦條約》，協防台灣長達二十四年，並且維持與中華民國的邦交直到1978年年底。從1979年以後的「美台斷交期」，華府仍信守「一法三公報」基本政策，維繫美台關係四十年。

回顧20世紀以來美國對台關係，時鬆時緊，未必全然友善。基本上都依國際－尤其東亞情勢的動盪對美國國家利益的考量，而決定其對台政策，可離棄，亦可守衛。中國崛起迫使美國反省亞洲政策，歐巴馬總統執政末期開始緊縮對華政策，國務卿希拉蕊提出「重返亞洲」及「亞洲再平衡」政策。但若非「唯美第一、唯利是圖」的川普擔任美國第四十五任總統，美中的對立大概不會升得那麼快，也不會升得那麼高，而台灣與美國的關係也隨之水漲船高。但另一方面，由於蔡英文政府全面親美，卻完全反中，使2020年

兩岸恩怨如何了？

的兩岸關係陷入「兵凶戰危」的險境。

二、小兩岸關係

1949 年毛澤東喊出「中國站起來」的口號，到了 1970 年代鄧小平喊出「中國富起來」，習近平則於 2017 年的中國第十九屆全國人民代表大會上喊出「中國強起來」！

習近平推動「二步走戰略」：

1. 2020~2035：在全國建成小康社會的基礎上，再奮鬥十五年，基本實現「社會主義現代化」。
2. 2035~2050：在基本實現現代化的基礎上，把中國建設成富強、民主、文明、和諧、美麗的「社會主義現代化強國」。

習近平揭櫫「新時代的中國特色社會主義」，要建構「新型國際關係」及「人類命運共同體」，使中國由區域大國變成世界大國，由國際秩序遵循者變為引導者，更要積極推銷中國智慧與中國方案。而在迎接雙百的政治新里程中，台灣問題只是戰略佈局的一環。

細讀習近平的「謀台戰略」，具有如下特性：

1. **一中國際化**：讓整個國際社會對「一個中國」形成共識。
2. **台灣大陸化**：包括給台灣同胞各種國民待遇、發放居住證、對海外台胞也多關心照顧。
3. **談判進程化**：習近平倡議兩岸各黨派、各界別派出代表人士進行民主協商，作為兩岸正式談判的鋪墊工作，刻意跳過民選的台灣政府。
4. **兩制方案化**：台灣與港澳不同，要對兩制的台灣方案進行探索，

未來

把原則構想落實爲可操作的具體框架。

5. **統一神聖化**：統一從一個期待或願景上綱成「中華民族的偉大復興」，也是台灣同胞跟海外華人的光榮事業。

以上「五化」，自從宣布以來，幾乎毫無進展。由於中美龍鷹爭霸，雙方在經貿、科技、政治、文化及戰略各方面的較量拼搏，台灣都扮演著不容忽視，也不可取代的角色。2020 年美國民主黨代表大會已去除「一個中國」政策，而川普任命的國務卿龐佩奧首次代表美國公開宣稱「台灣不是中國的一部份」。此外，新冠肺炎爆發以來，太多的「回不去了」，包括兩岸關係，加上香港淪陷，「一國兩制」的甜言蜜語，對台灣人民而言，不但無感，甚至「惡感」。

兩岸新出路

一、中國與台灣：遠親·近鄰

天安門事件第二年，1990 年夏天，我在中國大陸參訪一個月，在北京時有機會跟當時中國中央對台辦主任楊斯德與統戰部代理部長萬紹芬晤談。我當面提出「三性原則」：人性、理性、良性，作爲推動兩岸關係的參考，據說後來被列入中共的「內部參考」資料。我說：

「任何政治目標必須合乎人性，並用理性手段推動，才能獲得良性結果。反之，若違人性或用非理性手段，必成惡果。」

那是血腥的天安門事件之後，我的坦率直言！那趟中國行也是我生平唯一的中國行。在北京我待了十天，然後到西安、武漢，經長江三峽到福州，最後被安排到祖籍地福建省漳州府南靖縣書洋鄉

的龍潭樓尋根拜祖。記憶中我從小就常聽父親叮嚀，不要忘記來台祖呂廷玉公的出生地；據說當年廷玉公帶著新娶的妻子跟著族人一起飄洋過海來台灣，落足在桃花遍開的桃仔園，現今桃園市藝文特區那一帶。

1991 年年底我參選立法委員，當選後我專任外交委員會，為台灣前途東奔西走，我體會出台灣與中國的關係，放眼天下，再沒有比「遠親近鄰」四個字更寫實、更貼切。2000 年我參選副總統，在唯一一次的副總統電視政見會上，我公開表示：

「台灣與中國的仇恨是國共兩黨的產物，與兩岸人民全然無關。生性善良的台灣人民與中國人民無冤無仇，五十年來遭受中共的欺壓羞辱與文攻武嚇，純屬無妄之災。如今毛澤東與蔣介石兩位老人家均已作古，他們之間的舊帳應在閻王府裡自作了斷。

台灣與中國有特殊的關係。歷史上、血緣上我們是遠親，地理上我們是近鄰。因為是遠親，所以沒有仇恨，更不應該有戰爭。因為是近鄰，所以要守望相助，和平共處。」

事後各家媒體民調證實，那天我在電視辯論的表現高踞五位副總統候選人之冠，可見「遠親近鄰」的兩岸觀已被社會大眾認可。

二、中國夢如何編織下去？

中國的未來有哪些可能？哈佛大學的 Ross Terrill 教授舉出七種可能：

1. 一直專制下去。
2. 慢慢失去團結穩定。
3. 步台韓民主化。

未來

4. 像蘇聯崩潰。

5. 鬥爭清算，維持恐怖狀況。

6. 不亂，快快走向法西斯。

7. 亂不知多久，再轉民主聯邦。

　　日籍教授大前研一於 2003 年出版的《中華聯邦》預言中國的未來發展，是會在一個中國之下分成六個經濟區塊加上台灣形成「中華聯邦」。他寄望江澤民在退休後推動這項工程。大前還大膽預言 2005 年兩岸會統一，統一在「中華聯邦」的框架上。

　　大前的預言已證實失準，Ross Terrill 的選擇題可以繼續觀察下去，尤其經過 2020 庚子年的種種天災人禍，中國不可能安然無恙，非變不可，而且應該會鉅變。但回顧習近平在 2017 年中共十九大提出的「兩個十五年」，兩步走將中國建設成「富強、民主、文明、和諧、美麗的社會主義現代化強國」，而統一台灣是三大歷史使命之一，推動進程如下：

　　第一階段（2013~2017）：設置中共國家安全委員會，頒布《國家安全法》。

　　第二階段（2018~2020）：維護重要戰略機遇期。實現全面建成小康社會，創造有利的內外安全形勢。

　　第三階段（2021~2049）：以適當方式落實國家統一與領土完整，設置統一台灣時程表與整體配套措施。

　　第四階段（2050）：實現中等發達國家的戰略目標，在國際安全新秩序扮演關鍵角色。

　　當然，這些都是在庚子瘟疫大爆發之前擘繪的美麗藍圖。疫情

及天災結束之後，大國政治版圖如何重劃，全球化如何盪回鎖國政策的世界新局勢與人類新文明，尚在未定之天，而兩岸關係如何調整與開創，則是你我共同的課題。

在全球戰略格局下，兩岸關係的發展既複雜，又吊詭。我們如何尋求在美中兩強中間「求同存異」，擴大雙贏互利的價值和利益，並且化解「台灣問題」，不使台灣成為美中衝突的焦點與美中賽局的籌碼？「和平中立」應該是平衡美中戰略關係的槓桿，穩定東亞局勢的關鍵點。

三、「一個中華」取代「一個中國」

北京一再堅持一個中國，否認「各自表述」，因此一個中國當然就是中華人民共和國。但是，1949 年中華人民共和國成立時，舊金山會議還未召開，台灣依國際公法仍屬日本領土。之後日本放棄台澎主權，並未將它交還中華人民共和國。事實上，中華人民共和國也從未在台灣行使任何管轄權，遑論主權。

更何況，《中華人民共和國憲法》第 1 條規定，「中華人民共和國是工人階級領導的，以工農聯盟為基礎的人民民主專政的社會主義國家。」序言更明言：「中國各族人民將繼續在中國共產黨領導下，在馬克思列寧主義毛澤東思想，鄧小平理論的指引下，堅持人民民主專政。」顯現中華人民共和國是共產黨的國家，不是傳統中國人民的國家，更不是台灣人的國家！

所謂「中國主權與領土完整」觀念，源自古老中國「率土之濱，莫非王土；率土之民，皆為王民」的中華霸權思想，與 21 世紀的人民主權觀念難以相容。前者認定人民附屬於土地，人民的命運隨

未來

363

著土地的歸屬而決定；而後者主張土地附屬於人民，人民有權決定土地的主權，所謂「民族自決」。強迫台灣接受中國統一，承認是「中華人民共和國」的一部份，實在強詞奪理，更違背歷史事實。

但是只要轉個彎，換兩個字，雙方各退一步，就能理順長期頭痛彆扭的兩岸關係：用一個中「華」取代一個中「國」，並用兩岸「統合」取代兩岸「統一」。

「中華」一詞指的是共同擁有中華血緣及文化，因而呈現相同社會景象的族群，梁啟超於 1901 年創造「中國民族」一詞，隨後改為「中華民族」，以「漢字文化國」的漢人為主，隨著朝代疆域的遞嬗，逐漸融合滿蒙回苗為「五族共和」，如今中華人民共和國已有五十六個族群。

2002 年 9 月 30 日，我曾接受「美國之音」（VOA）記者的專訪，提出「三個中華」的概念。我認為在全球化的衝擊下，所謂的「中華」已呈現出三個版圖與意涵完全不同的概念：「政治中華」、「經濟中華」和「文化中華」。

「政治中華」指的是當前歷史階段的中華民族政治結構，包括在中國大陸共產黨統治下的「中華人民共和國」，以及以民主自由方式治理台灣的「中華民國」。「經濟中華」即是「大中華經濟圈」，基本上是指中國、台灣、港澳、新加坡等華人社會所形成的經濟市場。「文化中華」則是指所有與中華文化相關的社會和群體，包括大陸、港澳與台灣，還包括新加坡及全球華人社會，甚至從事中華文化的國際人士。

很明顯的，這三個「中華」並非重合在同一個地理版圖之上，內涵尤其不一樣。在全球化趨勢下經濟利益的追求帶動區域內的貿易往來、人才吸納和資金流動，使得台灣與中國在經濟上的相互依

存度逐漸增加，「文化中華」更因科技化及全球化而澎湃多彩，多元且寬廣，可以穿透政治界限。但是，在政治版圖上，實行一黨專政的共產中國正加緊文攻武嚇威脅台灣，並且武力相向。這「三個中國」的內在張力與互動關係，對於擘繪台灣與中國的未來，具有關鍵性影響力。

從「三個中華」的觀念審視近年來的兩岸關係，政治面是冰冷的，但無法切斷兩岸的經貿往來。不過，庚子瘟疫之後，台商紛紛選擇離開中國，其中一部分遷回台灣。至於文化中華早已融入台灣兩千三百六十萬人的生活與思維之中，承認台灣與中國同屬「一個中華」應該合情合理，自然而又真實。

台灣與中國的關係，雖然沒有「濃得化不開」，卻也無法一刀兩斷，或是老死不相往來，近三十年來兩岸的經濟和社會交流，已呈現如下現象：

1. 超過百萬人在中國就業或就學生活。

2. 近四十萬對兩岸配偶。

3. 每年九百萬人次遊走兩岸。

4. 中國累計使用台資六百五十二點四億美元。

5. 雙方貿易每年一千九百億美元。

6. 台灣對中港澳貿易順差超過八百億美元。

在台灣的兩千三百六十萬人當中，除了原住民鄉親少有跟來自大陸的人通婚之外，絕大多數都具有華人的血緣，也共同享受和經營中華文化，接受中華宗教信仰，因此我們應該以「遠親近鄰」的特殊歷史和地理關係，接受「一個中華」，從「一個中國」的緊箍咒掙脫出來，謀求兩岸和平共存共榮的新出路，千萬要避免戰爭！

未來

中國被「五眼聯盟」，尤其美國強勢制裁之中，中國其實陷入四面楚歌，因此中國的台灣問題權威、上海東亞研究所所長章念馳提出「兩岸維持相對統一，共創新概念」的呼籲，他說：「兩岸同胞才是我們自己的上帝，讓我們停止對抗吧。停止仇視、停止汙名化、停止去中國化、恢復全面往來。」希望他能將心比心，也從台灣的角度，倡議北京改用「遠親近鄰」的思維，接受「一個中華」取代「一個中國」，並且用「兩岸統合」取代「兩岸統一」，這才符合他的「相對統一」呼籲。

四、世界華族

根據學者龔鵬程的觀察，在全球化世代，華人之世界移民運動，越來越壯闊，華人的跨國組合，也越來越發達。原本地區性的華人業緣、血緣、地緣、宗教組織，都漸漸不再局限於本地，而走向國際。華人圈長期形成的壁壘、恩怨、權力關係，已因全球化而重組。事實上，海外華人已形成為世界上最大的跨境民族，或者說中華民族已向海外延伸成一個世界性民族。

世界華族是源於中華民族，分屬於不同國家，基於共同文化與種族認同的共同體。散居世界各地的華人，大都伸張其國族主義，出現各種文學、宗教、宗族、鄉親組織，盤根錯節架構出一個新的世界華人新網絡，這個多元互補、縱橫交織的整體網絡及發展趨勢，象徵一個新的時代確已來臨。

美國是以盎格魯薩克遜族文化、白人、中產階級、男性為熔爐，去熔鑄亞洲非洲南美洲移民及土著印地安民族，令其同化之工程，而中華民族是以漢文化為主要內涵。其他國家推動的各式國家認同、文

化認同、民族整合思想工作，情況亦復相似。民族大熔爐，使各民族的差異消失了，形成一個新的國族。中華民族也一樣，漢滿蒙回藏，在政治上應該五族共和，在文化上也要形成一個中華民族大熔爐。

以美國為例，目前華裔五百零八萬，含台裔二十萬，占亞裔四分之一。教育程度學士以上者 53%，遠高於全美 31% 之平均水準，台裔尤高。此外，從台灣到世界五大洲各國求學、成家、創業的也越來越多，「世界台灣商會聯合總會」就是一個全球性的台灣商人聯合組織，他們伸張台灣國力，同時富厚台灣。如何因應全球化，發展一個美國化以外的華人全球化，華人世界網絡、華人世界觀、世界華文等等，或許正是兩岸可以攜手合作的議題。

五、中華邦聯・台灣中立

歷史指出，台灣命運的關鍵轉折都是戰爭，不是台灣內部的戰爭，而是來自遠方的戰爭。1894 年清日甲午戰爭，結果滿清將台灣割讓給日本。1950 年南北韓戰爭，美國將台灣與國民黨綁在一起對抗中國共產黨。1979 年美台斷交，美中建交。沒有一次，台灣人的意願被徵詢、被尊重。

歷史也指出，台灣是世界的台灣，不只是台灣人的台灣。由於它特有的戰略價值，尤其優越的科技產能，卻也因為它欠缺主權獨立及自我防禦的能力而任人宰割。然而 21 世紀的今天，台灣已經成為民主成功的故事、世界一股良善的力量，特別在此次庚子瘟疫中，台灣抗疫成功，成為世界模範。我們不只有權利，也有義務為自己及子孫後代擘繪一個安全、和平，與尊榮的未來！

放眼天下分合，彙整歷年來各界學者專家所提出的主張，台灣

未來

與中國未來最妥適選擇應該是「中華國協」或「中華邦聯」。

如果北京當局可以邀請新加坡與台灣跟中國統合在一起，甚至允許新疆及西藏及蒙古共同參與，那麼，類似大英國協 The Commonwealth 的「中華國協」必可凝聚全球華人，在政治、經濟及文化上，發揚光大「一個中華」，使中華民族在國際上耀武揚威，成就真正的「中華夢」。

然而在可預見的未來，要讓新加坡及新疆、西藏、蒙古共同組成中華國協恐怕不容易，因此用「中華邦聯」來統合台灣與中國應是最佳選擇。

如果台灣跟中國統合成「中華邦聯」，雙方必需本著和平與對等的原則，協議簽訂《中華邦聯憲章》，規定統合之後台灣與中國的權利及義務。對外共同維護中華邦聯，對內各自享有主權，依循既有政治體制治理國家，雙方應各派代表組成「中華邦聯議會」，決定邦聯有關之重大政務。北京應協助台灣加入聯合國，並提升台灣的國際地位，而台灣則在邦聯成員的立場與中國合作分享，使雙方都能成為「富強、民主、文明、和諧、美麗」的國家。為了維持東亞區域的穩定與和平，中國亦應鼓勵並支持台灣永久中立，使台灣避免美中兩國的纏鬥，並在兩強之間扮演「協調」、「仲裁」的積極角色，而不再是美中恐怖平衡的導火線。

不過，這一階段必須在中國同意以「一個中華」取代「一個中國」原則之下，調整對台政策，使兩岸落實「遠親近鄰」關係，而且中國已有效因應處理當前諸多外患及內憂，內部趨於穩定、和諧，主客觀環境成熟之後，才有可能推動。在展開智慧和冷靜的「探索」之前，雙方必須對等而且平和，不能武力威脅，也要鬆綁「絕對主權觀」，彼此相互尊重，並且順應世界大潮流，共同營謀一個「富強、民主、文明、和諧、美麗」的「中華統合體」。

圖 12-2：遠親近鄰‧一個中華‧未來中華邦聯

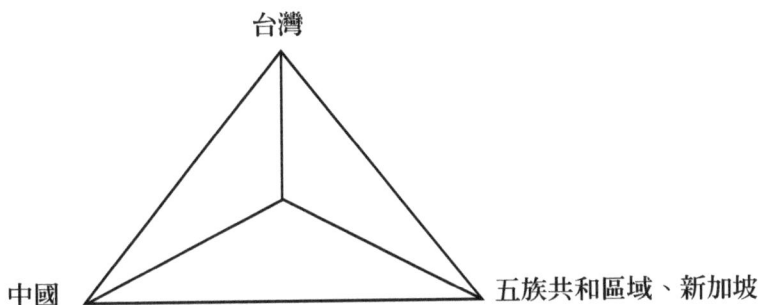

總結：民主太平洋國協

一、東亞民主鄰邦

　　東亞在地緣政治上分作東北亞與東南亞，前者有中國、韓國、日本、台灣，還有俄國西伯利亞，其中三國是共產政權，另外三國在過去還具有殖民與被殖民的關係，產生許多恩怨情仇，剪不斷，理還亂。後者包括菲律賓、越南、緬甸、柬埔寨、泰國、寮國、馬來西亞、新加坡、印尼、汶萊、東帝汶等十一國。

　　戰前東南亞各國都是歐洲強權的殖民附屬地，戰後重建亞洲新秩序，以「不結盟運動」排除外來列強，各自獨立建國，並於1967 年成立「東南亞國協」，各國陸續加入，排除民族、文化、經濟和政治等種種障礙，強化互助合作及區域安全。

　　大體而言，東南亞國協的「不結盟」性質其實就是中立主義，「經濟傾中，安全靠美」，在各國國家利益的考量之下，靈活運作，左右逢源於中美兩強之間。

未來

圖 12-3：東亞地圖

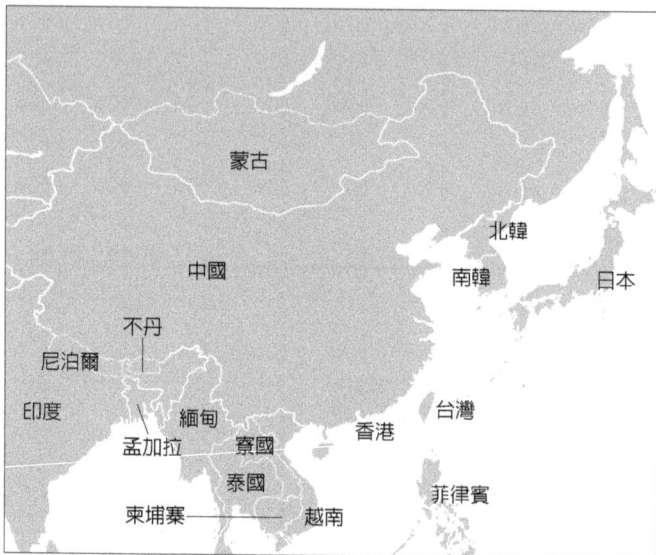

　　相形之下，東北亞的情勢十分複雜、詭譎，而且多變。二戰結束，日本雖戰敗，卻因戰略價值而受美國的扶植，並以《和平憲法》定位日本的「武裝中立」，使日本從戰爭禍害中脫離，並因享受「免費民主」而快速重建、復興，成為不能發動戰爭的經濟強國，由美國的敵人搖身一變，成為美國在亞洲最佳盟友。

　　日韓與台灣都受到儒家思想文化的影響，但各自的文字及衣食生活文化各有特色。就現代化標準而言，三國均具有高水平的民主政治與科技發展。菲律賓因曾被西班牙及美國統治，文化與台灣大不相同，但因緊鄰台灣，菲律賓海域也是本世紀重要的太平洋海域。這四個國家雖非遠親，卻是名符其實的近鄰，理應區域統合，守望相助，並且和平共存及共榮。

1. 韓國

西元前一世紀新羅在韓半島中部及東南部，高句麗及百濟在韓半島北部及西南部建國。新羅於 735 年統一韓半島，至 918 年高麗王國建立。1894 年中日甲午戰爭，滿清戰敗後，日本勢力入侵朝鮮，及至 1910 年朝鮮正式爲日本併吞，愛國志士紛紛進行反日及獨立運動。1919 年 4 月在上海成立韓國臨時政府，1945 年 8 月 15 日日本無條件投降後，韓半島以北緯 38 度線爲界線，分由美、蘇派軍進駐南北韓。韓國於 1948 年 8 月 15 日正式成立大韓民國政府，李承晚當選首任大統領，1950 年 6 月北韓南侵，爆發韓戰，1953 年 7 月簽訂停戰協定，兩韓對峙至今。

大統領文在寅於 2017 年就任，執政黨爲共同民主黨。韓國社會因受儒家文化之影響，形成敬老尊賢、長幼有序、重視家庭倫理、強調教育重要性與注重人群禮儀等社會文化。韓國社會也對宗教參與甚爲積極，除傳統佛教外、基督教，天主教等亦極爲盛行，整體而言社會基礎安定平和。

對外關係上，韓國於 1991 年成爲聯合國會員國，現爲世界貿易組織（WTO）、亞太經濟合作（APEC）、經濟合作暨發展組織（OECD）、二十國集團（G20）、東協加三（ASEAN Plus Three）、東亞峰會（EAS）等國際組織之會員。韓國政府除重視美、中、日、俄等周邊四強關係，積極推動「新北方政策」及「新南方政策」，藉由韓半島和平及貿易多元化促進東亞地區和平繁榮，冀盼與區域內國家建立「以人爲中心之和平暨繁榮共同體」

2. 日本

日本自稱立國至今兩千六百餘年，經明治維新及甲午、日俄戰

爭後躋身世界強國之林，第二次世界大戰戰敗後在盟軍總司令部指導下重訂憲法，明示「主權在民，放棄戰爭」。1950 年韓戰爆發後，日本在美國扶植下，經濟力量逐漸強大，目前為先進七國（G7）成員之一，在國際上扮演重要角色。

現任首相菅義偉甫於 2020 年 9 月 16 日就任。目前自由民主黨及公明黨共組執政聯盟，執政基礎穩固。日本社會結構穩定，絕少暴力抗爭事件，惟存在人口減少及少子高齡化等社會問題，造成日本政府入不敷出。非正規勞動者人數增加，貧富差距擴大。

在對外關係上，日本對外承認之國家共 195 國，並在 152 個國家設有大使館（另有 43 兼館）、10 個國際組織設有代表部。日本外交六大重點：1. 強化日美同盟及促進與同盟國、友好國之關係、2. 強化與鄰國關係、3. 推動經濟外交、4. 因應地球規模課題、5. 促進中東和平及安定、6. 「自由且開放之印度太平洋構想。

3. 菲律賓

1521 年葡萄牙人麥哲倫率西班牙遠征隊在菲律賓宿霧登陸後，1565 年西班牙人進據，並於 1571 年在菲建立殖民政府。1898 年美西戰爭爆發，西班牙戰敗簽署「巴黎和約」，菲律賓改由美國統治近 50 年。第二次世界大戰時，日本佔領菲律賓，1946 年 7 月 4 日菲律賓正式獨立，實施美國式民主憲政，但文化方面兼具西班牙及美國特質。

杜特地（Rodrigo Roa Duterte）於 2016 年 5 月 9 日當選第 16 任總統。菲人生性樂觀，崇尚自由民主，惟治安欠佳，槍枝毒品犯罪猖獗。

對外關係上，菲律賓為東協十國主要會員國之一，與世界各國

表 12-3：韓、日、菲三國簡介：

	韓國	日本	菲律賓
面積	100,363 平方公里	377,972 平方公里	328,000 平方公里
人口	約 5,178 餘萬人（2020 年 8 月）	約 1 億 2,596 萬人（2020 年 3 月）	約 1 億 900 萬人（2020 年第二季）
政治制度	總統制立憲共和政體	君主立憲制三權分立制	總統制三權分立制
財政收支	財政總收入 443.9 兆韓元，財政總支出 455.8 兆韓元。（2019）	令和 2 年（2020.4.1~2021.3.31）預算總額達 102 兆 6580 億日圓	菲國長年未積極發展經濟，政府預算規模甚小，2019 政府支出僅占 GDP 支出面之 12.4%，長期短缺的政府支出，造成基礎建設落後 >
我對該國輸出	124.2 億美元（2020 年 1~8 月）	US$268 億（2019）	US$46 億 4,717 萬（2019）
我自該國輸入	95.3 億美元（2020 年 1~8 月）	US$430 億（2019）	US$22 億 7,173 萬（2019）

資料來源：外交部網站。

均維持正常緊密之交往，並參與聯合國等各國際組織。菲國對外政策目前追求獨立外交，與各大國平行交往。

　　韓國與台灣雖無領土糾葛，卻有一段奇妙的歷史宿緣。1894 年朝鮮內亂，清日兩國派兵平亂轉而成為清日甲午戰爭，吃敗戰的清廷就將台灣「永久割讓」給日本。然而五十五年後，史達林支持北韓攻打南韓，金日成勸說毛澤東支持北韓「抗美援朝」，毛只好擱置原有攻台計畫，而原本準備承認毛澤東的杜魯門總統只好轉而支持蔣介石，並派遣第七艦隊協防台灣。從此將國共阻截開來，造成

未來

「兩個中國」，也寫下美國與台灣若即若離，非敵似友的特殊關係。

日本殖民台灣五十年，也殖民朝鮮三十八年。奇怪的是，日台關係相對於日韓關係，友善平順，雖然日台無邦交，而日韓有邦交，但三不五時日韓兩國經常會有獨島爭議和慰安婦等新仇加舊恨，引爆緊張關係。另外，朝鮮半島因為有北韓共產黨金氏王朝，大大小小風波不斷，核武威脅疑雲不散。

二、民主與柔性國力

1. 柔性國力

所謂「柔性國力」（soft power）是指不以侵略和掠奪為目的，而以人類和平共存，互助共榮為指標的國家總體實力。台灣的柔性國力包括：人權、民主、和平、愛、高科技，與文化，是我從政多年的政治信念。

哈佛大學甘迺迪學院院長奈伊教授（Joseph S. Nye, Jr.）最近推出新書 *Do Morals Matter?*（中譯：《強權者的道德》），他擔任過美國國務院副助理國務卿及國防部助理部長，多年來力倡美國應以 soft power 取代 hard power，才能彰顯泱泱大國的風範和實力。以此為念，他將歷任美國總統的外交政策用道德作量尺加以評鑑，「絕大多數的美國總統都是『具有世界主義色彩的自由派現實主義者』。」（*liberal realist with a touch of cosmopolitanism*），但他認為「一個總統不能只有現實主義，必須同時具備世界主義和自由主義才能形成正確的道德地圖，具有不可或缺的作用。」

柔性國力是一種懷柔招安、近悅遠服的能力，而不是強壓人

低頭或用錢收買以達到自身所欲的目的，勸誘總是比威逼有效。柔性力量絕非軟弱，它是力量的一種形式，如果未將它納入國家的政策，是很嚴重的錯誤。贏得和平比打勝仗要難得多，柔性權力是贏得和平不可或缺的關鍵。善用各種力量的人不會僅取一端、有所偏廢，必定是「剛柔並濟」的。

表 12-4：剛性權力 vs. 柔性權力

	剛性權力	柔性權力
行為類型	命令、威嚇、勸誘	議題設定、好感、同化
最可能的資源	武力制裁、收買賄賂	制度、價值、文化、政策

表 12-5：權力的三種類型

	行為	主要方式	政府政策
軍事力量	威嚇、阻止、保護	威脅、武力	強制外交、戰爭、結盟
經濟力量	誘惑、威逼	收買、制裁	援助、賄賂、制裁
柔性力量	好感、議題設定	價值觀、文化、政策、制度	公共外交、雙邊及多邊外交

柔性國力的行使

權力運用的巧妙就在於拿捏結合剛性權力和柔性權力的分寸，而且柔性國力的行使未必限於政府。資訊革命大大增加了非政府組織的柔性權力，有組織的宗教運動擁有極大的柔性力量。政府間組織（如 UN、WTO）也會發展出柔性權力，但容易因政治情勢改變而受影響，而意圖不良的組織和團體也會採取柔性手段達到不法目的。

未來

2. 民主黑色幽默

什麼叫民主？民主的標準是什麼？最近幾項民調的結果，令人嘆滋一笑，尤其反映出一項事實：越不民主的國家，人民越滿意於他們的政府；反之，越民主的國家，人民越不滿意政府。因為在不民主的國家的人民：1. 不敢說真心話、2. 人民根本不知道什麼叫「民主」。

丹麥的一個 NGO「民主聯盟」就五十三國進行民調：

Q1：你認為民主對你的國家有多重要？

Q2：你認為你的國家是否是民主國家？

結果：

1. 中國：84% 認為民主很重要，73% 認為中國是民主國家。

2. 美國：73% 認為民主很重要，但只有 49% 認為美國是民主國家，因為 52% 美國人認為美國政府只為一小部分人服務。

3. 在五十三個受訪國家中，中國民主第六名，美國第三十八名。

哈佛大學甘迺迪學院也曾發表中美兩國人民對政府的信賴度調查，93% 的中國人民對共產黨政府支持滿意，但美國人民卻只有 48% 支持滿意川普政府。

有趣吧？還是悲哀？應該說是黑色幽默。

三、民主太平洋國協（Democratic Pacific Commonwealth）

21 世紀真是一個充滿挑戰與矛盾的世紀。戰爭或和平，對抗與和解，貧窮和富裕，整合或崩解？全看我們如何選擇和應對。

如果我們東望太平洋，以海洋文化的柔性思維為主軸，結合環太

平洋民主國家，建立民主和平的合作機制，共同經營太平洋，以塑造21世紀的人類新文明，不但具體可行，而且美景無限。讓柔性國力成為太平洋地區的普世價值，避免淪為你爭我奪、烽火連天的海上戰場。

積極結盟環太平洋民主陣營國家形成一個「民主太平洋國協」，共促民主、和平、繁榮，防堵北韓擴充核武及中共拓展海上霸權，並保障台海安全及五海永續發展。

1. 民主太平洋聯盟（Democratic Pacific Union）

在我擔任副總統期間，有鑑於太平洋世紀來臨，我就構思「民主太平洋聯盟」（Democratic Pacific Union），希望環太平洋的民主國家都能以柔性國力來促進太平洋的柔性文明。除每年召開盛大的「民主太平洋大會」，也成立「民主太平洋聯盟」（非政府組織），我的終極目標就是希望環太平洋的民主國家都能本著柔性思想，發揮柔性國力，成立「民主太平洋國協」（Democratic Pacific Commonwealth）。

圖 12-4：邀請六位諾貝爾和平獎得主來台參加「世界和平大會」。

未來

「民主太平洋聯盟」連續五年皆有盛大活動，獲得邦交及非邦交國的正副元首和國會議員及學者專家熱情參與。惜因任期屆滿，又換黨執政，理想難以為繼。卸任後我仍念念不忘初衷，就決定從東北亞的鄰邦經營起。終於 2018 年 3 月創辦第一屆「東亞和平論壇」（East Asia Peace Forum），邀請日、韓、菲及歐美相關人士來台會談，第二屆就在同年 12 月於南韓首爾舉辦，第三屆我接續在圓山飯店圓滿完成，原本計劃第四屆要在日本或菲律賓舉行，無奈COVID-19 讓大家禁足在家，只好暫停舉辦，但我的基本信念已陸續獲得與會各國國會議員（多位副議長）及學者專家認同。

圖 12-5：第二屆民主太平洋聯盟大會開幕演說

圖 12-6：歷屆東亞和平論壇照片

第一屆 東亞和平論壇 台北圓山大飯店 2018.3/2 - 4
東亞和平與台灣中立

大會主席呂秀蓮專題演說

行政院長賴清德開幕致詞

第二屆 東亞和平論壇 韓國首爾國際媒體中心 2018.12/4-5
美中與東亞前途

創辦人呂秀蓮致詞

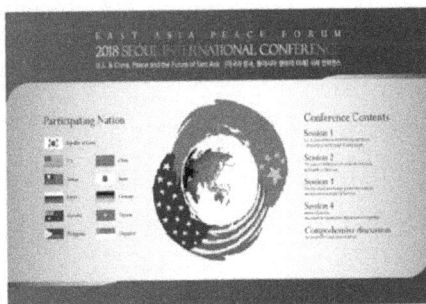

會場前方ROC與PRC國旗併列

未來

第三屆東亞和平論壇 台北圓山飯店 2019.08.24-25

2. 民主太平洋國協（Democratic Pacific Commonwealth）

現在，我想更進一步倡議的是，美國應該發起「民主太平洋國協」，邀請台灣、日本及南韓共同發起，先成立「東北亞民主國協」。這三個國家有四個共同點：1. 有儒家思想、2. 民主政治、3. 科技先進、4. 共同面對中國、俄羅斯及北韓。我們可以跨越歷史鴻溝，分享柔性國力，推動民主人權並共享高科技，讓「民主太平洋國協」成爲「民主、和平與繁榮」的價值聯盟。

美國如能改以柔性思維帶領日、韓、台三國，使三國過往的歷史恩怨劃下句點，同心協力開創未來。美國必如虎添翼，東亞地區也安定繁榮，並歡迎加拿大及菲律賓參加。一旦運作順利，再擴大邀請太平洋其他民主國家擴大參與。

「太平洋民主國協」應設秘書處，由秘書長統領國協組織的運作。國協更應設置如下機制，加強成員國相關領導的交流及合作：
1. 元首高峰會議。

2. 部長會議。

3. 國會議員會議。

4. 專業委員會議。

　　秘書處應建立國協會員國的元首及部長和國會議員之間的溝通平台，對於會員國的國家治理必能「見賢思齊」，相互學習與激勵。另外根據各成員國共同關切的議題，設置專業委員會，包括：國防安全、經貿產業、科技資安、能源環保、海洋生態、人權民主、文史人文，以及公衛醫藥等，加強美國、台灣、日本、韓國的柔性國力，發揮 soft and smart power，並且鼓勵日、韓、台三國成立區域性永久中立國，形成新型態的區域安全架構。對於同屬東亞地區的三大共產社會及人民，必能引發吸引力及向心力，逐漸產生「和平演變」共產勢力的柔性效果，為太平洋打造柔性文明。

圖 12-7：太平洋民主國協 ─ 雙兩岸關係
The Democratic Pacific Commonwealth

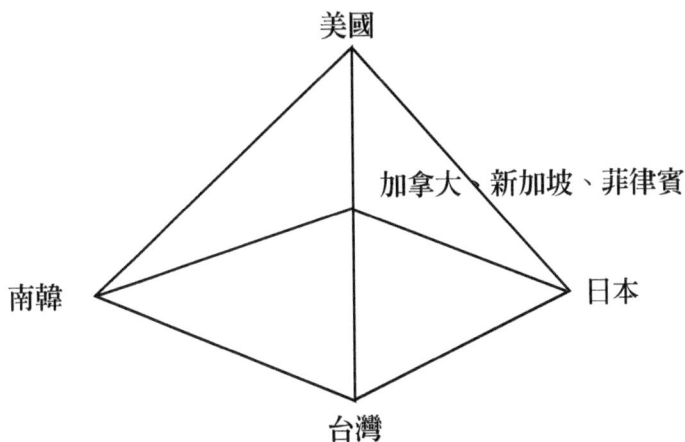

381

五、台灣：柔性文明的推手

台灣是西太平洋的樞紐，位居中國對外拓展海上霸權的要衝，猶如一艘捍衛民主陣營的不沉「航空母艦」，若能與環太平洋的民主陣營國家結盟，不但可防堵中共霸權延伸太平洋，也可讓台海安全多獲一層保障，符合國際利益。多數太平洋國家今日正面臨重大的環境變化、過度捕魚以及因人口增加而導致對有限資源的高度競爭，種種問題的解決必須依賴太平洋各國之間的有效溝通及通力合作。

自由、民主及人權已成為新世紀的普世價值，而亞太地區有超過十億人尚未享有他們應當享有的民主，這是亞洲國家無法整合成為真正區域聯盟的主要障礙。如果以自由、民主、人權的普世標準為標竿，我們能大大增加相互間的溝通、瞭解與合作。

以「台灣經驗‧柔性奇蹟」為範例，台灣可以扮演 21 世紀太平洋新文明的推手，進一步讓柔性國力成為太平洋地區的普世價值。台灣願與大家共同經營太平洋，成為民主與自由的柔性海洋，而不是列強爭奪的戰場，也讓 21 世紀的太平洋，成為一個人文的、科技的與柔性的太平洋：

1. 人文的太平洋：我們要強化民主法治，融合太平洋多元文化與海洋資源，經營太平洋成為一個人文豐美、安居樂業與永續發展的海洋。

2. 科技的太平洋：我們要分享科技發明，弭平數位落差，善用科技以福國利民，防災避難，使太平洋成為一個高科技、高品質的海洋。

3. 柔性的太平洋：我們要確立「共生主權」的觀念，發揮愛與和平

的力量，維護太平洋的和平與安寧，使太平洋成為一個「合作分享、共生多贏」的柔性海洋。

圖 12-8：台灣的海洋戰略

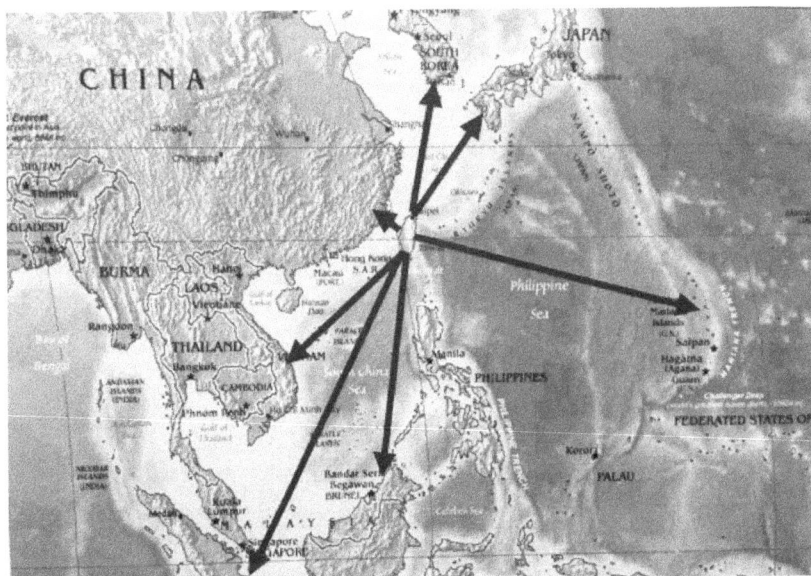

結語

戰爭無情，和平無價，但戰爭需預防，和平要投資。我們衷心期待美中兩強能化干戈為玉帛，引領世界，永保和平與繁榮。至於雙兩岸關係，台灣向西可與中國建立「一個中華，遠親近鄰」的邦聯關係，向東與美國及日、韓、菲等周邊國家共組「民主國協」，推展柔性文明，讓台灣在美中兩強之間調和鼎鼐，左右逢源，發揮和平中立的功能，讓我們的後代子孫永保尊嚴與幸福。

未來

圖 12-9：呂秀蓮副總統率總統府科技諮詢委員會委員遠赴東沙島，宣
慰海巡署弟兄

圖 12-10：2003 年民主太平洋大會召開，前排為友邦副總統

參考書目（依作者）

1. 中央通訊社，《台灣關係法二十年》（台北，中央通訊社，1999）

2. 國史館，《台灣主權論述論文集》（台北，國史館，2001）

3. 總統府，《兩岸和平發展綱領研擬之可行性分析》（台北，中華民國總統府，2007）

4. Geoffrey Till，《21 世紀海權》（台北，國防部，2012）

5. 龔培德（David Gompert），國防部譯印，《西太平洋海權之爭》（台北，國防部，2015）

6. Bernard D. Cole 著，李永悌譯，《亞洲怒海戰略》（台北，國防部，2015）

7. 西格佛里多·伯格斯·卡塞雷斯（Sigfrido Burgos Caceres）著，童光復譯，《南海資源戰：中共的戰略利益》（台北，國防部，2016）

8. 李仕德，《金門危機：1950 年代美國的外島政策》（金門，金門縣文化局，2017）

9. 外交部研設會、淡江大學國際事務與戰略研究所，《釣魚台爭議與和平解決途徑學術研討會論文集》（台北，淡江戰略所，2012）

10. 呂秀蓮，《台灣：過去與未來》（台北，知本家，2003）

11. 呂秀蓮，《台灣大未來》（台北，知本家，2004）

12. 呂秀蓮，《世界的台灣》（台北，印刻，2007）

13. 薛化元主編，《台灣歷史年表：終戰篇 I （1945~1965）》（台北，張榮發基金會，1990）

14. 吳新興，《整合理論與兩岸關係之研究》（台北，五南，1995）

15. 張炎憲、李曉峰、戴寶村主編，《台灣史論文精選》（台北，玉山出版公司，1996）

16. 張旭成，《一個新時代的開端：台灣外交與台灣安全》（台北，月旦，1996）

17. 施正鋒，《台中美三角關係》（台北，前衛，2001）

18. 施正鋒主編，《認識中立國》（台北，國家展望文教基金會，2015）

19. 施正鋒主編，《小國立國之道》（台北，台灣國際研究學會，2017）

20. 沈建德，《台灣血統》（台北，前衛，2003）

21. 楊慶安，《美日中爭霸下的台灣》（台北，金石文具，2003）

22. 楊聰榮，《太平洋國家研究新論》（台北，巨流，2016）

23. 丁渝洲主編，《台灣安全戰略評估》（台北，遠景基金會，2004）

24. 胡念祖，《海洋政策：理論與實務研究》（台北，五南，1997）

25. 胡為真，《美國對華「一個中國」政策之演變》（台北，台灣商務印書館，2001）

26. 謝世忠，《歷史的糾結》（台北，新台灣國策智庫，2010）

27. 謝政諭，《古今文化與兩岸政治的流變與轉型》（台北，前衛，2020）

28. 翁明賢，《全球化時代的國家安全》（台北，創世紀文化出版社，2003）

29. 羅致政、宋允文主編，《解構「一個中國」》（台北，台灣智庫，2007）

30. 徐小波，《台灣軟實力》（台北，財信，2008）

31. 何思慎、王冠雄主編，《東海及南海爭端與和平展望》（台北，遠景基金會，2012）

32. 何顯榮，《人類文明的母國就是台灣》（彰化，台灣古文明研究室，2019）

33. 汪浩，《意外的國父》（台北，遠足，2017）

34. 李政隆，《台灣史 1》（台北，騏樂國際，2018）

35. 王銘義，《1895 年 - 中國出賣台灣》（台北，日臻出版社，1995）

36. 王世榕，《2031 中國崩潰》（台北，前衛，2018）

37. 彭百顯，《大歲月：台灣政治經濟 500 年》（台北，宇河文化，2018）

38. 周朝國，《兩岸奇蹟六十年》（台北，翰蘆圖書，2019）

39. 戴天昭著，李明峻譯，《台灣國際政治史》（台北，前衛，1996）

40. 戴瑞明，《愛與和平：從台海兩岸和好開始》（台北，時英，2019）

41. 陳耀昌，《福爾摩沙三族記》（台北，遠流，2012）

42. 陳隆志，《台灣國家的進化與正常化》（台北，台灣新世紀文教基金會，2019）

43. 鄭欽仁，《中國現狀與歷史問題》（新北，稻香，2019）

44. 林夏如，《台灣的中國兩難》（台北，商周出版社，2019）

45. 譚若思（Ross Terrill），楊明暐等譯，《一中帝國大夢》（台北，雅言，2004）

46. 奈伊（Joseph Nye），林添貴譯，《強權者的道德》（台北，天下，2020）

47. 大前研一，趙佳誼等譯，《中華邦聯》（台北，商周，2004）

48. 文達峰（Jonathan Manthorpe），《禁忌的國家》（Forbidden Nation: A History of Taiwan）（台北，望春風出版社，2009）

49. 卜睿哲（Richard Bush），林添貴譯，《台灣的未來》（台北，遠流，2010）

50. 哈瑞爾（Yuval Noah Harari），林俊宏譯，《人類大未來》（台北，遠見天下，2017）

51. 易思安（Ian Easton），申安喬等譯，《中共攻台大解密》（台北，遠流，2018）

52. Joseph S. Nye，*Soft Power*，（New York, Public Affairs, 2004）

53. Michael O'Hanlon，*Beyond NATO*，（Washington DC, Brookings, 2017）

特輯：她讓台灣與世界接軌

年份	事件
1988	赴首爾拜會南韓反對黨領袖金大中與金泳三。
1990	赴中國參訪，與中國中央對台辦、統戰部等相關涉台事務主管談兩岸關係。
1991	推動台灣加入聯合國運動，赴紐約展開國民外交自救。
1992	參加愛爾蘭參加「第三屆世界婦女高峰會議」。
1993	1. 赴荷蘭參加「無代表國家和民族組織」（UNPO）第三屆大會。 2. 於聯合國總部附近設置「台灣國際聯盟」辦公室，積極推動台灣加入聯合國運動。
1994	1. 主辦「第四屆世界婦女高峰會議」。 2. 出席「聯合國第四屆婦女大會」籌備會，並受聘為「專家顧問團」顧問。 3. 赴尼加拉瓜參加聯合國第二屆「世界新興與重建民主會議」，與達賴喇嘛歡晤。
1995	1. 組團赴紐約與華府，爭取台灣國際地位。 2. 獲邀參加聯合國非政府組織論壇會議。 3. 率「百年馬關條約百人代表團」赴日本下關市春帆樓主辦「馬關條約百年紀念大會」。 4. 赴舊金山參加聯合國憲章簽訂 50 週年紀念活動。 5. 主辦「世界和平婦女高峰論壇」。 6. 應澳洲政府之邀，率領「台灣婦女訪澳政經交流團」赴澳訪問。
1998	在柯林頓－江澤民高峰會前，專程赴美將台灣 10 縣市首長共同簽署函遞交美國總統柯林頓，籲請美國尊重並維護台灣人民之權益。
1999	1. 邀請澳洲前總理 Paul Keating 訪台。 2. 發表致「聯合國秘書長安南公開信」、致「中國領導者江澤民公開信」，並將公開信內容刊載於紐約時報及華盛頓郵報。

2000	1. 2000.05.20 時，全世界有四位副總統來台祝賀呂副總統就職。 2. 在中美洲大地震後發起「台灣情・拉丁愛」活動。 3. 在總統府歡迎達賴喇嘛。 4. 接見諾貝爾生物獎得主慕拉德。
2001	1. 主辦「亞太論壇：女性與權力」，邀亞太地區女性國會議員與會，包括南韓朴槿惠。 2. 主辦「世界和平・台灣發聲」活動，邀請五位諾貝爾和平獎得主訪台。 3. 榮獲甘迺迪總統創辦「世界和平團」頒授「2001 世界和平獎」。 4. 發起「送愛到印度」活動，捐贈救災物資給地震災民。
2002	1. 赴匈牙利出席「國際自由聯盟」世界年會，發表專題演說。 2. 南向首航非邦交國印尼。 3. 召開「民主太平洋大會」會前會，籌組環太平洋聯盟。
2003	1. 主辦第一屆「民主太平洋大會」。 2. 榮獲「台灣人的諾貝爾獎」台美基金會「特殊貢獻榮譽獎」。 3. 榮獲美國伊利諾大學法學院首屆「傑出校友獎」。
2004	主辦第二屆「民主太平洋大會」。
2005	1. 赴瓜地馬拉，主辦民主太平洋聯盟美洲區域會議（三月）。 2. 於東京主辦民主太平洋聯盟亞洲區域會議（六月）。 3.「民主太平洋聯盟」（DPU）於 8 月 14 日正式成立。
2006	1. 民主太平洋聯盟在首爾舉辦「西太平洋區域會議」。 2. 民主太平洋聯盟在印尼雅加達舉行「禽流感對人類安全之挑戰與啟示」國際研討會。 3. 由韓國「大長今」作者撰寫之「世界之女 – 呂秀蓮」新書中文版發表。
2007	1. 由 33 個會員國優秀大學合組民主太平洋聯盟「太平洋大學連線」成立。 2. 發起「聲援緬甸民主化」活動，派員深入泰緬邊境難民營瞭解。

2008	創立「台灣國際職業婦女協會」（BPW Taiwan），多次率團出席「國際職業婦女協會」（IFBPW）世界年會並擔任專題演講者。
2009	突破中國壓力，在紐約聯合國總部接受 IFBPW 會長 Liz Benham 午宴邀請。
2010	1. 於首爾拜會南韓前總統金泳三。 2. 赴南韓參加「世界和平論壇」。 3. 赴安哥拉治「阿拉斯加世界事務委員會」發表專題演說。
2011	1. 赴芬蘭赫爾辛基參加 IFBPW 第 27 屆世界年會，發表專題演講「女性領導世界：綠色革命將拯救地球」，並榮獲該會「創造改變獎」（Power to Make a Difference Award）。 2. 日本 311 海嘯之後，赴東京參加 2011 年「亞洲非核論壇」發表專題演說，並深入地震海嘯重災區參訪。
2012	1. 赴印度訪問並會晤達賴喇嘛。 2. 主辦 IFBPW 亞太區域會議。 3. 邀請 2007 年諾貝爾獎得主 Dr. Woodrow Clark II 來台演講。
2013	1. 赴菲律賓馬尼拉出席「全球和平聯盟」主辦的國際領導論壇，發表「非軍事化釣魚台」和平倡議。 2. 赴韓國首爾「世界和平聯盟」領袖高峰會議，再度發表「非軍事化釣魚台」的和平倡議談話。 3. 赴美國西雅圖華盛頓大學、紐約大學、外交事務委員會、華府喬治華盛頓大學與智庫，以「亞洲太平洋新視野」為題發表演講。
2015	應世界台商會總會之邀，赴日本、美國、巴西、秘魯、阿根廷、厄瓜多、巴拿馬、菲律賓等國宣揚台灣和平中立。
2016	1. 主辦「亞太宗教自由論壇」（APRFF）。 2. 赴紐西蘭參加 IFBPW 2016 亞太區域會議，宣揚台灣和平中立。 3. 赴澳洲宣傳台灣和平中立。 4. 率團赴瑞士、波海三國、瑞典進行「和平中立西遊記」參訪。 5. 赴墨西哥參加「中南美洲台商會會員大會」，再赴休士頓美南夏令會，宣傳台灣和平中立。 6. 赴捷克布拉格參加 Forum 2000，發表專題演說。 7. 在歐洲議會發表演說，宣揚台灣和平中立。

2017	1. 赴南非參加「非洲台商會」會員大會，宣傳台灣和平中立。 2. 赴史瓦濟蘭揭牌 BPW Taiwan 捐贈「阿彌陀佛關懷中心」（ACC）史瓦濟蘭孤兒院物資。
2018	1. 主辦第一屆「東亞和平論壇」。 2. 第二屆「東亞和平論壇」由韓國主辦，她親赴首爾主持。
2019	1. 在美國參議院 Hart Building 與美國天主教大學合辦「和平中立」研討會。 2. 主辦第三屆「東亞和平論壇」。 3. 應韓國 Media Watch 邀請，在韓國國會議員會館演講。 4. 拜會「全球和平聯盟」總部。
2020	獲聯合國 NGO「世界和諧基金會」（WHF）邀請擔任榮譽共同主席。
2021	1. 代表 WHF 頒贈「世界和諧傑出貢獻獎」給台灣得主。 2. 成立「世界和諧基金會台灣分會」。

兩岸恩怨如何了？ [國際版]

TAIWAN and CHINA: Whither To Go?

作　者／呂秀蓮

編　輯／陳正翰

封面題字／李文峰

封面原圖／韓國主辦第二屆東亞和平論壇 logo

地　址／新北市林口區中華一路 83 號 3 樓

電　話／02-8601-8520

出版者／美商 EHGBooks 微出版公司

發行者／美商漢世紀數位文化公司

臺灣學人出版網：http://www.TaiwanFellowship.org

印　刷／漢世紀古騰堡®數位出版 POD 雲端科技

出版日期／2021 年 7 月

總經銷／Amazon.com（亞馬遜 Kindle 電子書同步出版）

臺灣銷售網／三民網路書店：http://www.sanmin.com.tw

三民書局復北店

地址／104 臺北市復興北路 386 號

電話／02-2500-6600

三民書局重南店

地址／100 臺北市重慶南路一段 61 號

電話／02-2361-7511

全省金石網路書店：http://www.kingstone.com.tw

定　價／新臺幣 1000 元（美金 35 元）

本書言論，純屬作者原創，不代表本出版社立場。

Ingram Content Group UK Ltd.
Milton Keynes UK
UKHW040644210423
420559UK00001B/14

9 781647 840952